北京启真馆

bibliophile

书 之 爱

最伟大的书

藏 书 之 爱 之 二

[美] A. 爱德华·纽顿 著

陈建铭 译

ZHEJIANG UNIVERSITY PRESS
浙江大学出版社

图书在版编目（CIP）数据

　　最伟大的书 ／（美）纽顿（Newton，A．E．）著；陈建
铭译.—杭州：浙江大学出版社，2011.5
　　书名原文：The Greatest Book in the World
　　ISBN 978-7-308-08678-3

　　Ⅰ.①最… Ⅱ.①纽…②陈… Ⅲ.①私人藏书－美
国 Ⅳ.①G258.83

　　中国版本图书馆 CIP 数据核字（2011）第 081861 号

最伟大的书: 藏书之爱之二

（美）纽顿 著　陈建铭 译

策　　划	周　运	
责任编辑	王志毅	
装帧设计	罗　洪	
出版发行	浙江大学出版社	
	（杭州天目山路 148 号　邮政编码 310007）	
	（网址：http:// www.zjupress.com）	
制　　作	北京百川东汇文化传播有限公司	
印　　刷	北京中科印刷有限公司	
开　　本	710mm×1000mm　1/16	
印　　张	13	
字　　数	162千	
版 印 次	2011年8月第1版　2017年4月第3次印刷	
书　　号	ISBN 978-7-308-08678-3	
定　　价	30.00元	

virtute sua. Nunc ergo filij audite me:
et nolite manere hic. Sed quacunqz
die sepelieritis matrē vestrā circa me
in uno sepulcro: ex eo dirigite gressus
vestros ut exeatis hinc. Video enim:
quia iniquitas eius finē dabit ei. Fa-
ctum est aut post obitū matris suē: to-
bias abscessit ex niniue cū vxore sua z
filijs: et filiorū filijs: et reuersus est ad
soceros suos. Inuenitqz eos incolu-
mes in senectute bona: et curā eorum
gessit. Et ipse clausit oculos eorū: et o-
mnem hereditate domus raguelis ipse
percepit: viditqz quintā generationē
filios filiorū suorū. Et cōpletis annis
nonaginta et nouem in timore do-
mini: cum gaudio sepelierunt eum.
Omnis autē cognatio eius z omniū
generatio eius in bona vita z in san-
cta conuersatione pmansit: ita ut accepti
esset tā deo qm hominibz: z cunctis ha-
bitātibus terram. **Explicit liber thobie.**
Incipit plogus i libru Judith.
Apud hebreos liber iudich
inter agrographa legit:
cuius auctoritas ad robo-
randa illa que in conten-
tionem veniunt minus ydonea iudica-
tur. Chaldeo tamē sermone cōscript9
inter historias cōputat. Sed qa hunc
librū synod9 nicena i numero sanctar
scripturar legit cōputasse: acquieui
postulationi vre. immo exactioni: et
sepositis occupationibz qbus vehemen-
ter arctabar. huic unā lucubratiuncu-
lā dedi: magis sensū e sensu quā ex ver-
bo verbū transferens. Multorū codicū
varietate viciosissimā āputaui: sola
ea qn intelligētia integra i verbis chal-
deis inuenire potui: latinis expressi. Ac-
cipite iudith viduam castitatis exem-
plū: et triumphali laude perhenni eam

preconijs declarate. Hāc enī nō solu
feminis sed z viris imitabilē dedit: q
castitatis ei9 remunerator virtute talē
tribuit: ut inuictum omnibus hominibus
vincere: insuperabilem superare.
Incipit liber iudith capitulum
primum.

Arphaxat itaqz rex me-
dorū subiugauerat
multas gentes im-
perio suo: et ipse edi-
ficauit ciuitate po-
tentissimam quam
appellauit egbatanis. Ex lapidibus
quadratis et sectis fecit muros eius:
in altitudine cubitor septuaginta: et
in latitudine cubitoz triginta: turres
vero ei9 posuit i altitudine cubitorum
centū. Per quadrū vero eaz: lat utrū-
qz vicenos: pdū spacio tendēbat: posu-
itqz portas ei9 in altitudine turriū. Et
gloriabat quasi potes in potētia exer-
citus sui: et i gloria quadrigar suax.
Anno igit duodecimo regni sui: na-
buchodonosor rex assirior qui regna-
bat in niniue ciuitate magna: pugna-
uit contra arphaxat: z obtinuit eum
in campo magno qui appellatur ra-
gau: circa eufraten z tigriū: et yadason
in campo erioch regis elioz. Tunc ex-
altatū est regnū nabuchodonosor: et
cor eius eleuatū est. Et misit ad omnes
qui habitabāt in cilicia: et damasco
et libano: z ad gentes que sunt in car-
melo et cedar: et inhabitātes galileā
i campo magno esdrelon: et ad omnes
qui erant in samaria: et trans flumen
iordanen usqz iherusalem: et omnem
terrā iesse: quousqz perueniat ad mon-
tes ethiopie. Ad hos omnes misit nun-
cios nabuchodonosor rex assiriorū:
qui omnes uno animo contra dixerūt: z
remiserūt eos vacuos: ac sine honore

The
·BIBLE·
in Miniature,
or a Concise History
of the Old & New
TESTAMENTS
LOND. Printed for
W. HARRIS
No 7 at St Pauls-
Church Yard 77

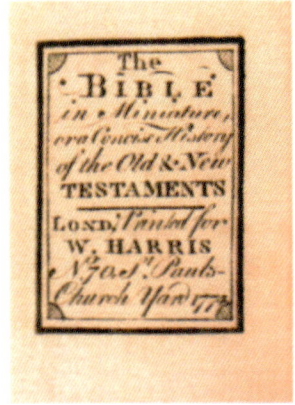

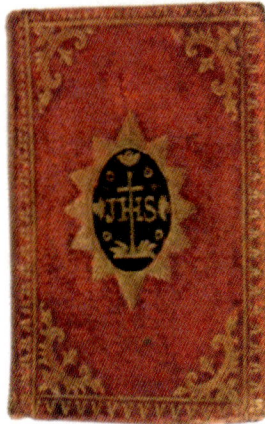

袖珍本圣经（1774），W. Harris 版

§目录§

纽顿自用藏书票之二

■ "至理仙"[1]
复制自威廉·布莱克十足米开朗琪罗风格的水彩原作。

§第二卷目录§

◆

谨以此书献给
威廉 · 马克斯韦尔 · 斯科特 [2]

二十余年以来，我俩
共负一轭。倘若我们
犁得还算直，必然是
因为我们齐心协力。

纯属个人（代序）

　　想当然尔，眼见《藏书之乐》如此成功卖座，作者难免食髓知味并打算乘胜追击；而各位——秉持纯良天性（或者，存心等着看我出洋相）的全体看官——自然也都该成人之美。不管大家对于在下此回拙作的评价为何，我一定照单全收；由于个人长久浸淫在自己的作品里，以致连自己都搞不清楚到底写过哪些东西，至于哪一篇或哪几篇文章究竟好在哪里就更没主意了。原本只是随手拿起铅笔在零碎纸头上胡写乱涂；再交由秘书趁着空闲将它打好字的文章，从校样上看来已然劲道全失；等到最后印成铅字、装订成册，先前自以为灵光闪现的珠玑妙语、机巧睿智，如今读起来更是蠢到极点。此乃咱们这些出书的人活该冒的风险。俗话说得好：不入虎穴，焉得虎子哪。

　　许久以前（早在我天生不足的歌喉还没被后天的烟草彻底熏坏之前），有一回，我扯起破锣嗓子引吭高歌，我只顾自个儿开心，并不奢望听众们也跟着一块陶醉，此时有人闻声对我说：“哟哦，我不晓得原来你居然会唱歌哪！”旁边的菲利克斯·谢林（他当时还没成为享誉国际的红牌学者）一听到有人那么说，促狭地冒了一句：“那也能叫‘唱歌’啊？”斯情斯景，倒也颇合适用来说明我在写作上的表现。我始终无法忘怀葛雷的至理名言：“随便哪个呆子都能瞎打误撞写出一部价值连城的书，只要他一五一十、原原本本地将所见所闻告诉大家。”[3] 据说，特罗洛普正是因为写文章过于坦白，才把自己的名声全搞砸了；如今我亦甘冒同样不计毁誉的风险在此必须敬告大家：不管我的文章写成什么德行，皆导因自长年撰写电器设备广告文案的后果。一个人若卖出一页文章，他大概能赚个五块钱或顶多二十五元。有人若买一页广告，得付出的代价却动辄从数百元到五千元之间！眼尖的读者一定看得出来哪一页比较花工夫。那些写起文章不费吹灰之力、行云流水的人（一般人往往都以为这句话是拜伦说的），可别忘了这句话后头还有下联——轻松写向来最忌认真读。[4]

要是某人成为大家恶作剧的目标，他肯定会千方百计不再提起那件臭事；因此，当好几所大学纷纷找上门，并打算给我冠上各式各样有的没的头衔时，我就警惕自己："甭给自己闹笑话的机会；一律回绝，免得让众家好友有机可乘。"这么一来，我才可以教一缸子朋友立刻戒除老是喜欢在我的名字前头冠头衔的瘾头，最后只剩下某家餐馆的领班和我的剃头师傅一时还改不掉这毛病，他们八成以为把我的"博士"名号喊得更响、叫得越勤，我付给他们的小费就会越可观。

这种事昨儿个就发生一起，我当时好端端地坐在俱乐部的阅览室里，一名仆役走进来，高喊："纽顿博士！"我依旧埋头继续翻读我的报纸，他又喊了一声："A.爱德华·纽顿博士！"这下子可不能再不理了，我只好面带愧色抬起头望向他，他通报有一通电话指名找我。我穿过阅览室，四面八方投来各式各样教我浑身不自在的异样眼光。我当时以为那通电话八成是那厮（我的建筑师朋友霍利·麦克兰纳汉[5]）打来的，那家伙仗着家里有几瓶上好威士忌，就吃定大家舍不得和他翻脸；但是我下定决心这回说什么都不能再忍气吞声了。我走进电话间，一拿起话筒二话不说劈头就赏他一句去你的！

看官！您可曾亲耳听过好端端的一位女士当场脑溢血的声响？没错，当时我听见话筒另一端传出来的正是那种声音。当然，我当场使出浑身解数力图挽回局面，忙不迭地又是打躬又是作揖（在窄不拉叽的电话间里头可真是高难度动作）；最后，等她总算好不容易稍稍平复下来，我这才赶紧逮住机会开口：在下真是何等荣幸能接获她的赐电。

"好说，"那位女士说，"是这样子的，我想邀请您出席我们的'国际形势'（Current Events）餐会，给大伙儿讲几句话，我们准备为中国的大饥荒筹募善款。克里斯托弗·莫利[6]原本已经说好要来的，可是他临时出了点儿意外*。"

"你们怎么不去找汤姆·达利[7]呢？"我好心地提出建议，"光他一人就抵我们十个了。"

"他此刻正在新英格兰讲学，"她回答。

"照这么说来，"我说，"我算是硕果仅存啰。我实在不便再对一位淑女说第二次'去你的'。好吧，我答应出席；不过就怕到时候您们那群关心国际形势的人士听完我的演讲，还宁可跑去中国和他们一道挨饿哩。"

事后果不其然。

你想不想听《藏书之乐》如何帮我找回失散多年的初恋情人？事情的经过且听我仔细道来。有一天，我收到一位女士寄来的信，内容如下：

敬启者：

在此非常冒昧地请教您，不知道您是否愿意与我互换双方的心血结晶！若能得到您的首肯，我将十分乐意将拙译《启示录四骑士》与《我们的海》[8]两书奉寄给您，以交换您的大作《藏书之乐及其相关逸趣》乙部，其中好几篇文章在《大西洋月刊》上发表时，都令我读得不亦乐乎。谨向府上还

---

* 莫利先生希望大家明察：他的蹄子是断了，不是裂了。[9]

记得我的人问一声好。

　　昔时住在您〔新泽西州〕拉威（Rahway）镇的老家仅一篱之隔的

夏洛特·布雷斯特·乔丹[10] 敬上

嗨，这正是洛蒂·布雷斯特嘛！她是我小时候熟得不能再熟的要好玩伴；我也真蠢，当我不时在报纸上读到她翻译的小说销售一路长红且创下空前佳绩的消息时，竟然没能立刻想起来那位译者就是她。

我将一册《藏书之乐》连同一封信寄去给她，告诉她：我送给她的东西实在远远不及从她那儿得到的（此话的确不假。她寄来的那几部书拜她的落款之赐，顿时升格为"关联本"）。后来，趁最近一趟上纽约的机会，我和这位昔时老友再度聚首，两人在一起共度了愉快的一个钟头。正当我们津津细数童年往事的当儿，我对她说："我说小洛啊，你晓不晓得我的老相好珍妮的下落。她可是我的初恋情人呀。我还记得，当年我——一个十三岁的小毛头——到外地求学前夕，和她十八相送、依依不舍的情景。也记得当我——仍然还是小毛头一个——返家时，发现我的宝贝已经换上迷你洋装——可不像这年头的小姐们穿的那么迷你——摇身一变成了亭亭玉立的小姐模样，而且完全不认得我了。我费尽苦心想唤回她对昔日那段情的回忆，结果她居然忘得一干二净，直教人肝肠寸断哪。"

"嗨，"小洛说，"珍妮这会儿就住在纽约呀，我三不五时都会和她碰面。她现在可发达喽，人长得漂亮，还守寡呢。我相信她一定也很想见见你。"

"我心里可没准儿，"我说，"不过再过一阵子我还会到纽约一趟，我要在格罗里埃俱乐部作一场关于威廉·布莱克的演讲。那是一个特地为女画家或女版刻师之类的人举办的聚会，会后有茶点招待；说实在话，那才是整场聚会最有意思的部分。我将是全场唯一一口男丁，而且还能风光十分钟，我打算让珍妮瞧瞧我的神气模样。"

事情就那么敲定，过了几个礼拜，好戏正式上场了。

正当我演讲进行到一半的时候，我注意到眼前有一位仪态优雅端庄、个子小巧玲珑的女士，她身披华丽长袍、顶着一头华发；好不容易捱到演讲会结束，我立刻趋前跟她打招呼。

"珍妮，"我叫住她，同时伸出胳臂往她的肩头一搂。

"唉哟，爱迪，快别这样！"她尖叫一声，跟四十几年前她甩掉我的那一幕简直如出一辙。

我们俩的德性可真是一点儿都没变哪。接着，寒暄酬酢从四面八方接踵而至令我应接不暇，卡洛琳·韦尔斯[11]也风闻这场聚会，她一抵达现场便朝我使了个眼色："等我先把大衣挂好再来好好和你聊聊，我也是拉威人哟。"

卡洛琳·韦尔斯当天闯到那个场合插花凑热闹，让我隐隐觉得当上作家的副作用也许并不尽然全是好事。

在久远的记忆深处，我脑中还依稀浮现范·安特卫普的身影（以前我都管他叫小范），他也是拉威人，也是我打穿开裆裤就认识至今的老朋友；约莫五十年前吧，不是他跑到我家后院，和我闹得天昏地暗；就是我溜到他家后院找他大玩特玩。最近他刚从厮杀惨烈的华尔街功成身退，退休时带着几笔为数可观的财产，心满意足地迁居加州——安享他的辉煌晚景（祝他能再多享好几年快活似神仙的日子）——还一直邀我去那儿找他玩。

正当我忙着和老朋友们一一团圆、并且结交一大票新朋友的时候，我却发觉我的健康出了一点儿状况。严格说来，并不是我自己发现，而是我花了大把钞票请来的内科大夫诊断出来的。他建议我："脚步放慢点，你一路操劳了四十年，现在该是放轻松的时候了，把工作交出去给别人干。你不是有个精壮小子在你的公司里头帮忙吗？——有什么事就叫他去忙得了；还有你的合伙人，我记得那家伙魁梧得像条牛似的；要不是你老在一旁盯着他，他干起活儿来恐怕会更顺手些哩。放手让他当家嘛。你们这些生意人就是想不开，老以为别人绝对没本事坐你的位子。依我看，你那职位若要找个人来顶，在你的公司里随随便便也能挑出五六个来，干得也不见得会比你差。烟抽得凶不凶？"他话锋突然一转，"一天都抽几根雪茄来着？"

我乖乖回答："大夫，有些事情说出来挺吓人，有时候连做丈夫的也不见得敢向太座明讲；但是，就抽烟这件事儿，不瞒你说，我真的可说是完全符合不多不少的标准，一次绝对只抽一根雪茄；早餐后抽三次，午餐后抽四次……"

"行了行了；这就难怪了。早餐后那三根我帮你省下来，然后准你午饭后、晚餐后各抽一根；至于假日，或比较特殊的日子，晚餐后可以抽两根——只准抽淡烟。干任何事都不要太过火，火车开动就别追赶了，没有必要也不要再爬上爬下。你平日都从事哪些运动？"

"没怎么运动，"我回答，"我服膺乔·张伯伦（Joe Chamberlain）的高见：上午爬楼梯只下不上；下午则只上不下，这样的运动量对一个绅士来说就够了。"

"未免太古怪了吧，"我的内科大夫说，"不过对你来说还算不坏；还有，坐下来的时候，尽量把双脚抬高。"

"翘到壁炉上头啊？"我问他。

"我刚刚不是才叫你别太过火吗？"大夫回答，"搁在桌子上就行了。这样子可以减少你的心肌被拉扯的次数。每次挥杆都尽量待在平坡，也不要打超过九个洞。"

"那第九洞算不算在内？"我说

"嗯，"他说，"要是有一瓶二十元的上好威士忌等着，我保证你连一杆也不会想多打。你的身体状况可大不如前喽。凡事都不要操烦，避免情绪波动，找几件你感兴趣的事来做。看书就挺好。我听人说，你写了一本书不是？再去写一本，这回多写点儿，写完之后到欧洲走走，那里的书评比较不会教人动肝火。我敢打包票，你肯定会活得很老，老到人见人厌的岁数。这些药丸你带回去，记得每天按三餐服用，行了，下个月再过来让我瞧瞧，下一个。"

　　我踏出房门，和下一名可怜虫擦身而过，轮到他进房接受同样的整饬。

　　"随时随地遵照医师的指示。"当我步出诊所大门，上了汽车，打算马上开始好好地学习当一名退休老人，我一坐好便把双脚抬得老高，却差点摔了个四脚朝天。"有事叫别人去忙就行了！"讲得可真轻松哪！"去写本书！"真好笑！"到欧洲走走！"更好笑！我以前老爱说自己鸿福齐天，众好友们这下子总算不得不相信我的话了吧。

　　下台一鞠躬！

A. 爱德华·纽顿，

一九二一年五月十五日，

识于宾州南卡莱尔街（South Carlisle Street）422 号戴尔斯福德宅

【译注】

1　"至理仙"（Urizen）：出自威廉·布莱克的神话史诗画作品《The Four Zoas》（原题 Vala）之《至理仙书》（The First Book of Urizen，1794）。此手稿于布莱克生前未出版，一八九三年经埃利斯（Edwin J. Ellis）与叶芝（William Butler Yeats）编印问世。"Four Zoas"即《圣经》中的"四个活物"（"living creatures"，见《旧约·以西结书》第一章第 5 节与《旧约·启示录》第四章第 6 节）：Urthona（或 Los，象征想像力）、Luvah（或 Orc，象征情感）、Tharmas（象征权力）、与 Urizen（象征智性）。此图乃"持平论布莱克"（译本未收）的配图。

2　威廉·马克斯韦尔·斯科特（William Maxwell Scott）：当时与纽顿合伙经营卡特电器设备制造公司（Cutter Electric Equipment Manufacturing Company）。纽顿于一八九〇年任职此公司，一八九五年起担任财务经理。

3　"随便哪个呆子也能瞎打误撞写出一部价值连城的书，只要他一五一十、原原本本地将所见所闻告诉大家。"（Any fool may write a valuable book，if he will only tell us what heard and saw，with veracity.）——语出托马斯·格雷于一七六八年写给友人赫拉斯·沃尔波（参见本卷Ⅲ译注 47）的信。

4　"Easy writing's damned hard reading." 乃美国作家霍桑（Nathaniel Hawthorne，1804—1864）改动后的句子。原文句应为"You write with ease to show your breeding. But easy writing's curst hard reading." 出自英国剧作家理查德·布尔斯利·谢里丹（Richard Brinsley Sheridan，1751—1816）的《克莱奥的抗告》（Clio's Protest，1819）；本杰明·富兰克林亦使用过大同小异的说法："You write with ease to show your breeding. But easy writing is cursed hard reading."

5　马丁·霍利·麦克兰纳汉（Martin Hawley McLanahan，1865—1929）：美国建筑师。一八八五年与威廉·怀特塞德（William Whiteside）合组"怀特塞德－麦克兰纳汉"事务所，开始其执业生涯；一八九〇年怀特塞德殁后，该事务所仍继续营运，直到一九〇三年与威廉·L. 普莱斯（William Lightfoot Price，1861—1916）合组"普莱斯－麦克兰纳汉"事务所，营运直至一九一六年普莱斯过世；一九二〇年至一九二五年则与拉尔夫·B. 班克（Ralph Bowden Bencker，1883—1961）合组"麦克兰纳汉－班克"事务所。后来个人执业至一九二九年去世为止。

6　克里斯托弗·达林顿·莫利（Christopher Darlington Morley，1890—1957）：美国作家。一九一三年至一九一七年任职于道布尔戴－佩奇出版公司（Doubleday，Page & Co.）编辑部；一九一七年至一九一八年任《女士家居志》（Ladies' Home Journal）主编；一九一八年至一九二〇年任《晚间公论报》（Evening Public Ledger）主编；一九二〇年至一九二四年任《纽约晚间邮报》（New York Evening Post）编辑；一九二四年至一九四一年任《周末文学评论》（Saturday Review of Literature）编辑。他的著作有：《帕尔纳索斯上路》（Parnassus on Wheels，1917）、《幽魂书店》（The Haunted Book Shop，1919）、《凯思林》（Kathleen，1920）、《卷帘书桌故事集》（Tales from Rolltop Desk，1921）、《左方雷声》（Thunder on the Left，1925）、《脱离胡底》（Off the Deep End，1928）、《人间世》（Human Being，1932）、《清官逛曼哈顿》（Mandarin in Manhattan，1933）、《特洛伊木马》（The Trojan Horse，1937）、《基蒂·福伊尔》（Kitty Foyle）（1939）；主编一九三七年第十一版的《巴特利特名人佳句选》（Bartlett's Quotations）。

7　托马斯·A. 达利（Thomas Augustine Daly，1871—1948）：美国诗人。

8　《启示录四骑士》（The Four Horsemen of the Apocalypse，西班牙原文 Los Cuatro Jinetes del

Apocalipsis)、《我们的海》(*Mare Nostrum*)——西班牙作家文森特·布拉斯科·伊巴涅兹 (Vicente Blasco Ibáñez，1867—1928) 的小说作品。原著问世于一九一六年、一九一九年，授权英译美国版皆由夏洛特·布雷斯特·乔丹翻译，分别于一九一八年、一九一九年出版 (NY: E. P. Dutton & Company)，英译本一问世即风行美国。《启示录四骑士》后来曾改拍成电影 (Metro Pictures，1921，Rex Ingram 执导)

◎ 文森特·布拉斯科·伊巴涅兹

9　莫利先生当时因故受了脚伤，纽顿趁机消遣朋友，盖"露出裂蹄"(to show the cloven hoof) 有"原形毕露"或"露出狰狞面目"的意思。

10　夏洛特·布雷斯特·乔丹 (Charlotte Brewster Jordan)：二十世纪初叶美国翻译作家、儿童文学作家。

11　卡洛琳·韦尔斯 (Carolyn Wells，1862—1942)：美国作家、藏书家。曾创作过许多幽默短文、打油诗、童书、短篇小说、长篇小说与推理小说，总数约一百七十部，包括《铃铛集》(*The Jingle Book*，1899)、《无义文选》(*A Nonsense Anthology*，1902)、《松软的皱褶》(*Fluffy Ruffles*，1907)、《麦克斯韦尔奇案》(*The Maxwell Mystery*，1913)、《范维基》(*Vicky Van*，1918)、《恐怖渊薮》(*Spooky Hollow*，1923)、《席间白骨》(*The Skeleton at the Feast*，1931)、《弗莱明·斯通文选》(*Fleming Stone Omnibus*，1933)、《凶手》(*The Killer*，1938) 等。卡洛琳·韦尔斯于一九二〇年前后因受赠一部惠特曼诗集，与纽顿通信讨论而起意开始藏书，借书商 Alfred F. Goldsmith 的协助，她在很短的时间内便搜集一批可观的惠特曼藏品。该批藏书后来捐赠国会图书馆，部分于一九二三年由安德森公司拍卖。

◎卡洛琳·韦尔斯，出自 *Harper's Weekly Magazine*
MT 70th Birthday Supplement: 23 December 1905

I　走上写作这条路

我这大半辈子一路走来可说是一体两面的具体呈现：其中一半（不，远远不止一半，应该说是其中十分之九）的日子都埋首于繁忙的工作；剩下的时间则全耗在我的书斋里。当我还是个小毛头的时候，即使把所有的书全加起来只够塞满一两排书架，我也脸不红气不喘地美其名曰我的书斋。

书一旦读多了（却又不太动脑筋，因为我和查尔斯·兰姆同样德性，都委由书本代替自己动脑筋[1]），我便斗胆动笔写了一篇关于买书、藏书乐趣的文章；那篇文章不仅让我自得其乐，更承蒙一位鼎鼎大名的编辑不嫌弃加以采用（甚至还付给我一笔稿费）、刊登出来，而且，每个读过的人居然都表示还想读到更多我的文章。那是我头一回（依据法国佬理直气壮的漂亮说法）破釜沉舟的壮举。初试啼声便得到大众接纳，我接下来的路也顺遂多了。

我曾说过，我老是被外界一再误解。就拿以下这件事来说吧：我从没接受过什么像样的教育，大家却往往以为我曾经受过（或至少挨过）某些伟大学者（好比说：基特雷吉[2]）的悉心调教。其实说穿了：我从小就被家人出于好意地托付给各亲戚们轮流带大，由于每个轮到负责管教我的人都各有一套想法，于是我只好在各个大大小小学堂（我以前一概称之曰"学店"）之间兜来转去。其成效如何自然可想而知。

就那么着，等我及长，我谋到一个在书店（波特－科茨书店[3]，当时费城首屈一指的高级书店）工作的差事；但是我始终没本事卖掉任何一本书。大概是因为我很早以前就有所领悟：虽然自己大可从顾客手里拿到钱，但是我却说什么也不愿让书本离开我的身边，所以老是谈不成买卖。于是，由于业绩实在欠佳，我后来被调到文具部。借着卖文具的缘分，我头一回认识了文房四宝，当然，那会儿我还不晓得居然能利用它们创造出非常有意思的物事来。就因为我在波特－科茨书店待过短短那么几年，大家便认定我现在这些关于书籍的知识全是打那儿学来的。

接下来，我进入一家金融机构待了一段时间，那也是当时招牌十分响叮当的财务公司：布朗兄弟公司（Brown Brothers & Co.）（搞不清楚是伦敦布朗－席普利公司（Brown, Shipley & Co.）老板的哪个年轻儿子开的）。我在那儿的主要工作是将汇票分成三叠（我记得专业术语就叫做：第一叠、第二叠和第三叠）。我的工作始终和财务规划沾不上边儿，但是单单在一张票子上搞出一大堆错误，那种勾当我可没花多少工夫就练就得十分拿手。那些错误要被人发现还挺不容易，我六月在费城捅的娄子，要等到十二月才会在上海曝光。那会儿我只要一想到轮船靠岸就心惊肉跳（"开航日"倒没什么好操心——那表示轮船把邮件载走；我憎恶的是邮件送达的日子）。连这会儿我仿佛都还可以看见以工整笔迹手写（那年头，连最上轨道的公司行号都还没引进打字机）的简短批示——"鉴于汇票误差过于频繁务必特别留意"——下头把出纰漏的流水号、项目、总金额一笔一笔详列出来。后来我渐渐摸熟了，每回只要一有邮件寄达，我就晓得没一会儿工夫便会有人来传唤：德拉诺（Delano）先生要我到最里头的办公室报到。

◎坐落于费城的布朗兄弟公司办公大楼

那是我这一生中最不快活的一段时光。我至今依然想不出来还有哪件事会比一个人将大好青春全耗在数钞票（何况全是别人的钞票）上头更惨。约翰生博士曾经调侃自己算起账来笨手笨脚："然而，阁下，此正足以证明我是何其疏于练习哪。"[4] 我像他一样也疏于练习。后来，金融游戏越变越奇巧刁钻，我的日子也就跟着越来越难过了。我不仅要计算出几元几角几分，还得换算几英镑、几先令、几便士、几法郎、几马克和其他一大堆人类所发明出来的劳什子磨人玩意。我反躬自省，深感自己不但进错公司，更选错了行。我当下决定抛弃现职，索性自己创业：那些零零碎碎的工作全交给底下人去忙活。几年下来，等我攒下一笔小积蓄之后，有个人以为我赚了不少银子便跑来找我，他百般游说我投资某家电器公司。他还说他们正好有个财务经理的空缺；经过调查，我发现前任经理正是县太爷，于是我知道他们肯定没诓我。

历经千回百转、苦尽甘来的故事往往比平步青云的故事来得更有意思。转眼间，我这个连伏特和安培、千瓦……什么跟什么全一窍不通的人（由于我的家人从未听过那些新鲜名词，或许还觉得有趣，但其他人可不认为），居然当上了一家电器制造公司的董事长。我应该有充分理由说自己鸿运当头，因为我既非工程专家，亦称不上财经人士，却能在电器业与金融界两个圈子里让别人喊得出名号。

如今我已年近迟暮（盖电器这一行忒是容易催人老），有时候谈到涡旋电流、磁滞现象，就算我怎么口若悬河、天花乱坠，我也明白自己根本唬不了别人；不过每次我只要一开口讲话总有人肯听，大概是因为岁数大了的关系，老头儿讲的一百件事儿里头总有一两件好玩的；而且，大家都晓得我这个人一向忒讨厌会动的机械——尤其是汽车，大大小小零件数也数不完不说，光是每个零件各自具备什么功能就能教人一个头两个大。我只要想起螺丝起子就头疼，看到活动扳手就害怕。

但是我并非唯一的特例：有相同毛病的家伙也大有人在。我曾经在伦敦某位杰出的电机工程师家里用餐（非常简单的便餐，但还是配了一名干净利落的女佣在一旁服侍）。那位主人右手边的餐桌上摆着一块小小的白色大理石和一根细细的银锤棒，每当他要传唤女佣进来时，便抄起锤棒把大理石敲得铿锵乱响。

我见状噗嗤笑出声来，便问他知不知道这年头有人发明了一种叫人电铃，具备完全相同的功能，但只须用手指轻轻一摁就行了。

"小伙子，我晓得啊，"他回答，"可是我实在受够了城里到处充斥电器设备；我可不许自己家里头出现任何插电的玩意儿。我也不接煤气；你瞧蜡烛多好用哇；它们不会动不动就出故障。我恨透了那种一摁下去闷声不响，只能枯坐干等的叫人铃。我自个儿动手弄出声响，打那一刻起我就能感受事情开始有进展了；咱们这种人之所以存在的目的不正是那么回事——"他使了个"那可不"的眼色，"让国家有进展哪。"

常有人询问我怎么会写起书来了。这是少数几个我答得出来的问题之一。回想一九〇七年那场恐慌，咱们可真是结结实实地吓出一身冷汗（不管在经济或其他层面），不过，有些人恐怕对那场发生于一九〇七年秋天的金融风暴早已不复记忆。笔者可没忘掉，我当时远赴欧洲，反正国内也看不出什么经济前景，我正好趁机享受两袖清风、顺道避免被台风尾扫到。细节我就不多扯了，总之，一年一度、不长眼的圣诞节还是照例来报到，原本这时节合该四处逢人嘘寒问暖、寄发精美贺卡（上头要不是印着一丛茂密的槲寄生、就是几头拉雪橇的驯鹿）给某人（或某女人，盖她们吃的苦比起男人也不遑多让），并大声地祝他（或她）"佳节愉快"，可是值此时局，干那么喜气洋洋的勾当似乎有点哪壶不开提哪壶的嫌疑。虽然"愉快"本是再稀松平常不过的传统贺岁吉祥话，但是当时我的嘴里实在蹦不出那几个字眼。

我绞尽脑汁，想看看我到底有没有本事拟出一句在一片愁云惨雾之中还能够逗人开心的贺词，左思右想不得要领之际，我暂时从爆满的字纸篓中抽身去找赫拉斯·特劳伯[5]聊天（他原本就是两袖清风，所以依旧开怀一如往昔）；当我翻读他所庋藏的惠特曼手稿

◎一九〇七年纽顿寄赠友人的一九〇八年月历（正面为惠特曼手稿，背面为纽顿感言）。原载萨金特"落难藏书家其人其书"

● 复制自惠特曼手撮，
A.E.N. 援用为 1907
年的圣诞贺礼

Go on, my dear Americans, whip your horses to the utmost—excitement! money! politics!—open all your valves and let her go—swing, whirl with the rest—you will soon get under such momentum you can't stop if you would. Only make provision betimes, old States and new States, for several thousand insane asylums. You are in a fair way to create a whole nation of lunatics.

Walt Whitman

的时候，无意间发现一张小纸片，上头有一段感人肺腑的话，似乎正适合供我派上用场。于是我便将那段文字复制下来，印在贺卡[6]的正面，背面则印上我自己写的几句感言。于是，那张卡片不但让我顺利达成"恭贺佳节"的神圣使命，也令所有收到贺卡的朋友们颇感受用。好几位身居政界、工业界与金融界要津的"大哥级"人士，看到别人拿出来炫耀的贺卡，也纷纷来信"恳请惠赐一卡"；于是，我原先印制的卡片没三两下就一扫而空了，事后我也没把那件事搁在心上。直到又过了一年之后，我才再度基于自娱娱人，如法炮制这种比店头贩卖的贺卡更有人情味的小玩意儿。打那时候起，我便一直维持此项过节仪式[7]：如此这般，"寓文学素养于潜移默化之中"。

　　前一阵子，我无意间在一张闲置的书桌抽屉里头发现当初仅存的一张圣诞卡，我现在就把它的内容转载在这里：

　　谨在此铭谢赫拉斯·特劳伯先生慨然出借其珍藏，让我得以复印此份意义深远的惠特曼亲笔短笺。我们自特劳伯先生甫于近日出版的大作《与瓦尔特·惠特曼同居康登》[8]——此书堪称鲍斯威尔《约翰生传》以降最佳传记作品——之中读到他（特劳伯兄）某日在惠特曼小书斋地板上拾得一枚污渍斑斑的纸片，读过之后，大惑不解地望着惠特曼——"怎么了？"他问我。我将纸片递到他的手里，他将眼镜推低，吟诵一回后，道："这是我许久以前写的。以我的一贯作风而言，这几句话似乎说得太重了点——你不觉然吗？不过话说回来，或许这几句话现在仍能切中时弊亦未可知。"[9]

●惠特曼生前最后居所：新泽西州康登市米克尔街（Mickle St.）328号（原载于《瓦尔特·惠特曼》），约瑟夫·潘奈尔绘

倘若真如惠特曼二十年前所言：此稿仍能切中时弊，时至今日其针砭功效岂不更形彰显？再者，若有人据此认定惠特曼的观点偏颇且下笔欠周，那么，以下这则荒唐的吹捧言论或许也能算化拙为巧了：

"僵冷宛如死尸的国家财政经他巧手一拨，"（丹尼尔·韦伯斯特[10]此言乃针对亚历山大·汉密尔顿[11]而发），"便即刻起死回生。"[12]

以此类推，对于那位远比汉密尔顿更受欢迎、也比汉密尔顿更死硬的纽约联邦主义分子[13]只消用手摸一下，原本身强体健的私有经济便马上不支倒地、就此一命呜呼，他们又该怎么看待呢？难不成还要教大伙儿：薄海腾欢志庆，举国虔敬默祷："恺撒万岁万万岁！我们敬爱您、歌颂您。"才甘心吗？

再瞧瞧以下这些更大剌剌、更不加遮拦的混账言论：

"全国军民同胞此刻必须向前看，庄敬自强、处变不惊，所有艰困必能消弭于无形；只要人人都坚守岗位、安分守己，即可抵达光明的彼岸……

"只要每位民众依照寻常步调行事度日，政府必会照顾人民，让百姓免于受苦受难。"[14]

巧言令色莫此为甚；这些信誓旦旦的保证，充其量只是某位身陷自己一手造成的恐慌之中的人，惊慌失措、左支右绌之余，信口开出来的空头支票。

倘若依照"正常"状态，现在应该是大家互道"圣诞快乐"和"恭贺新禧"的时节；但是偏偏碰上这个节骨眼，不管高呼什么都不妥当——拜身居政治界、工业界、金融界要津的所谓"大哥们"之赐，快乐的圣诞节眼见就此泡汤，而愉快的春节似乎也没了着落。

大伙儿打起精神，全体举杯高呼："敬'人丁兴旺，饭碗见底'[15]一杯！"

A.E.N. 谨识

时光荏苒飞逝，这会儿我们又再度面临一个饭碗空空如也的年代。这次到底又是谁捅出来的娄子？这一回还有没有得挽救？这些问题都不该拿来问一名目前（而这个"目前"又能维持多久？）摇着笔杆的区区藏书家。

诸位看官，且莫惊慌；这段序文就快要结束了。这活像一扇卡得太紧的门，只要再多使点儿力气，你便能推开它，一推开你就会发现前途茫茫。

我本来是打算向大家说明，我怎么会成为一个写作者，说着说着又不晓得扯到哪儿去了；反正本领比我高强的作家们八成也都干过同样的事儿。

我干脆再从头来过好了。有个顺口溜大概是这么说的：

斗室汗牛盈贯，

娇妻贤淑和善，

可谓大富大贵。¹⁶

　　以上这些都一一拥有了之后，我便得寸进尺。我一心想为这座英文文学的森林（长年以来任我恣意悠游、乐而忘返的巍峨森林）里头再添一片绿叶——我并不敢侈言一整棵树，甚至一株幼苗也谈不上，而是区区一片叶子。这是个堂堂正正的抱负，而我亦全心全力认真投入；过了一段时日之后，当我听到有人建议我：不妨将前前后后刊登在《大西洋月刊》上头那些文章，凑合我手边写好的另外几篇好文章（这是别人说的），以书籍形式印行好让更多人阅读，我就像潘奇¹⁷一样开心得手舞足蹈。

　　不多时，一部书就此堂堂问世——请注意，是"一部书"哟。鲍斯威尔某日与约翰生闲谈，他提及他已于近日拜读过博士的某篇文章。"唉，阁下，话是没错，"贤哲摇头叹息，"只可惜未能装订成册哪。"一篇刊登在杂志上的文章，和同一篇出现在装订好的书本里头的文章有着天壤之别。我的书就是装订成册的。某位评论家论及它的时候，宅心仁厚地说：或许此书尚不值得以摩洛哥羊皮精装以供恒久典藏，然则其"硬板简装"诚属尽善尽美矣。¹⁸

　　然而，再怎么说，一部书到底有没有人读才是真正的考验。随便哪个人都能写点东西、印成铅字、装订成册；最要紧的是还得有人愿意买回去看才能算数。伟人功名大可留待后人追谥，但是对于我这种升斗草民来说，能否出人头地但看今朝。一部书的寿命好比昙花一现。说起书籍寿命之短暂，实在有点儿可悲。爬格子的人为了它没日没夜、废寝忘食、口沫横飞（只要碰到有人愿意听他讲话）；最后总算如愿求到一家出版社点头，愿意为他出书。或许，刚出版头几天还能在书店里瞧见自己的书，接着便恍如片片雪花飘入溪流，从此消逝于无形，永远再也看不到它了。总归一句话：能逃过这种宿命的书简直寥若晨星。芸芸众书何其多！只要走进任何一间公共图书馆，询问他们架上陈列的书籍如何物换星移（就以每十年为一轮来说好了）即可分晓。其答案一定能教众多作家再也不敢那么嚣张气盛。可是像我们这种怀抱虚幻憧憬的人倒依然拼命前仆后继。

话说回来，我实在也不该灭自己威风。关于作家如何"遭灾贾祸"与"引怨招议"，狄斯累里[19]早有白纸黑字加以阐释——而我则专志写作之乐。一旦哪天写作的乐趣不再，我自会乖乖洗手收山。同时，我也由衷感激那些侥幸得来的褒奖称赞。该书于一九一八年十一月问世，上市后不久便陆续收到许多美言夸奖我的信。那些信件来自全国各地，刚开始还只是稀稀落落，接着就排山倒海纷至沓来了。写信来的人几乎清一色全是与我素昧平生的陌生人，没有多少朋友写信给我。当某人的处女作一经出版，朋友们除了等着看他出丑闹笑话之余，净想趁机揩油，他们会毫不客气地暗示：盼作者不吝惠赐签赠本。要是真给了朋友，他们肯赏光一读，那至少还谢天谢地。但是我记取约翰生博士的名言："阁下，若您希冀人们阅读您的著作，切勿送给他们。盖人们只珍惜自己花钱买来的书。"

当我的书终于问世，许多人读过之后，渐渐也有人谈论它，许多事（坏事、好事都有）就跟着一股脑儿全上门了。其中最好的一桩莫过于我受邀出席某俱乐部特别为我举办的一场晚宴，并当场获颁一部我自己的书——由祖克（H. Zucker）以细致的皱纹摩洛哥羊皮精心满装，里头还附了一张插页，印上一段从我的书里头一大堆嘻笑怒骂之中挑出来的句子："我并不打算让任何一部我自己写的书成为'签赠本'，而我相信所有的朋友都不至于因此怪我小气。"底下的落款则故意印着"虽财务拮据却仍不惜血本举办本次餐会、且一向认为作者签赠其著作乃藏书界天经地义基本美德之本俱乐部执委会，特以此书回赠作者以资当头棒喝[20]。"

那是一场畅快至极的晚宴，持续进行了好几个钟头，直至东方鱼肚露白。正当大伙儿酒酣耳热之际，我的朋友小克·莫利[21]随手自桌上拿起一张菜单，在背面写下一首谐拟利·亨特[22]名作"阿布·本·阿德汉姆"[23]的打油诗：

A. 爱德华大德

A. 爱德华·纽顿——盼其道不孤且愈来愈多——

某夜梦见罗森巴赫摆在店里头的货，

醒转揉眼细看满是书架的房内角落，

宛如"首版雪莱"展页姿态婀娜，

只见鲍斯威尔手捧宝卷疾书埋首。

《藏书之乐》大卖令爱德华老兄鼓起余勇，

看着房内光景他张开尊口：

"汝书何耶？"鲍老闻声抬起了头，

板着脸孔，活像阎罗老子敞开血盆大口，

答曰："伟大藏书家名录部首。"

"阁下，吾名列在其中否？"爱德华问。"不，并没有。"

鲍老如是回驳，爱德华这下语气不再那么高荦，

仍喜孜孜地说："阁下，快别这么天寿！

看在我如此爱戴约翰生的份上，把俺的名儿也写进里头。"

鲍老振笔依旧，旋即杳然。又过了一宿

他再度到来，堆满一脸笑容，

拿出又臭又长的历代爱书家名录让他看个够——

你瞧，A. 爱德华的名字就排在最前头！

在清洌的依稀晨光之下，雪莱"浮云歌"[24]和济慈"初读查普曼注荷马有感"诗中那些足以万古流芳的优秀质素，此诗显然付之阙如；但是这首即席写就、当场朗读的诗，还是博得在场所有人士

Abou A. Edward

A. Edward Newton — may his tribe e'er wax.
Awoke one night from dreaming of Rosenbach's
And saw among the bookshelves in his room,
Making it like a 'Shelley first' in bloom
A boswell writing in a book of gold.
Amenities had made Ben Edward bold
And to the vision in the room he said
"What writest thou?" the boswell raised its head
And with a voice almost as stern as Hector's,
Replied. "An index of the great collectors."
"Sir,
~~And~~ am I one?" quoth Edward. "Nay, not so,"
Replied the Boswell, Edward spake more low
But cheerly still ~~Sir~~, "Sir, let us have no nonsense!
Write me at least as a lover of Dr. Johnson's."
The Boswell wrote and vanished. The next night
He came again with an increase of light
And shewed the names whom love of books had blessed —
And lo, A. Edward's name led all the rest!

Leigh Hunt
per COM

■ 克里斯托弗·莫利仿照某名诗所拟的戏笔

同声叫好，而且哪天我的继承人、遗产执行人、管理者与委托人，要是把这张手稿卖给拍卖公司，价格铁定会教他们吓一大跳哩——但这大概又是我自己的痴心妄想。

《藏书之乐》出版后不久，我还碰到另一桩开心事儿，那就是：我的名字居然有机会与现已亡故的一位好友——杰出的学者弗朗西斯·B.格默里[25]——沾上边（虽然只是沾上那么一丁点边儿）。

我当时应邀赴波士顿参加一场饭局，那顿饭的菜色实在太丰盛了，不能算便饭，但又谈不上正式晚宴那么隆重，该场餐会假"零本俱乐部"[26]举行，由"威德纳纪念图书馆"的馆长乔治·帕克·温席普[27]挂名做东。那是一场令人愉悦的聚会，顶尖的约翰生专家哈罗德·默多克[28]被安排坐在我的邻座（席间那家伙还假惺惺地掏出几部我四处遍寻不着，而他刚从拍卖场上标到的书逗我）。就在此时，一位仪表出众的男子步入会场，在餐桌的另一头径自坐了下来。他听到我们这一头有说有笑，便凑过来和大家一块儿打趣。我根本不认得他，便随口找了一句自认为很恰当的话打开话匣子："我瞧你挺乐的嘛；你沾了我的光——你晓得我是谁吧：我正是这场餐会的头号嘉宾；而我却根本不认识你；你八成是糊里胡涂跑进来凑热……"。

我接下来的话全被他的爆笑声掩盖掉了，等到他好不容易笑够了才告诉我：他名叫乔治·L.基特雷吉，我顿时恍然大悟：原来我刚刚当着哈佛大学招牌学者（而且还是全国公认最顶尖的英国文学教授）的面大放厥词。看来我得把架子再撑大一点，要不然就要被他给比下去了。于是我要他甫道歉了，况且我记得好像听过我的朋友格默里对他赞赏有加。"哦，"基特雷吉说，"敢情你也认识格默里？"当我回他我真的认识之后，他——这位如假包换的谦谦君子——即刻肃然起立，把酒杯斟满，朝我深深鞠了一个躬，郑重道："阁下，在下向您和他敬一杯。"

■ 已故的哈佛大学英文教授，弗朗西斯·B.格默里

就这么着，我和他在一块儿愉快地——至少，就我单方面来说的确很愉快——聊了一整个下午。闲聊途中，基特雷吉说："你可认识比小弗知识更渊博的人？他真是个忒好相处的人！你听说过有哪部书他没读过？"

接着我便向他透露：我曾参与一个小社团长达三十几年；那个社团没有名称、不设规章、甭缴会费，什么都没有，但是想加入却非常困难；而且一旦成为会员，绝对无法脱身。那个社团乃由我的朋友亨利·汉比·海依* [29]、H. H. 波奈尔和菲利克斯·谢林携手创立，而格默里则是最后一个加入，成为我们最嫩的会员；那个社团现在已经无疾而终了，不过，说起我们的社团，那可真是棒得没话说！我们致力于研读最艰涩刁钻的英美文学作品。每回聚会大家总能集思广益且获益良多，我们彼此间还有一个约定俗成的惯例：要是有谁发言锋芒太露，大家便会群起围攻。每回只要格默里一来，就抢尽大家的风头！当他屡屡口若悬河滔滔不绝（他向来就是那副德性）、以其学富五车的知识教大伙儿佩服得五体投地的时候，我们最爱当场浇他一盆冷水："格默里，不要得意忘形，别忘了，你可不是基特雷吉呀。" [30]

就在我们准备道别（唉，天下无不散的筵席）的时候，基特雷吉对我说："你哪天要是碰到小弗，请代我向那位最要好的老朋友问候一声。"

过了一两天，我在返家途中无意间在报上读到格默里——那位饱富学养、怀抱远大志向的学者——溘然辞世的消息。我始终没来得及向他转达基特雷吉的问候，而自从他去世之后，我们便再也没办过任何一场聚会。我想社团大概也已经苟延残喘太久了；我们大

---

* 我想借此书一角表达我对"社团"（尤其是海老）的无尽感激；并套句理查德·斯蒂尔 [31] 说过的话：身为会员长达三十年，真可谓惠我良多。

多数人都是在二十来岁时加入社团，而我们也全都（套用哥尔斯密说的那句教约翰生博士勃然大怒的话：）"彼此成了对方肚子里的蛔虫"[32]。我们之中几个也都年纪老大了，不再能够像从前那样每会必到，而"阎罗老子"下手亦丝毫不留情面，只能令生者徒然兴叹人去不再回。

我曾开宗明义地宣称：我的书乃专为劳碌的职场人士所写，但是对于另外一种性别（我们被教导应以平等相待）的人来说，那部书似乎也照样管用。我渐渐领略拜伦也经历过的莫名惊骇——他一觉醒来惊觉自己成了名人[33]；与他唯一不同的是：我每天都不太敢起床，生怕一觉醒来发现我的书那么卖座到头来原来只是一场美梦。我怕死了那些对我又褒又夸的信哪天全不再寄来；也担心走在街上不再有朋友叫住我，当面告诉我：从没想到我居然也写得出一部书来。

我那约翰生专家的封号，可是我使尽吃奶的力气心苦挣来的；不管和哪个朋友在街角不期而遇，只要同我随便聊上几句便能见真章（这种事不只发生过一次，而是上百回）。

某友：我现在只要一听到约翰生博士这几个字就马上想起你。

我：哦，那敢情好（瞅了那人一眼）。

某友：是不是总共有两个约翰生[34]？其中一个不写剧本？

我：没错，但是他们的姓氏拼法不一样，而且本·琼生[35]比他早了整整……

某友：我记得上回一九〇七年去伦敦的时候，还在酒馆里坐他生前坐过的椅子上……不对不对，咦……忘了到底是一九〇七年还是一九〇九年？反正我坐过约翰生的座位哟；嗯，那家酒馆的店名我倒不记得了，反正在滨河大道上就对了。

我（脸色一沉）：不对吧。你所说的那家酒馆并不在滨河大道，而是在舰队街，店名叫做"柴郡干酪"……

　　某友（喜出望外，如获至宝）：对对对，就是"柴郡干酪"没错！我在那儿吃了一顿午饭，而且坐了约翰生坐过的椅子。你上过那家馆子没？

　　我：嗯，我要是说出实情恐怕会教你大吃一惊，实际上并没有任何文献记载约翰生光顾过"柴郡干酪"。

　　某友：咦，这就怪了，人家怎么告诉我……。

　　我（坚定地）：没错，我相当清楚人家怎么告诉你，但是那些说法全都是空穴来风。约翰生常上"柴郡干酪"的传闻是从上个世纪才开始以讹传讹，但概属无稽之谈。[36]

　　某友：我真是太吃惊了。哼，反正那家店又脏又破的。我还是比较喜欢上"辛普森酒馆"（Simpson's）。

　　我：那可不！你这会儿肯定恨不得能上那儿喝两杯吧？啊，我还有事先走一步。

　　我猜，正因为大家一眼就能看穿我的书乃一个大忙人趁闲偷懒写成的，因此它才得以逃过书评家们的辣手整饬。那部书果真得天独厚。约翰生博士曾经呼吁：不管女人家怎么说教，千万不要妄加批评[37]；而应该要对她有能力说教感到惊讶。这就难怪大家会对我的文章如此宽大为怀。总之我觉得实在很丑，因为我发现当自己面对外界的问题时，却一个也答不出来。这让我归结出一个耐人寻味的结论：在这个世界上，问题的确多得不可胜数而答案却实在少得可怜。

　　有一件事着实令我大感惊讶：我的书好像灌输给外界一个错得离谱的观念——所有的旧书（尤其是内文里头的 f 全部印成 f 的本子[38]——其实那种做法大约可溯至印刷术肇始之初，一直延续到整个十八世纪，说穿了根本没有任何特殊含义）全是价值连城；害我还得诚惶诚恐、苦口婆心地向一大票有意脱手卖掉祖传旧书（他们自始至终一直认定价值不菲）的人一一解释，狠心戳破他们的美梦。

一九一一年，霍氏藏品拍卖会在纽约举行，亨廷顿先生在会场上标下那部名满天下的古登堡圣经，消息一传开，当时一般民众（尤其是住在偏远乡镇的人）竟然福至心灵，以为古登堡是某位才刚翘辫子没多久的老先生，他的遗孀趁他新坟未干之际便迫不及待把家用圣经拿出来变卖，居然还赚进五万五千元。于是，大家便以为随便拿一部祖传旧圣经出来卖，好歹都能值那个价码。于是"古登堡太太"顺理成章地掀起一波兜售圣经的风潮，结果，其中绝大多数的本子顶多只值一块钱。

基于同样心态，很多人拿了各式各样的《彭斯集》打算卖给我。我记得当初书里头提及那部书的时候我写得很清楚：一部纸板简装、书口未裁的基尔马诺克版《彭斯集》，市场行情大约可达五千元。由于该书印行于一七八六年，之所以会冒出那么多人跃跃欲试，我记得他们的逻辑是：既然刊印于一百二十五年前的《彭斯集》能值五千元，那么，年龄只有一半的本子也应该值一半身价；以此类推，一八二五年印行的《彭斯集》，不啰唆，只卖一千元就好了。

有一位罹患坐骨神经痛的老太太，一心想筹措经费供自己到克莱门斯山（Mount Clemens）好好地疗养几个月，于是决定要将手上的《彭斯集》忍痛脱手，她所开出的价码正是上头那个数目。她在信中这么写道："此部《彭斯集》乃我的先祖所有。这是一八二五年出版的本子，页缘涂满金漆的装帧，如此高龄的书（掐指算算也有一百年了）书况还能保持这副模样可不简单。当然，书页都已经泛黄了，其中几页给蛀虫蛀得挺厉害；总之，这本书正得很。"

还有另一位女士也捎来一封信："喜闻您亟欲搜购古书，谨此函告大师，我认识许多家里有古书的人。在我进行洽购之前，我想先取得充分的信息。我很渴望能以皆大欢喜的方式赚钱，而书籍买卖似乎正符合我的品味和兴趣。请赐告您想买哪些书，恭候回函。"由于一直等不到我的回函，她又寄来一封信，这回还特地附上贴好邮票的回邮信封："前些日子我曾去函向您提及古书买卖一事。我盼望能尽快付诸实行。请即刻回复，并列出值钱的书。"

一位署名威廉·克劳福德（William Crawford）、自称水电工、装配员的男士也千里迢迢自德州惠寄"墨宝"一封："大师阁下钧鉴：我得知您的手上有一份值钱书籍的清单，那份书单是否可供人免费索取？若是如此，请尽快将书单寄给我，我晓得哪里有好书，我想知道那些书值多少钱。"

这些林林总总对我的厚爱，我全部归功于那份娱乐报——堪萨斯市的《星报》（Star）——的编辑，此君曾经在报上写了一篇出色的书评（我之所以说它"出色"，乃是因为那篇文章对我可真是好话说尽），那篇书评后来还被广泛转载，甚至连首都圈的各传媒也无一幸免。那篇文章告诉大家，我深谙进入藏书堂奥所该知道的一切伎俩。那篇书评是这么写的："赶紧去买一本 A. 爱德华·纽顿的《藏书之乐》，你必能从中发现一把开启藏书界所有秘辛的金钥匙。"

"金钥匙"那档事儿着实害我不堪其扰了好一阵子。我起初还没拜读到那篇大作，所以搞得我丈二金刚摸不着脑袋，根本不晓得大家纷纷来信索取的"金钥匙"到底是个什么玩意儿。大概一大堆善男信女光读到那段掷地有声的句子，便纷纷依照指示找上门。有一位仁兄（显然是一位住在明尼苏达州的生意人）一看完《藏书之乐》之后立刻写了一封简短的信，开门见山地说："请简单扼要地明示关于古旧书本的全部细节。最好连'金钥匙'也一并寄来。我手头上有几本古书。"

不管怎么说，在我心目中排行榜首的来函，还是得颁给那封一路尾随我到英国的信。人家那边好像普遍认为咱们老美个个都是百万富翁似的，英国佬这么瞧得起咱们，不由得教我想起傻子和钱那则古谚[39]。那位老兄当初写这封"墨宝"的时候，心里头八成也是那么琢磨的。

> 伦敦霍恩西区 (Hornsey) 克洛韦利路 (Clovelly Road) 11 号
>
> 一九二〇年十月三十日

　　先生阁下钧鉴：

　　敝人收藏了一本书，书名叫《卡图卢斯、提布卢斯与普洛佩提乌斯作品集》(Catulli Tibulli et Propertii Opera)，是卡图卢斯、提布卢斯和普洛佩提乌斯[40]三位拉丁诗人的作品集，一七一五年由汤森－魏茨 (Tonson & Watts) 在伦敦出版。书上有一个重要的落款："詹姆斯·鲍斯威尔受吾友坦普尔[41]所赠，一七六〇年识于剑桥。"只需区区一千英镑，您便能拥有鲍斯威尔和坦普尔之间友谊的有趣纪念品。

　　我从《书客杂志》[42]上得知您此刻正在伦敦，若您想先看看这本书，我很乐意恭候大驾。另，这封信将委托贵出版商兰恩先生[43]转交到您的手中。

> 盼您拨冗回音，谨此
>
> 彼得·斯特鲁特 (Peter Struthers) 敬上

　　这是什么跟什么嘛！不过还是感谢那位仁兄，承蒙他的一番好意，否则至今我还不晓得原本卡图卢斯、提布卢斯和普洛佩提乌斯是拉丁诗人哩；有件事倒是可以确定：斯特鲁特先生的脑筋肯定没有问题，因为他笃定认为随便哪个老美都会愿意付那笔价码（按照一般汇率折合五千元！）买那部书。不幸的很，他这会儿可能已经将那件"有趣的纪念品"脱手，卖给了查令十字路上的某家书店，得款几先令，或许也早就被我以一几尼买到手了哩，何况，即使是这个价钱也一点都不算便宜。

远在腓尼基人的时代，英国人便已相当娴熟于视市场供需情形调节商品价格的机制。他们之所以成为举世最伟大的商贾绝非侥幸，必须具备足够的精明才能够成就如此霸业。如果你对我的论调存疑的话，不妨去翻翻托马斯·穆恩[44]写的《英国海外商务的无穷收益》[45]，那是一部大约三百年前写的书，现在还很容易买得到重印版。但是他们如今居然还欠了咱们一屁股债，教他们一想起这事儿就一肚子不爽；甚至已经提出要求：叫我们不要再继续贷款给他们，而他们则会回报咱们——不再贷款（相对金额）给他们国内无力清偿债务的债务人。听起来很蠢吧，但实际上呢？

有人言之凿凿：欧洲绝对无法清偿所有的债务。他们真还得了我才觉得奇怪呢，各协约国亏欠咱们的债款总额高达一百亿元（粗略估算）；光算利息每天就将近两百万元之谱！按照理论上来说，这笔欠款（本金连同利息）应该以黄金支付；迫于现实条件却不得不拿商品来抵偿，因为根本没有那么多黄金。可是咱们美国人岂肯放任价值一百亿元的工业制品和农产品大摇大摆输入国内？难道农民和工人不会共同筑起关税壁垒加以抵制吗？话说回来，假如咱们能够长此以往年年有钱可收，而又不会搞垮我们的好顾客，这么做不是比较高明吗？认清事实、将债务交付信托并摊成好几年的分期债岂非更好？咱们现在都应该学乖了，当我们早该参战的时候，偏偏还选出一个一会儿标榜"曾让同胞远避战火波及"，一会儿又要"让民主永存于世界"的总统[46]；就以我个人来说吧，我认为实在得不偿失。

这会儿咱们只剩下一个错误还没犯，那就是：终于接受事实，承认要收回那笔债款是一件既不聪明也毫无可能的事，而继续当我们过去盟邦的债权人，对外宣传我们是多么宅心仁厚、没板着脸咄

© 瓦尔特·拉利爵士

咄要债。

教人泄气的事儿就谈到这儿为止，还是回头谈我收到的那些信吧。

我曾收到过几封信，其内容就算最铁石心肠的作家（好比 H.G. 韦尔斯[47]）看了也难免莞尔一笑。几位在华尔街名气响叮当的工业界大哥，似乎凭借我的文章得以暂时纾解平日赶三点半的苦闷；还有几名刚从法国退伍返国的军官，为了要尽快忘掉阿戈纳的惨烈战况[48]，稀里胡涂地一头泡进我的书里头，活像把它当成一碗忘魂汤。

最后，甚至还有人向我探询演讲钟点费行情。因那部书小小的成功所引发的各式各样意外效应，其中最好玩的就属这一桩。由于我必须屡屡不断答复各界我的"价码"，我索性搬出瓦尔特·拉利[49]爵士（伟大的牛津学者）以前告诉过我的自身经验：当有人询问他一场演讲收费几何，他答以："分为三几尼一场、五几尼一场以及十几尼一场三种，但我实在不便老实推荐你采用三几尼那种。"而我呢，我的脑袋里则只有三几尼那一种，而且连唯一这一种我都不便推荐大家采用，尤其是我的心里头老妄想能讲一场收一百几尼。当然啦，这个数字就连那些写信给我的人也会当我是痴人说梦。

那篇关于思拉尔夫人的文章就是在瓦尔特·拉利爵士的建议之下动笔写成的，不过篇名"半路才女"[50]倒是我自己出的主意。既然提到瓦尔特爵士，我干脆再讲一则关于他的故事，这段轶事始终未见著述，但实在值得流传千古。

话说有一回他应普林斯顿大学之邀，允诺赴校进行一系列（每场十几尼的）演讲。原本双方约好届时由希本[51]校长亲自到火车站接他，但是就在他的班车抵达前不到一个钟头，希本博士才猛然想起自己还有一个非常重要的校务会议要开，而且说什么都不能缺席。他束手无策之余，只好拨了一通电话，交代一名年轻教授代他到车站迎接那位千载难逢的贵宾，再一路护送客人到"观景轩"（Prospect）（即希本博士的寓所）来。

那名年轻教授一接到校长本人来电，得知自己被赋予如此重任感到欣喜若狂，但还好没忘了问重点："我与瓦尔特爵士未曾谋面，怎么知道该接哪个人？"

"哦，这简单，"希本博士说，"瓦尔特爵士长得高头大马、相貌堂堂。你绝不会认错人；而且平日会从纽约搭车来的人你全认得，找你不认识的那一位笃定错不了。"

有了如此明确的指示，希本博士的代理人便火速前往车站，碰巧赶上列车正缓缓进站。此时，一名人高马大、相貌堂堂、头戴丝质礼帽的男子步出车厢，说时迟那时快，年轻教授一个箭步趋前拱手一拜："在下特地到此恭迎瓦尔特·拉利爵士大驾。"

那位绅士被他突如其来的架势吓了一大跳，但还是赶紧恢复风度，一开口便道："谬矣，吾乃克里斯托弗·哥伦布（Christopher Columbus）是也，汝欲寻瓦尔特·拉利爵士，他这会儿还坐在吸烟车里忙着和伊丽莎白女王打牌呢。"[52]

搞了半天才弄清楚，原来那人是从纽约来的银行家；他早就听人说过普大毕业的学生尽干迷糊勾当，决定当场给那个冒失鬼一点颜色尝尝。后来有人向瓦尔特爵士转述那桩事，他听了比谁都更乐不可支。

根据"说教人"[53]（吾友贾斯罗[54]博士在他那部有趣的《诺诺犬儒》[55]里头，偏好以此称呼《传道书》（Ecclesiastes）的作者们）所言："聆毕全文，其结论竟是：'读书过量，有碍健康。'[56]"——请看仔细，他用的是"过量"（"much"）这个字眼。我一再指出：阅读再怎么过量，也只会带来愉悦，绝不至于令人疲乏。书籍对我个人而言，不仅是一种慰藉，也是一项娱乐。我们都听过：著述多，无穷尽。倘真如此，且让我们欣然乐见著述大业毫无阻拦，生生世世绵延不辍；不管是什么书，只要能够符合我们的心性、喜好，就尽管放马过来吧。假使世事果真尽如"说教人"所言：都是虚空、皆为捕风[57]，那么，要打发如梦幻泡影的一生，还有什么活儿能比博览群籍、闲来没事写点儿关于书本的文章来得更棒呢？

【译注】

1　典出兰姆《伊利亚续笔》中"书籍与阅读断想"（Detached Thoughts on Books and Reading）首段末句："我不散步的时候一定得看书；只要一坐下我便无法思考。书本代替我思考。"（When I am not walking，I am reading; I cannot sit and think. Books think for me.）

2　乔治·L. 基特雷吉（George Lyman Kittredge，1860—1941）：美国学者、莎士比亚、乔叟专家。出生于波士顿，一八八八年至一九三二年在哈佛大学执教英文（一八九四年升任教授），专精的领域是莎士比亚、中古时期英文文学。他的著作有：《乔叟作特罗伊洛斯之文章用法》（*The Language of Chaucer's Troilus*，1894）、与葛林纳夫（J.B.Greenough）合著《英语演说之措辞法》（*Words and Their Way in English Speec*h，1901）、《英国巫术与詹姆斯一世》（*English Witchcraft and James I*，1912）、《高级英文法》（*Advanced English Grammar*，1913）、《乔叟及其诗》（*Chaucer and His Poetry*，1915）、《加文爵士与绿骑士研究》（*A Study of Gawain and Green Knight*，1916）、《莎士比亚》（*Shakespeare*，1916）、《托马斯·马洛礼爵士》（*Sir Thomas Malory*，1925）、《英国巫术今昔》（*Witchcraft in Old and New England*，1929）等。

3　波特—科茨书店（Porter & Coates' [Bookstore]）：费城书店暨出版社。本杰明·科茨（Benjamin Coates，?—1887）于一八四八年在 Chestnut 街 822 号创办（一八九一年迁至 900 号），初期印行廉价的少年读物、教科书。纽顿于一八七六年起在此公司工作。

4　引自鲍斯威尔追记兰登（参见第四卷IV译注 16）转述关于约翰生的若干轶事：某日托珀姆·博克莱尔（参见第四卷IV译注 13）提及他与约翰生的共同友人某君十分拙于算钱，约翰生答以："唉呀，阁下，吾亦同样拙于算钱。然而，阁下，原因无它，乃吾甚缺可算之钱也。"（Why，Sir，I am aukward at counting money. But then，Sir，the reason is plain; I have very little money to count.）。见《约翰生传》（一七八〇年段）。

5　赫拉斯·特劳伯（Horace Logo Traubel，1858—1919）：美国作家。与惠特曼相识于一八八〇年代中期，两人成为挚友，并担任惠特曼身后作品版权处置人。

6　其实是一份年历。参见第 17 页附图。

7　翌年（一九〇八年）圣诞节前夕，纽顿印制、寄赠给朋友的贺礼是一份题为《约翰生博士及其友人的机敏与智慧》（*Wit and Wisdom of Dr. Johnson and His Friends*）的一九〇九年年历；一九〇九年为九页小册《约翰生藏书票之由来》（*A Johnson Bookplate*），叙述其自用藏书票的来历（参见第一卷II）；纽顿年年维持这项贺节传统直至去世前一年从未间断；纽顿生前最后一年（一九三九年）圣诞节，由于健康状况不佳，无法循例编印小册子，只以一张卡片替代。

8　《与瓦尔特·惠特曼同居康登》（*With Walt Whitman in Camden*）：特劳伯记述文友惠特曼的传记作品。一九〇六年发表第一卷（波士顿 Small，Maynard and Co. 出版），第二卷于一九〇八年（纽约 Appleton）出版，第三卷（纽约 Mitchell Kennerly，1914）出版，全书共九卷，特劳伯原本计划每年出版一卷，但他生前仅发表前三卷，其余手稿后来才陆续发表，最后两卷更迟至一九九六年才出版问世。惠特曼于一八七三年一月二十三日工作途中突然中风导致左半身不遂，便迁居至新泽西州康登市，与母亲和兄弟同住。友人特劳伯亦不时随侍在侧，事后写下他于一八八八年至一八九二年间与惠特曼在康登的交往纪录。

©瓦尔特·惠特曼在康登居所的书斋，Thomas Eakins 摄（1887）

9　惠特曼手稿译文请参见附录Ⅴ文末。

10　丹尼尔·韦伯斯特（Daniel Webster，1782—1852）：美国政客。原为执业律师，后来多次担任议员、官员；与当时的（第七任）总统杰克逊（Andrew Jackson，1767—1845，一八二九年至一八三七年在位）在财经方面意见相左；一八四一年至一八四三年与一八五〇年起两度担任国务卿。

11　亚历山大·汉密尔顿（Alexander Hamilton，1755—1804）：美国政客。在国王学院（今哥伦比亚大学前身）就学期间发表过许多鼓吹爱国主义的小册子。一七七七年至一七八一年担任华盛顿的首席副官；四度担任殖民地议会议员；一七八三年在纽约担任律师；支持制定新宪法；一七八九年至一七九五年担任美国首任财政部长，成功奠定美国财政的坚实基础，并成为联邦党（Federal Party）的领袖。他因屡次插手阻挠政敌阿隆·布尔（Aaron Burr，1756—1836）竞选总统（一八〇〇年）与纽约州长（一八〇四年），与布尔在决斗中负伤身亡。

12　"僵冷宛如死尸的国家财政经他巧手一拨，便即刻起死回生。"（He touched the dead corpse of public credit，and it sprang upon its feet）：出自韦伯斯特于一八三一年三月十日的演说内容。

13　指当时的美国总统老罗斯福（参见本卷Ⅳ译注27）。当时美国经济衰退，普林斯顿大学校长韦尔斯将国内经济不振归咎于领导人"对铁路公司采取强硬态度，导致他们借贷无门。"（aggressive attitude toward the railroads，that made it impossible for them to borrow.）老罗斯福不仅未接纳工商界的要求，将货币政策和反托拉斯条例松绑，反而在一片挞伐声浪中，于一九〇六年底将所有大笔信托划归联邦管辖。他声称美国将可迈入"前所未有的全面荣景。"（a literally unprecedented prosperity）却没料到风雨欲来的金融危机。

14　此处疑引自当时"社会中坚"（即纽顿所谓"政经大哥"）在报刊上呼吁民众齐心拥护政府的言论。

15　"人丁兴旺，饭碗见底。"（a full baby-carriage and an empty dinner-pail.）：美国第二十五任总统麦金利（William McKinley，1843—1901，任期自一八九七年起）于一九〇〇年竞选连任时，为了因应对手打财经议题，麦金利提出宣传号"饱满饭碗"（The full dinner-pail.），盖一九〇〇年美国人民生活尚称富足，麦金利暗示民众投他一票即可继续确保丰衣足食。但当他后来以极大票数差距打败民主党候选人 William Jennings Bryan 连任成功后，却于一九〇一年九月六日被刺（八天后不治身亡），由副总统西奥多·罗斯福（老罗斯福）接任。

16　"斗室汗牛盈贯，娇妻贤淑和善，可谓大富大贵。"（A little home well filled，A little wife well willed，Are great riches.）：语出本杰明·富兰克林（参见第一卷Ⅰ译注37）于一七三五年二月发表的言论。原句为 "A little house well filled, a little field well tilled, and a little wife well willed, are great riches?"、"He that would live in peace and ease. Must not speak all he knows nor judge all he sees."。

○以 Punchinello 为主角的刊物（1870）

17　潘奇（Punch，或 Punchinello）：源自意大利的布袋木偶戏《潘奇与珠笛》（Punch and Judy）中的角色。潘奇是一个粗鄙的驼背丑角，贯穿整场戏，不断击退来敌，一路乐不可支。

18　首版《藏书之乐》以纸板、（四分之一）布背装帧，外加书衣（jacket）。按照现今日标准，应该称为"精装本"（hardback 或 hardcover），但以当时的出版规格则归为"硬板简装"（参见第一卷 I 译注 118）。

19 艾萨克·狄斯累里（Isaac D'Israeli，1766—1848）：英国学者。本杰明·狄斯累里（参见第一卷 I 译注 124）之父。一七九一年至一八三四年匿名出版收录文史掌故的集刊《文艺集萃》（*Curiosities of Literature*）；另有散文作品《作家之灾祸》（*Calamities of Authors*，1812—1813）、《作家之争议》（*Quarrels of Authors*，1814）、《作家之趣》（*Amenities of Authors*，1814）等。

20 "当头棒喝"（"stinging rebuke"）：引自 New International 版《旧约·以西结书》第五章第 15 节经文："这样、我必以怒气和愤怒、并烈怒的责备、向你施行审判。那时，你就在四围的列国中成为羞辱、讥刺、警戒、惊骇。这是我耶和华说的。"（You will be a reproach and a taunt, a warning and an object of horror to the nations around you when I inflict punishment on you in anger and in wrath and with stinging rebuke. I the LORD have spoken.）

21 小克·莫利（Kit Morley）：即克里斯托弗·达林顿·莫利（参见本卷代序译注 6）。

22 （詹姆斯·亨利·）利·亨特（[James Henry] Leigh Hunt，1784–1859）：十九世纪英国作家。

◎利·亨特

23 "阿布·本·阿德汉姆"（"Abou Ben Adhem"）：利·亨特于一八三八年发表的诗作。原诗全文如下：Abou Ben Adhem (may his tribe increase!) / Awoke one night from a deep dream of peace, / And saw, within the moonlight in his room, / Making it rich, and like a lily in bloom, / An Angel writing in a book of gold: // Exceeding peace had made Ben Adhem bold, / And to the Presence in the room he said, / "What writest thou?" The Vision raised its head, / And with a look made of all sweet accord/Answered, "The names of those who love the Lord." // "And is mine one?" said Abou. "Nay, not so," / Replied the Angel. Abou spoke more low, / But cheerily still; and said, "I pray thee, then, / Write me as one who loves his fellow men." // The Angel wrote, and vanished. The next night / It came again with a great wakening light, / And shoed the names whom love of God had blessed,/ And, lo! Ben Adhem's name led all the rest!（参见内文附图，对照摩利改头换面后的谐谑诗原文。）

24 "浮云歌"（The Cloud）：雪莱于一八二〇年发表的诗作。

25 弗朗西斯·B. 格默里（Francis Barton Gummere，1855—1919）：美国文学史家。一九一〇年翻译古英语史诗《贝奥武甫》（*Beowulf*）。其他作品有：《诗学手册》（*A Handbook of Poetics*，1885）、《伟大英文作家列传》（*Lives of Great English Writers*，1908，与 Walter S. Hinchman 合编）、《普及歌谣》（*The Popular Ballad*，1959）等。

26 "零本俱乐部"（The Club of Odd Volumes）：一八八七年在波士顿成立的爱书同好社团暨出版机构，该俱乐部以推广文艺鉴赏与版本钻研为其宗旨。一八九〇年开始出版量小质精的文学书籍、小册子，并不定期举办各类相关展览。

27 乔治·帕克·温席普（George Parker Winship，1871—1952）：美国学者、哈佛大学教授。

28 哈罗德·默多克（Harold Murdock，1862—1934）：美国学者、原为波士顿银行家。一九二〇年继首任社长 C. C. Lane（任期 1913—1919）接掌哈佛大学出版社担任第二任社长至身故为止。

29 亨利·汉比·海依（Henry Hanby Hay，1848—?）：美国评论家、教师、学者、诗人。作品有：诗集《镀金集》（*Created Gold*）、《喇叭与萧姆管》（*Trumpets and Shawms*）等。

30 关于此社团，请参阅第三卷题献文。

31　理查德·斯蒂尔（Richard Steele，1672—1729）：爱尔兰散文家、剧作家。此处所谓斯蒂尔的文句应指《闲谈志》（*Tatler*. No. 49）中"志伊丽莎白·哈斯廷斯女爵"（"Of Lady Elizabeth Hastings"）的"to have been a member of it for thirty years is a liberal education."

32　哥尔斯密某日对约翰生博士表示"文学俱乐部"（Literary Club）应召募更多新会员以活络社团生气："咱们之间已了无新意，因为我们对彼此的心思都早已了如指掌矣。"（There can not be anything new among us: we have travelled pretty well over one another's minds.）约翰生闻之略露愠色，答道："阁下，我保证你绝对尚未对'我'的心思了如指掌。"（"Sir, you have not travelled over my mind, I promise you."）而心里赞同哥尔斯密。乔舒亚爵士，一旁见状曰："盖人们相处日久，见对方开口便已知他将发何种议论……。"（见《约翰生传》一七八三年段）

33　拜伦于一八一二年以自传长诗《哈罗德公子游记》（*Childe Harold's Pilgimage*）一书声名鹊起，除了成为伦敦社交圈宠儿，欧洲他兴起英雄式的崇拜。拜伦自己形容："一觉醒来惊觉成名。"（Awoke and found himself famous.）

34　约翰生（Johnson）与琼生（Jonson）的英语发音相同。

35　本·琼生（Ben Jonson，1572—1637）：英国剧作家。

36　"柴郡干酪"（Ceshire Cheese）开业甚早，其悠久历史至少可溯及十六世纪。该店一度毁于一六六六年伦敦大火，灾后在原址重建传衍至今。现称"老柴郡干酪小馆"（Ye Olde Cheshire Cheese），位于伦敦市舰队街148号酒厂胡同（Wine Office Court）巷底。该酒肆曾经留下许多艺文闻人驻足的记录，包括：康格列夫、蒲伯、伏尔泰、萨克雷、柯南道尔、叶芝、狄更斯（《双城记》中曾提及）等。反倒是约翰生于一七四八年移居距此区区咫尺的高夫广场17号，却不见鲍斯威尔在《约翰生传》中只字提及约翰生出入此店。有一说为约翰生频频光顾邻近酒肆乃想当然尔，鲍斯威尔自然毋庸赘述。虽则约翰生亦被该店列为标榜沾光之列，但由于缺乏鲍斯威尔的背书，此说遂难以说服《约翰生传》的死忠拥护者；加上鲍斯威尔曾记述约翰生搬家之后表示："除非飓风海啸肆虐，否则我绝不跨越舰队街。"盖约翰生高夫广场家在舰队街以北，而"柴郡干酪"则位于舰队街南侧。纽顿提及的谬论根源，应指 Thomas Wilson Reid 的《干酪酒馆约翰生脚踪录》（*The Book of the Cheese*, *Traits And Stories Of A Johnsonian*

Haunt, London: B.A. Moore & Son, 1896），该书于当时颇获欢迎，十九、二十世纪之交多次再版。约翰生经常光顾柴郡干酪的说法近世以来几成定论。顺道一提，《约翰生传》中提及约翰生出入较频繁的酒肆是"主教冠酒馆"（Mitre Tavern）和"恶徒酒馆"（Devil's Tavern），皆位于舰队街上。

◎ 约翰生与友人在主教冠酒馆高谈阔论

37　鲍斯威尔某日告诉约翰生博士，前一日早上他在一个所谓贵格教派的聚会场合中听闻一名女子在传道（preach）。约翰生博士说：Sir, a woman's preacing is like a dog's walking on his hinder legs. It is not done well; but you are surprised to find it done at all.。见《约翰生传》（一七六三年七月三十一日段）。

38　昔时一项不成文的印刷植字法。古版书中的"ſ"字母往往与"f"字母十分近似（但仔细看其实并不尽相同，关于这一点，我以前也曾像纽顿一样，误认为古书上的 f、ſ 混用同一枚铅字，后来承蒙一位前辈苏精先生为我指出两者之间微小的差别）；而"u"往往以"v"取代（这应该来自拉丁文传统）；"w"印成"vv"、"j"则印成"i"……等等。此作法虽然在欧文古籍上颇为寻常，但也不能一概而论。

39　指意大利古谚："傻子散财试快。"(Uno sciocco e il suo denaro son presto separati. = A fool and his money were soon parted.)

◎《卡图卢斯、提布卢斯、普洛佩提乌斯》（*Catullus. Tibullus. Propertius*, Simon de Colines, 1534）

40　卡图卢斯（Gaius Valerius Catullus，c.84-c.54BC）、提布卢斯（Albius Tibullus，c.54-c.19BC）、普洛佩提乌斯（Sextus Propertius，c.50-c.15BC）皆为古罗马时代诗人。

41　W. 琼斯顿·坦普尔（W. Johnston Temple，1739—1796）：十八世纪传教士。见《约翰生传》。

42　《书客杂志》（*Bookman's Journal*）：英国期刊，完整刊名为 *Bookman's Journal and Print Collector; The Journal for the Trade, for Collectors & for Librarians*。一九一九年创刊。美国另有《书客文艺画刊》（*Bookman, An Illustrated Literary Journal*），由纽约多德－米德出版公司印行。

43　《藏书之乐》的英国首版于一九二〇年由约翰·兰恩（John Lane）出版。内容直接援用美国首版第二刷的印张，但删除原本第二版序文（后来于同年再刷的版本中补回）。

44　托马斯·穆恩（Thomas Mun，1571—1641）：英国作家。一六一五年担任大英东印度公司（British East India Company）高级专员。

45　《英国海外商务的无穷收益》（*England's Treasure by Foreign Trade. or The Ballance of our Foreign Trade is The Rule of our Treasure*）：托马斯·穆恩关于东印度公司营运制度的论著，是研究古典外贸形态与重商主义的重要著作。此书于一六三〇年代写成，但迟至一六六四年才得以出版。

46　第一次世界大战爆发后，美国总统伍德罗·威尔逊（参见第一卷IV译注55）立即宣布中立，力图避免美国涉入战局，一九一六年威尔逊竞选连任时，幕僚便以"他令国人未受战火波及"(He kept us out of war) 为其竞选口号。美国旁观欧洲战局直至一九一七年，由于德国潜艇不论中立与否全面攻击海上船只，已连任成功的威尔逊于四月二日赴参众联席会发表演说寻求通过派兵参战的法案，他当时的理由是"保障民主永存于世界"(Making the World safe for Democracy)。

47　H. G. 韦尔斯（Herbert George Wells，1866—1946）：英国科幻小说家。

48　一九一八年四月初美军部队在阿戈纳（Argonne，位于法国东部山区，为第一次世界大战的战略要地）与德军爆发激战，德军施放毒气造成美军惨重伤亡。

◎以阿戈纳战役为主题的通俗读物，Arthur McKeogh《阿戈纳森林英雄谱》（*Heroes of the Argonne Forest*, 1824）

49　瓦尔特·拉利（Walter Alexander Raleigh，1861—1922）：英国评论家、散文家。先后在利物浦（一八八九年）、格拉斯哥（一九〇〇年）、牛津（一九〇四年）等地教授文学。著作有：《英文小说》（*The English Novel*, 1894）、《风格》（*Style*, 1897）、《弥尔顿》（*Milton*, 1900）、《华兹华斯》（*Wordsworth*, 1903）、《莎士比亚》（*Shakespeare*, 1907）、《约翰生六论》（*Six Essays on Johnson*, 1910）、《传奇》（*Romance*, 1917），与第一部皇家空军建军史的《长空之战》（*War in the Air*, 1922）。

50　"半路才女"（"A Light-Blue Stocking"）：《藏书之乐》第七章。

51　约翰·葛瑞尔·希本（John Grier Hibben，1861—1933）：美国学者、普林斯顿大学第十四任校长。普林斯顿大学前任校长伍德罗·威尔逊离职参选总统后，校长一职悬缺十五个月后才由希本继任。

52 这个玩笑的典故源自历史上另一位同名同姓的瓦尔特·拉利爵士（1552—1618），此瓦尔特·拉利对哥伦布抢先登陆美洲心有不甘，于一五八四年封爵后便派遣英国第一批远征队赴美洲探勘。他一度深得女王伊丽莎白一世宠信，但后来失宠甚至招罪下狱，虽于一六一六年获释，但后来仍因故被詹姆斯一世处决。

53 "Koheleth"为《传道书》的希伯来文，现在圣经通常使用的"Ecclesiastes"乃依希腊文语法。贾斯罗为犹太人，自然坚守希伯来文传统。

54 小莫里斯·贾斯罗（Morris Jastrow Jr., 1861—1921）：波兰裔美国学者。一八六六年移民美国。一八九二年起担任宾州大学教授；一八九八年起兼任该校图书馆馆长。著作有：《宗教研究》（The Study of Religion，1901）、《巴比伦人与亚述人的宗教信仰及奉祀实况面面观》（Aspects of Religious Belief and Practice in Babylonia and Assyria，1911）、《希伯来与巴比伦之传统》（Hebrew and Babylonian Traditions，1914）、《犹太复国运动与巴勒斯坦的未来》（Zionism and the Future of Palestine，1919）、《约伯书》（The Book of Job，1920）等。

55 《诺诺犬儒》（A Gentle Cynic，Being the Book of Ecclesiastes，纽顿原文误为 The Gentle Cynic）——小莫里斯·贾斯罗的神学论著。一九一九年费城 Lippincott 出版。

56 原文为"读书多，身体疲倦"（参见第一卷Ⅳ译注 57）。

57 "都是虚空，都是捕风。"（all in vanity.）乃《新约·传道书》各节经文的惯用结尾用语。

II 运好不怕书来磨

我对运道之说向来坚信不移。我当然晓得爱默生[1]古有明训：只有肤浅之人才会拿运气当挡箭牌[2]，不过我丝毫没把这句话搁在心上；反正不管哪位贤哲怎么说，一定都能找到另一位持完全相反论调、和他打对台的贤哲的另一套说法。吉本[3]在他那部引人入胜的《自传》里如是形容自己的一生：数百万人的运气全部加起来也抵不过他一个人的好运多[4]；假使按照我和他两人理应蒙受的赏罚比例算起来，我的幸运程度实在远远胜过他；话说回来，同一件好事一口气来得太多也挺伤脑筋。我听过一则故事：某人沿着乡间小路行走，无意间发现脚边有一只马蹄铁躺在路上，他便将它捡起来，跟自己说："我今儿个可要走运了。"他往前走了几码路，又捡到另一只，他像之前一样喃喃自语："我就快出运了。"再走几步，他又看见一只，往下走还有另一只，他便如此这般不断逐一拾起，直到两只手全拎满了马蹄铁。最后他才瞧见：就在他的前方不远的路上有一辆大马车，载满生锈的旧马蹄铁，正准备运到垃圾场去扔，他这下子才恍然大悟：原来好运太多过了头便成了垃圾。

在风尘仆仆的人生道路上蹒跚跋涉的过程当中，我一路捡拾的幸运物数量恰到好处，足以让我确定它们绝不是从前头的超载马车上掉下来的。我的确很幸运，承蒙我的太太把我捡去当她的丈夫，当我正打算要对她展开攻势的时候，她已经不动声色把我兜进网子里。我的孩子们从来不曾教我们失望，而在事业的经营上，我也有幸觅得能干伙伴的鼎力相助。最后，我还写出一部书，该书的成功让我的想法更加笃定，也令我的朋友们不得不承认我所言不差（至

爱德华·吉本

少，就我坦承我的成就说穿了无非来自大量的"运气"这件事情)。
我出书的来龙去脉已经在前头的序文中明白交代过了，此处无须重
复赘述。别人如何看待那部书，我现在也完全以平常心看待；每位
读者大可依照自己喜欢的方式翻读它，就算是过目即忘也不打紧。
不过，那部书的问世倒是结结实实地影响了作者本人。它让大家以
为作者在藏书志业上的表现极为杰出（远超过他自己的认知）；为
了符合该书的期许，害作者累得差点丢掉半条小命。人类缺德乃天
性使然——我们往往不大喜欢听到朋友们功成名就的事迹；但是一
看到他们失利困顿，却能令我们感到莫大快慰，甚至还一五一十写
成奇文供大家共欣赏……我向来都是这么干的。

不用大脑和不明就里的人常对我说："你到底是怎么找到那么
棒、又那么赞的玩意儿？"他们用的正是"棒"和"赞"这两个字
眼；而当我老实告诉他们：真正最困难的部分倒不在寻找的过程，
而是要掏腰包买下那些宝贝的时候（我以为那正是我之所以能闯出
名号的主要原因），他们却总以为我在唬弄（这是从咱们英国同宗
那儿学来的字眼 5）他们。

当然啦，令我不为所动——由于远远超过我的能力所能企及，
干脆眼不见为净——的书籍也是所在多有。有一回，我频频逼问一
位财力颇丰的老绅士为什么不买这些、不买那些（他看起来明明就
是一副爱得要死的样子），我记得他当时这么回答我："我当然也很
想拥有呀；可是，如果说只因为喜欢我就全该买下来的话，范德比
尔特家族 6 要是也跟着铆起劲来还得了？"同样道理，假使拥有几
部莎士比亚第一四开本，对我而言的意义犹胜妻儿随侍在侧、安居
稳固房舍，而且，我因而必须从此坐怀不乱的话，那么，真正的藏
书家还有什么事干不出来？

话说回来，在所谓的次级品领域里也有数不清的品目，以往
只是三三两两横阻道途对我百般引诱，现在则是排山倒海地密集

围攻，不管我如何抵死不从都无济于事。如果生命真如大家所言：无非是衰事一桩接一桩的过程，那么，像我这么坚此百忍却仍然无法抗拒诱惑，那又该从何说起呢？加上我那些（卖书的）朋友们总能屡屡切中要害、搔到痒处，令我铭感五内——直到月初账单寄达为止。

我过去一直以为自己是个能够排拒谄媚逢迎的人。我花了大半辈子贩卖各式各样有的没的玩意儿。像我同样等级的货色会耍什么伎俩我也全盘了如指掌；但是当我头一回新手上路，尝试以卖东西营生的时候，不巧碰上新人类迅速窜起，而我只有——俗话怎么说来着？——前浪死在沙滩上的份儿。世事演变至此，我就晓得我的绝路不远了——我心知肚明；县太爷迟早会把我找了去，告诉我：为了清偿债务，得清算掉我的书，那些书的后事我早就安排妥当，全权交给我的朋友米歇尔·肯纳利（独揽纽约安德森拍卖公司旗下庞大资产的老好人）去处理，要供他印在拍卖目录上的广告词我也已经拟好了：——

来哟，来哟，
谁要来买落难藏书家的书哟？

在我的想象中，拍卖官的叫卖声历历可闻："来来来，各位女士、各位先生，请大家注意，我们马上就要开始拍卖在座都很熟识的某位收藏家的藏书。每一部书籍的品相都很不赖，全是咱们这位除了进书房之外，干其他事情都心不在焉的藏书家的珍藏……请各位翻开目录看头一件拍卖品，咱们这就开始：'塞缪尔·贝克特的《漫画英国史》。首版两卷，布面原装'，来，多少？好，感谢感谢……"拍卖会如是持续进行，终于一路轮到岑多夫[7]的《书籍装帧简史》（*Short History of Book-binding*）上场。

假如真能这样也不坏嘛！许多比我有本事的人也都曾经和书籍分手——注意，我说的是"比我有本事的人"，若要比爱书，那可就没人能比得过我；万一哪天我万不得已必须将手头上现有的藏书全数脱售，我铁定会马上重起炉灶，再度动手收集。即便如此，我也不至于写出赚人热泪的十四行诗"与书诀别书"[8]——原因有二：首先，就算有全套"第一对开本"摆在我的面前当奖赏，我也压根挤不出一首十四行商籁诗来；第二个理由则是秉性天生使然：我绝不容许自己摆出一副"郁郁寡欢、病恹恹"[9]的模样。

毕竟，那场拍卖会或许有机会不会实现。也许我还可以和债主们打个商量，求他们允许我整欠零还。我曾经听说过那种变通方案，我想不出还有什么其他更妙的法子。我得趁还有机会纳藏斯克尔顿（让它在我的书架上和首版《乡巴佬皮尔斯》[10]摆在一块儿）的时候，赶紧谈成几笔整欠零还的贷款。斯克尔顿的书现在可稀罕了，这一点连贝弗利·丘也颇为认同。还记得他在哈根藏书拍卖会目录上的序文说过的那番话吗？"若有人问起我整场拍卖会上最珍稀的是哪一部善本，我必会不加思索地告诉他：就是那部收录亨利七世的桂冠诗人约翰·斯克尔顿四首诗的迷人小书。"短短几句话对我还真管用，他接着说："那些看着哈根不断挹注资金在书籍上头而胆战心惊的人，曾经劝他还是买几张绩优债券方为投资上策。哈根回答他：'不然，你的债券将将不会比我的书值钱。'且让我们期盼他所言不虚；从最近在股票市场发生的几起事件看来，他的判断似乎快应验了。"

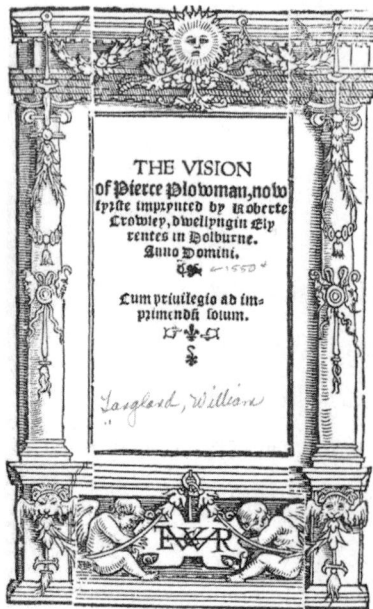

◎《乡巴佬皮尔斯》

喏，他的期盼事这会儿果不其然全都一一实现了。我当时去参加那场拍卖会的时候，暗地里还琢磨着"范德比尔特家族要是铆起劲来还得了？"那档事儿；从我的座位放眼望去，他们一家子似乎全部集中火力竞逐那部斯克尔顿。我不晓得最后得标者究竟是谁，但是当某人一喊出"九千七"的同时，拍卖官随即敲了槌，我当场决计：我非拥有斯克尔顿的书不可——我所指的当然不是那部一五二○的本子，而是任何一部斯克尔顿的书：好比说，像那部《主历一五六八年今编新版，精练、可喜又有益的斯克尔顿先生作品集》[11]。就这么着，过了一两年后，我在伦敦找到一部经过后世以小牛皮重装的黑字版善本，当时被韦尔斯抢先一步买走并带回纽约，我该怎么办？看官，换作是你，你怎么办？没错，我就是

那么办，所以那个小巧玲珑的本子才得以溜进这个房间里头，而且它一进我的书房就好像找到了婆家（和三百五十年前它待过的娘家——临近圣当斯东教堂的弗列特街托马斯·马什先生商号[12]——没啥两样）。把它娶进门的那天晚上，我连抽了好几根廉价雪茄——总得缩衣节食一下嘛。

　　还有另一个我至今犹避之唯恐不及的重大诱惑——复辟时代[13]的剧本，好在它们十分稀罕、难得一见，而且价格也不断扶摇直上，我才能够屡屡逃过劫数。那些薄薄的册子，通常都会冠上身旁若有女士（或精湛的学者、收藏家）在场便难以启齿的书名。我想，大概没有任何一个有自知之明的人胆敢驳斥谢林博士宣称每一部老剧本他都看过的说法。那些剧作也曾经令特罗洛普深深着迷不已，他在他的《自传》中如此写道："年近迟暮，余遂将拉丁文典籍悉数抛开，深深爱上古典英文剧作群家——并非出于对他们的作品无以复加的喜爱，那些探索人性真理的作品往往令我难以消受，甚且其遣辞用字亦时常令吾赧颜；而是好奇于钻研其情节并审察其

■斯克尔顿《精练、可喜又有益的作品集》书名页

COLIN CLOVTS
Come home againe.

By Ed. Spencer.

LONDON
Printed for VVilliam Ponsonbie.
1595.

■斯克尔顿《科林·克
劳特归乡记》书名页
（请注意作者姓氏的
拼法）

角色。倘吾尚能再享几年寿命，必将全心埋首详
读斯辈剧作家，一路追溯至詹姆斯一世逊位，并
一一月旦每部剧作。此领域未曾有人深入钻研，
更不知作品总数究竟几何。"

　　但是，就算我到目前为止一路侥幸逃过了戏
剧的诱惑，但我想要拥有那些毕生竭心尽力在我
们的语文上陶句冶字、丰富我们共同文学遗产的
诗人的首版诗集的欲望，依旧有如烈火中烧且难
以扑灭。虽然我逢人就吹嘘我手上已有《科林·克
劳特》[14] 和《仙后》，但是得等我终于顺利买到赫
里克的《金苹果守护者》，我才总算真正打心底开
心。那部可爱的书促使我发奋图强、再接再厉搜
求一大堆好书（并一一遂愿，谢天谢地）：洛夫莱斯 [15] 的《卢卡斯
塔》[16]、萨克林 [17] 的《吉光片羽集》[18]，和卡鲁 [19]（寝宫佞臣成员、
皇上陛下常任奉食官 [20] 之一）的《诗集》，一路直到收录布朗宁最
佳诗作的薄薄两册《男与女》[21] 等，上头这些书只要少了其中任何
一部，就没资格夸口自己拥有那位诗人的完整收藏。

　　说来也妙，几件微不足道的偶发事件每每能让一个人的收藏改
弦易辙；这种事我这辈子碰过好几回。话说某人出席一场宴会，当
他传递冰淇淋盘的时候，目光无意间扫到另一双水汪汪的情兮巧目，
两人随即迅雷不及掩耳订了婚，等到男的回神过来，两人早已拜
完堂送进洞房 [22]。我对笛福的兴趣和那种奇缘巧遇也有异曲同工之
妙。好几年前，我在牛津待了一个多礼拜，期间偶尔上伦敦办点公
事。有一天我碰巧有事得去西堤路（City Road）一趟，由于我提前
一个钟头到达，便悠闲地晃到邦丘胡同墓园（Bunhill Fields Burying
Ground），瞻仰那些几乎被世人遗忘的昔日名人坟冢。我无意间逛到
班扬 [23] 的墓前，紧接着就瞥见由英国儿童集资为笛福竖立的纪念碑，

这个无心的发现令我又惊又喜。当天晚上吃过晚饭，在牛津的国王勋章旅店（King's Arms）的狭小的吸烟室里，我和一位美国绅士有一番对谈，我看出此人显然对笛福也怀抱莫大兴趣，于是便挖空心思用句遣辞，将我对《鲁宾逊漂流记》的看法与他分享。他对我的整体见地颇为认同，只是不时纠正我几处论点，大致说来，他还算是个挺不错的谈伴。等到我后来终于搞清楚：原来我侃侃畅谈笛福的对象，正是当今最伟大的笛福专家——哥伦比亚大学的威廉·P. 特伦特教授——我恨不得当场钻个地洞躲进去。他当时正在牛津避暑，几乎成天都泡在博德利图书馆，进行笛福小册子的高深研究。

当我还小的时候，我比较喜欢的书并非《鲁宾逊漂流记》而是《海角一乐园》[24]，我还记得当时左猜右想，揣测这个鲁宾逊和那个鲁宾逊之间到底是什么亲戚关系。大家一定都听过这个说法：鲁宾逊某日在沙滩上发现一枚男子赤足脚印乃小说写实进程上石破天惊的一段描述。但我们切莫因而小觑《大疫年纪事》[25]的历史价值；此书在《鲁宾逊漂流记》之后不久问世，在林林总总论及伦敦鼠疫大流行的书籍当中，它可说是唯一一部能够逃过"无情岁月的啃噬"[26]而存活至今的作品。直到后来，另一位美国学者沃森·尼克尔森（Watson Nicholson）博士，才明白指出笛福书写该书乃是透过脚踏实地的编纂采访。偶尔被奉为英文小说之父的笛福，要是活在今日，我们或许该称呼他为记者。他进行一部作品的手法是：尽可能地搜集精确的资料，在压力下进行工作（美其名曰：摇着笔杆和时间赛跑），然后，自己设身处地在他所叙述的事件现场之中，让他的读者完完全全地被他牵着鼻子，进而全盘相信他们所读到的故事是来自作者现场目击的实况描述。刚开始它还被当成信而有征的史书，后来才被视为高明的小说，我们现在总算搞清楚那部书究竟是怎么回事；虽匆促写就，但行笔优美、描述逼真，可说是那场伦敦城空前大浩劫的绝佳史料。全书字里行间充斥着虚虚实实的记

■（上）萨克林《吉光片羽集》扉画
■（下）卡鲁《诗集》书名页

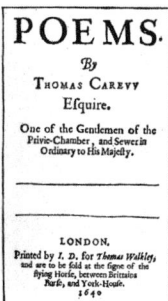

POEMS.
By
THOMAS CAREW
Efquire.

One of the Gentlemen of the
Privie-Chamber, and Sewer in
Ordinary to His Majesty.

LONDON.
Printed by I. D. for *Thomas Walkley*,
and are to be sold at the signe of the
flying Horse, between Brittains
Burse, and York-House.
1640

© 邦丘墓园的笛福纪念碑

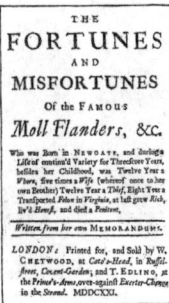

载，就算是假的也写得活灵活现跟真的一样。我的本子有顶级的上好品相——虽经装订但书口未裁（就像我那部书名页教人一目了然的《摩儿·弗兰德》[27] 一样），好处一言难尽。

　　既然扯到笛福，我们不妨顺道谈谈塞缪尔·佩皮斯[28]。普天之下至少还有那么一部书，想必任何读者（不论多么冰雪聪明的男人或多么秀外慧中的女人）都不至于非读首版不可，那就是——历久不衰的《佩皮斯日记》。我曾经自伦敦不辞辛劳三顾剑桥欲睹佩皮斯珍藏，但每一次都被监管人挡在门外："很抱歉今日不对外开放。"如果我星期二上门，开放日就刚好是星期三；如果我早上到访，他们会说下午来比较方便。有一次，我企图"趁虚而入"却仍旧没能得逞；大概它还没"大而无当"到那种地步。皇天不负苦心人，上回到剑桥总算让我碰到了好运气，有人在赫费书店（参见译注 43）介绍我认识现任馆长（或监管人[29]）O. F. 莫斯赫德（O. F. Morshead）先生，让我得以在他细心周到的导览之下，在馆内畅游了一整个上午，从容浏览那些足以令任何铁石心肠的藏书家心头小鹿乱撞的大批珍宝（何况我远远谈不上铁石心肠呢）。

■佩皮斯特藏室即位于
剑桥大学的这幢建筑
物内

　　佩皮斯从二十七岁起开始写日记，直到三十六岁，迫于视力渐
失才不得不歇手。对于无法继续写日记，根据他自己的说法："简
直和眼睁睁看着自己走进坟墓没啥两样。"[30] 不过他终其一生都收藏
不辍，一路活到七十多岁才鞠躬尽瘁死而后已。至于他在海军的官
位，则早在他的日记停笔之前，便已达到巅峰。

　　一名既富裕又勤快的人耗费四十年流光，其所能积攒的宝物
何其可观哪！特别是，里头说不准还不乏从别人手中借来赖着不
还的东西。其中有一件——从另一位勤写日记的伙伴，约翰·伊夫
林[31] 那儿借来的历书之类的一部口袋小书——就是那么来的，原
属佩皮斯个人崇拜有加的弗朗西斯·德雷克[32] 的财产，书中有他的
署名（写成了"Drak"）。此书自然重要非凡，连佩皮斯为其藏书
编号时也将它列为天字第一号。

　　佩皮斯的所有藏书（总数约三千部）全都妥善地安置在
一六六六年他向"细活佬"（the joyner）西姆珀森[33] 先生特别订制
的书匣里。那批书有一套他自己发明的奇特排列组合，陈设方式则
完全遵照他临终的叮嘱。老实说，那些以密码速记的日记原始手稿

◎塞缪尔·佩皮斯

◎弗朗西斯·德雷克（约
　1580）

反倒成了整批藏品之中最不起眼的东西。不过话说回来，那六大册
密密麻麻的密码本子里头包藏的趣事却又多得没话说！

　　依照佩皮斯遗嘱的指示，该批藏品委由麦格达伦学院[34]托管，
佩皮斯为了保险起见，还特地在遗嘱中增列若干条款和规定，只要
那批书出了那么一丁点差池，便立刻转送三一学院收藏；自一七○
三年佩皮斯去世，《日记》的手稿都一直沉睡在那批藏书之中，直
到一八二五年才被解密出版，该版本由布雷布鲁克[35]编辑、删订，
只发表了全部日记的一半左右，其余内容显然只能留待日后一步一
步慢慢开发。若干年后，某位有志之士挺身接手编务，但是他却玩
忽职守，竟然声称全帙对大众必然"过于冗长"！就那么着，一直
等到一八九三年，才又出现一部由 H. B. 惠特利[36]编辑的版本，虽
然将日记补齐，但其中少数段落也横遭腰斩，而那些段落（前后加
一加，约合一页篇幅），据编者的说法：着实不合适刊登出来。

　　多棒的一部书！不墨守成规的写作风格、不卖弄聪明、不耍弄
无碍辩才；然而，我们又岂肯拿它去换另一部有风格、既聪明又辩
才无碍的书？正如某人所言：唯有卢梭[37]闷骚堪比佩皮斯[38]。《佩
皮斯日记》的迷人处在于它的古怪有趣与毫不遮掩，譬如作者某日
自承踹了他的女佣一脚，事后对该事毫无悔意，只扼腕自己踹人时
遭人撞见。我们绝大多数的人或许都和佩皮斯同样德性，但是却鲜
少有人能像他那么诚实坦白。我们即便做错事也打死不肯招认，只
要不被发现，照样脸不红气不喘。

　　上头洋洋洒洒写了那么一大堆，我纳闷接着到底该先向大家介
绍一首迷人的打油诗（我的朋友"小克"·莫利写的，诗艺堪比登
峰造极时的奥斯丁·多布森[39]）；还是跳过去，直接聊我那部漂亮的
佩皮斯在皇家海军生涯的回忆录。我还是先讲那首诗好了。

　　在《佩皮斯日记》一六六五年二月三日的记载之中，我们读到
佩皮斯为了要戒掉一见漂亮小妞就想吃人家豆腐的毛病，他给自己

订了个规矩，他愿付一先令以换得一亲芳泽。就算他是个做事有条
有理的登徒子，但是我还是怀疑他后来果真说话算数。不管如何，
在同一天的记载之中，他心仪已久的特纳夫人（Mrs. Turner）在他
眼前烟视媚行，令他骚痒难耐，他如是记下当天的艳遇："比起其
他所有女人，漂亮的特纳夫人的确是一位漂亮非凡的女士；虽然因
为破了戒，害我花了十二便士 [40]，然而，我真想再多付两回。"

> 好样皮仔、佩仔，或屁仔
> （不管他浑号唤做啥），
> 在国王的船队里头当差，
> 写了一部尖酸的日记。
> 柠檬、苹果 [41] 他可全识货，
> 但他懂得可不只那些，
> 既然一记吻只消一先令，
> 自然多来几次亦无妨！

> 他那两片唇真个中高手，
> 不过我着实难以消受
> 他的一些龌龊不堪行径
> （我眼见他频频越轨
> 干那尝荤勾当），可他倒能教
> 不近女色的人一两招，
> 既然一记吻只消一先令，
> 自然多来几次亦无妨！

> 他尽情啜饮生命佳酿，
> 他吃得饱来睡得也足，

他既无忧虑也不发愁，

老天爷！他哭得死去活来

只因底细被看透瞧穿

众目睽睽猖狂依旧，

反正，一记吻只消一先令，

自然多来几次亦无妨！

结尾

呜呼，区区念歌人，谨奉劝大家，

再三思量他的忠告良言

既然一记吻只消一先令，

咱们干嘛不多来几次？

THE EIGHTH SIN

BY

C. D. MORLEY

"There is no greater Sin after the seven deadly
than to fancie meself into an idea of being a great
Poet." Letters of John Keats.

OXFORD

B. H. BLACKWELL, BROAD STREET
LONDON
SIMPKIN, MARSHALL & CO. LIMITED
MDCCCCXII

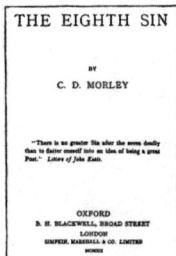

■（上）莫利《第八
罪》书名页
■（下）佩皮斯《与
英格兰皇家海军事
务相关的回忆录》
书名页

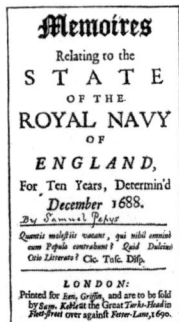

Memoires

Relating to the

STATE

OF THE

ROYAL NAVY

OF

ENGLAND,

For Ten Years, Determin'd
December 1688.

By Samuel Pepys

Quantis mihi iis vacant, qui nihil cupiunt
cum Populo contrahunt? Quid Dulcius
Otio Litterato? Cic. Tusc. Disp.

LONDON:

Printed for Ben. Griffin, and are to be sold
by Sam. Keble at the Great Turks-Head in
Fleet-street over against Fetter-Lane, 1690.

这首高明的歌谣是莫利大学时代写的（他们家兄弟三人全是罗德斯[42]培养出来的学者），最初刊登在一九一二年由牛津的布莱克韦尔[43]印行的一部薄薄的平装诗集《第八罪》[44]中。此书现在有许多人汲汲搜求，书名灵感来自济慈曾经写入信中的句子："若说还有比七大罪更严重的罪行，莫过于诗人自视过高。"[45]对于他有感而发的这句话，我完全同意。

此外，《与英格兰皇家海军事务相关的回忆录》[46]亦是一部珍本，内附一帧根据内勒[47]原画改刻的佩皮斯肖像，若是正确无误的本子，里头还必须有一叶大幅折页，详列当时海军与国库的财务账目。在许多书店的目录上都如此标明：此表格"往往佚失"。我差点忘了，我还有一封佩皮斯写给他的侄子（亦是他的遗产继承人，即约翰·杰克逊 [John Jackson]）的信，叮嘱他如果要购买书籍或画片时，务必"只挑上好的货"；这个忠告对所有收藏家而言同样十二万分宝贵，但是即使在佩皮斯当年亦屡受轻忽。

　　据说，这位日记作家的姓氏总共有十七种拼法，但其中只有三种的发音没有问题[48]；至于究竟哪一个才是正确拼法，迄今仍然众说纷纭。且容我在此引用一首阿什比·斯特里（Ashby Sterry）的小诗（二十五年多前所有的报纸均曾广为刊载，我还将其中一张剪报贴在我的剪贴簿上）。

我听说，有人（一说为数甚多）

说到饶舌的塞缪尔便开口闭口辟普斯；

其中不乏字正腔圆言之凿凿亦有之，

嘴里管那老可爱日记作家唤佩皮斯；

而我只听信我自认发音正确无误者，

不管说者如何口沫横飞又欲罢不能。

"就此安歇。"[49]

To A.E.N. with my love (April 1927)

Dear Caliph — I suddenly realize, seeing this pamphlet again, why it is that the author has no copy of his own primary indiscretion. He has no copy because he gave it to you. But unless there were testimony to that effect it might be supposed that you had obtained the pamphlet by sinister means. And so dear Caliph I rededicate to you this copy of a sheaf of peccadilloes which, when they were innocently committed, never dreamed of reaching a haven (or heaven) of editions and bindings such as Oak Knoll. Your very affectionate Kit Morley

© 莫利签赠给纽顿的《第八罪》空白扉页上的题词

【译注】

1　拉尔夫·瓦尔多·爱默生（Ralph Waldo Emerson，1803—1882）：十九世纪美国散文家、诗人。

2　原文作"运气乃肤浅者的庇护所。"（Luck is the refuge of the shallow.）。纽顿可能搞混了。爱默生曾写过："肤浅的人相信运气；信服外在环境……强者则相信赖凡事皆为因果。"（"Shallow men believe in luck, believe in circumstances… Strong men believe in cause and effect."）出自爱默生的《敬天法祖》（*Worship*，1860）第二部起首；倒是王尔德说过："肤浅者唯一的庇护所就是板起脸孔。"（"Seriousness is the only refuge of the shallow."）

3　爱德华·吉本（Edward Gibbon，1737—1794）：十八世纪英国历史学家。代表作为《罗马帝国衰亡史》（*The Decline and Fall of the Roman Empire*，1776—1788）。

4　"集数百万人之好运亦不及（吾）一人。"（"… being the lucky chance of one unit against millions."）：语出吉本《吾之生涯与著述回忆录》（*Memoirs of My Life and Writings*，1796，Lord Sheffield 编）的序文"吉本盖棺论定"（Gibbon Sums Up）。原文首段颇有意思，兹抄录如下："When I contemplate the common lot of mortality, I must acknowledge that I have drawn a high prize in the lottery of life. The far greater part of the globe is overspread with barbarism or slavery: in the civilised world, the most numerous class is condemned to ignorance and poverty; and the double fortune of my birth in a free and enlightened country, in an honourable and wealthy family, is the lucky chance of an unit against millions. The general probability is about three to one, that a new-born infant will not live to complete his fiftieth year. I have now passed that age, and may fairly estimate the present value of my existence in the three-fold division of mind, body and estate."

5　唬弄（spoof）：英国剧作家阿瑟·罗伯茨（Arthur Roberts，1852—1933）自创的一种游戏，由两个人互相较量吹牛皮本事的无意义比赛。名词最早出现于一八八四年，现已成为英文惯用字，但在纽顿当时仍属新鲜字眼。根据《美国传统词典》（*The American Heritage Dictionary of the English Language*）所载，此字最早被当成动词的使用记录为一九二七年。倘若此说可信，纽顿显然开了先河（此文发表于一九二一年）。

6　范德比尔特家族（Vanderbilts）：美国运输业及金融世家。主要成员有科尼琉斯·范德比尔特（Cornelius Vanderbilt，1794—1877），一八一〇年在家乡斯坦顿岛经营往返纽约的客货运渡轮生意起家，后来成为富甲一方的财阀。

7　约瑟夫·岑多夫（Joseph W. Zaehndorf，1816—1886）：十九世纪奥匈帝国（Austro-Hungarian）装帧匠。出生于布达佩斯，在斯图加特及维也纳习技。一八三七年移居伦敦，在卫斯里公司（Westley & Co.）工作，一八四二年成立自己的手工装帧作坊。其后人约瑟夫·威廉·岑多夫（Joseph William Zaehndorf，1853—1930）曾著《装帧艺术》（*The Art of Bookbinding*，George Bell & Sons，1900）。

◎科尼利厄斯·范德比尔特，出自 Buttre, Lillian C.《美国名人肖像集》（American Portrait Gallery, New York: J. C. Buttre, 1877）

8　"与书诀别书"（"To My Books on Parting With Them"）：典出十九世纪美国作家华盛顿·欧文（Washington Irving，1783—1859）的系列短篇故事集《杰弗里·克雷恩君札记》（*The Sketchbook of Geoffrey Crayon, Gent.*，1901）中的"罗斯科先生轶史"（"Roscoe"）。欧文在该篇文章假借虚构的史学家罗斯科先生，尽述爱书情怀，该文以一首哀怨的十四行诗"挥别

吾书"（"To My Books"）结尾。全诗如下："As one who, destined from his friends to part, / Regrets his loss, but hopes again erewhile /To share their converse and enjoy their smile, / And tempers as he may affliction's dart; / Thus, loved associates, chiefs of elder art, / Teachers of wisdom, who could once beguile / My tedious hours, and lighten every toil, / I now resign you; nor with fainting heart; / For pass a few short years, or days, or hours, / And happier seasons may their dawn unfold, / And all your sacred fellowship restore: / When, freed from earth, unlimited its powers. / Mind shall with mind direct communion hold. / And kindred spirits meet to part no more."

9 "郁郁寡欢、病恹恹"（"sickles o'er with the pale cast of thought"）：引自莎士比亚剧作《哈姆雷特》第三幕第一景哈姆雷特著名的 "To be or not to be" 独白末段（卞之琳译文）："也就这样了，决断决行的本色／蒙上了惨白的一层思虑的病容；／本可以轰轰烈烈的大作为，／由于这一点想不通，就出了别扭，／失去了行动的名分。"（"Thus the native hue of resolution / Is sicklied over with the pale cast of thought / And enterprises of great pitch and moment / With this regard their actions turn away / And lose the name of action."）

10 《乡巴佬皮尔斯》（Piers Plowman）：中世纪英国宗教俗世诗集，完整书名为 The Vision of Pierce Plowman。实际作者不详，J. M. Manly 认为实际执笔人数不低于五位；但其他如 Walter W. Skeat、J. J. Jusserand、R. W. Chambers 等学者则认为全书出自威廉·朗格兰（William Langland, ca.1332—1387）一人之手。一五五〇年伦敦理查·格拉夫顿（参见第三卷 I 译注 36）首版登载的作者为 Robert Langland。

11 《主历一五六八年今编新版，精练、可喜又有益的斯克尔顿先生作品集》（Pithy, Pleasaunt and Profitable Workes of Maister Skelton, Poete Laureate. Nowe collected and newly published. Anno 1568）：一五六八年伦敦出版。

12 Mr. Thomas Marshe's shoppe in Fletestreate neare unto saint Dunstones Churche：《斯克尔顿作品集》的出版商号。

13 一六六〇年六月英国护国公（克伦威尔）政权垮台（参见第三卷 I 译注 40），非常议会恭迎查理二世返国视事。但许多皇室特权与国家体制尚未恢复，议会先以"克拉伦登法典"（Clarendon Code, 1661—1665）暂代过渡时期，并宣布全体国人必须信奉国教。此短暂时期在历史上称做"复辟时代"（Restoration）。

14 《科林·克劳特归乡记》（Colin Clout's Come Home Again）：埃德蒙·斯宾塞的叙事长诗。一五九五年伦敦 William Ponsonby 出版。

15 理查·洛夫莱斯（Richard Lovelace, 1618—1658）：十七世纪英国诗人。

16 《卢卡斯塔、阿拉曼沙合编》（Lucasta: Epodes, Odes, Sonnets, Songs, & c. To which is added Aramantha, A Pastorall）：收录洛夫莱斯的诗作。一六四九年伦敦 Tho. Harper 出版。

◎理查·洛夫莱斯

17 约翰·萨克林爵士（Sir John Suckling, 1609—1642）：十七世纪英国诗人。

18 《吉光片羽集》（Fragmenta Aurea）：收录约翰·萨克林爵士的诗作、剧作、书信等内容。一六四六年伦敦 Humphrey Moseley 出版。书前的萨克林爵士肖像扉画由威廉·马歇尔（参见第三卷 II 译注 5）绘制雕版。

19 托马斯·卡鲁（Thomas Carew, 1595?—1640）：十七世纪英国诗人。一六一九年担任切尔伯里的赫伯特勋爵（Lord Herbert of Cherbury）的秘书；一六三〇年起深得查理一世宠爱，被拔擢为内臣长住宫内。卡鲁亦是约翰·萨克林爵士、本·琼生等诗人的朋友。他极仰慕约翰·多恩（John Donne, 1572—1631），曾为他创作优美的挽歌。卡鲁被标榜为保皇派诗人第一人。他的重要作品有：宫廷假面剧《大英窟窿》（*Coelum Britannicum*, 1634）、情色诗集《狂喜极乐》（*The Rapture*）、《诗集》（*Poems*, 1640）。

20　《卡鲁诗集》的书名页上对作者的描述原为"内殿近臣成员、国王陛下常任奉食官"（参见附图）。卡鲁一向被归为"保皇派诗人"（Cavalier poet），纽顿似乎对他的政治态度有意见，于引用这段描述时刻意加进一个字，改成"one of the Gentlemen of the Privie Bed-Chamber and Sewer in Ordinary to His Majesty"。

21　《男与女》（*Men and Women*）：罗伯特·布朗宁的诗集。一八五五年伦敦出版。

22　我猜这应该是纽顿自己的遭遇。

23　约翰·班扬（John Bunyan, 1628—1688）：十七世纪英国传教士。代表作《天路历程》（*Pilgrim's Progress*, 1678）出版后才确立其作家身份。

◎约翰·班扬, Thomas Sadler 原绘、Richard Houston 版刻（1685）

24　《海角一乐园》（*The Swiss Family Robinson*）：瑞士作家约翰·戴维·维斯（Johann David Wyss, 1743—1818）以德文书写的冒险小说，于一八一三年出版（英译本于一八一四年出版），描述遭逢船难的鲁宾逊氏一家人在孤岛上建立家园的故事，情节显然脱胎自《鲁宾逊漂流记》。

25　《大疫年纪事》（*A Journal of the Plague Year: Being Observations or Memorials*，*Of the Remarkable Occurrences...During the last Great Visitation In 1665. Written by a Citizen who continued all the while in London*）：笛福以一六六五年的瘟疫为本写作的纪实小说。一七二二年伦敦出版。中文版由麦田出版社出版。

26　"无情岁月的啃噬"（"the tooth of envious time"）：语出尤金·菲尔德诗作"亲爱的老伦敦"其中"橡木家俱历现无情岁月的啃噬"（"The oaken stuff that has defied the tooth of envious Time,"）句。

◎塞缪尔·佩皮斯, Godfrey Kneller 绘（1664）

27　《闻名的摩儿·弗兰德的幸与不幸》（*The Fortunate and Misfortunes of the famous Mou Flanders*）：笛福根据入狱时自牢友口中听来的传闻写成的纪实小说。一七二四年伦敦出版。此书早期在中国译为《荡妇自传》。

28　塞缪尔·佩皮斯（Samuel Pepys, 1633—1703）：十七世纪英国海军官员、日记作家。佩皮斯自一六六〇年一月一日起至一六六九年五月三十一日为止，以自创的密码写下巨细靡遗的日记。该批稿件随佩皮斯的其他遗物一起存放在剑桥大学多年，直到一八二二年才由剑桥学生 John Smith 解密译成白话文（参见本章译注 35）。《日记》出版后成为研究十七世纪伦敦社会情况以及佩皮斯任职的宫廷与海军单位的珍贵史料，同时（由于佩皮斯诙谐直率的文笔）也是极佳的读物。

29　英、美两地对图书馆（或博物馆）的馆长职衔各自使用不同的名称。美国惯用"librarian"；而英国通常使用"custodian"。

30　"almost as much as to see myself go into my grave."：语出《佩皮斯日记》（一六六九年五月三十一日段）。该日日记如下："···And thus ends all that I doubt I shall ever be able to do with my own eyes in the keeping of my journall, I being not able to do it any longer, having done now so long as to undo my eyes almost every time that I take a pen in my hand; and therefore，whatever comes of it，I must forbear; and therefore reolve from this time forward to have it kept by my people in long-hand，and must therefore be contented to set down no more than it is fit for them and all the world to know; or if there be anything (which cannot be much，now my amours to Deb are past，and my eyes hindering me in almost all other pleasures)，I must endeavour to keep a margin in my book open，to add here and there a note in short-hand with my own hand. And so I betake myself to that course which is almost as much as to see myself go into my grave - for which, and all the discomforts that will accompany my being blind，the good God prepare me." 这也是全部《佩皮斯日记》的最后一段。

© 约翰·伊夫林，Robert Nanteuil 绘（1650）

31 约翰·伊夫林（John Evelyn, 1620—1706）：十七世纪英国日记作家。其《日记》(Diary) 详细记录了十七世纪英国的生活风貌。

32 弗朗西斯·德雷克爵士（Sir Francis Drake, 1540?—1596）：伊丽莎白时代航海家。原本是海盗。一五七九年大破西班牙舰队，奠定英国海上霸业，因而获女王颁发爵位。

33 "细活佬"西姆珀森（Sympson, the joyner）：《佩皮斯日记》内多次提及延请木工到府修缮家俱，西姆珀森是其中最常出现的工匠名字。西姆珀森为他打造书橱的纪录见于一六六六年八月十日的日记："…Thence to Sympson, the joyner, and I am mightily pleased with what I see of my presses for my books, which he is making for me."

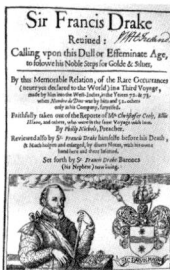
© 一五七九年德雷克的战舰 Golden Hind 大败西班牙船队

34 麦格达伦学院（Magdalene College）：位于剑桥大学之内。

35 理查·布雷布鲁克（Richard Braybrooke, 1783—1853）：英国文学史家。原名 Richard Neville，后来成为布雷布鲁克勋爵。他根据惨不忍睹的 John Smith《佩皮斯日记》手稿粗译本，经过大刀阔斧的修改润饰（与 Henry Colburn 合作），于一八二五年出版两卷本《佩皮斯日记暨书信》，一八二八年出版修订增补版，一八四八年至一八四九年扩编为五卷本。后世出现各种版本，惠特利（参见下则译注）根据一八七五年至一八七九年问世、由 Mynors Bright 补注的六卷本修订并添加许多佩皮斯相关史料出版八卷本（剑桥 George Bell & Sons，一八九三年至一八九六年，一八九九年另行出版第一卷补编与索引各一卷）成为公认的定本。

36 亨利·本杰明·惠特利（Henry Benjamin Wheatley, 1838—1917）：英国版本学家、古典学者。"早期英语文本学会"（Early English Text Society）与"索引学会"（Index Society）的创立者。他致力于书籍索引的编写，名著《如何编制索引》(How to Make an Index, 1902) 是该领域的经典；他编辑过十卷本《佩皮斯日记》(1893–99)，并写出《塞缪尔·佩皮斯及其身处的世界》(Samuel Pepys and the World He Lived In, 1880)。

37 让－雅克·卢梭（Jean-Jacques Rousseau, 1717—1778）：法国政治哲学家。出生于瑞士日内瓦的钟表匠家庭，学问来自刻苦自学。一七五五年发表《论人类不平等之起源及其基础》(Discours sur l'origine et les fondements de l'inégalit parmi les hommes)。

©卢梭，Lécuyer de Saint-Quentin 绘

38 "Rousseau is positively secretive in comparison with Pepys."：语出詹姆斯·拉塞尔·洛威尔（参见第一卷 I 译注 23）于一八八二年七月五日为惠特利版《佩皮斯日记》的序文。对不起各位，我借用纽顿的口气，原文义并不像译文这么轻佻。

39　奥斯丁·多布森（Austin Dobson，1840—1921）：英国诗人、散文家。

40　十二便士（12 pence）恰合一先令（one shilling）。

41　柠檬、苹果在英文中分别有"劣等品"和"高档货"的意涵，此处宜引申为"丑女"和"美女"。

42　罗德斯（Rhodes）：应指罗德斯奖学金（Rhodes Scholarships）。依据南非英国行政长官兼商人塞西尔·罗德斯（Cecil John Rhodes，1853—1902）的遗嘱设立的牛津大学奖学金，授予大英国协与美籍学生。罗德西亚（Rhodesia，国土涵盖今赞比亚、津巴布韦）即以他的姓氏命名，以纪念他生前大力参与创建。莫利当年领用罗德斯奖学金在牛津研习历史。

43　布莱克韦尔（B. H. Blackwell's）：历史悠久的英国书商。本杰明·亨利·布莱克韦尔（Benjamin Henry Blackwell，?—1924）于一八七九年元旦在牛津创立。起初只是一片小书铺，但很快成为贩卖学术与专业书籍的重要单位。本杰明之子巴西尔·亨利·布莱克韦尔（Basil Henry Blackwell，1889—1984）于一九二一年主持 Shakespeare Head Press（原本由 A. H. Bullen 于一九〇四年在莎士比亚故乡斯特拉福德成立，一九二七年 Bullen 殁后被布莱克韦尔收购），一九二四年继承家业更后将出版当成事业重心。一九九九年布莱克韦尔成功并购另一家百年历史的剑桥学术书店 W. Heffer & Sons Ltd.。布莱克韦尔书店目前由本杰明·亨利·布莱克韦尔的曾孙 Philip Blackwell 主持，在英国境内有八十家分店、九家剑桥门市仍习用 Heffer 店号。

44　《第八罪》（The Eighth Sin）：克里斯托弗·莫利的诗集，亦是他（时年二十二岁）的处女作。一九一二年牛津出版。

45　"若说还有比七大罪更严重的罪行，莫过于诗人自视过高。"（"There is no greater Sin after the seven deadly than to flatter oneself into an idea of being a great Poet."）：语出济慈于一八一七年五月十日、十一日写给友人 Benjamin Robert Haydon（1786—1846，英国浪漫派诗人）的信。Haydon 曾劝勉当时仍是业余诗人的济慈切莫陷入利·亨特过度自我膨胀的后尘，济慈因而以此回信明志。

46　《一六八八年为止，与英格兰皇家海军事务相关的十年回忆录》（Memoires Relating to the State of the Royal Navy of England for ten years, determin'd December, 1688）：佩皮斯著作。一六九〇年 Ben Griffin 出版。

47　戈弗利·内勒爵士（Sir Godfrey Kneller，1646—1723）：英国肖像画家。出生于德国，在阿姆斯特丹、罗马、威尼斯等地受教育，一六七五年起定居英国，不久便在名流、贵族圈子内博得声名，并于一六八八年被钦点为御用画家，服侍的君主从查理二世到乔治一世。他与麾下的画师班子在此期间创作的宫廷画包括："宫廷十美图"（Ten Beauties of the Court）与"朴资茅斯公爵夫人"（The Duchess of Portsmouth）等。一七〇二年至一七一七年间，他为当时著名的 Kit-Cat Club 成员（包括沃波尔、康格列夫、艾迪生、斯蒂与内勒自己等）绘制了四十二帧肖像，成为他最好的作品之一。一七一一年，他成为伦敦绘画学院（Academy of Painting）的首任院长，深刻影响随后数代英国肖像画风。

◎内勒自画像（1685）

48　"Pepys"若以寻常英语发音规则其实应较接近"辟普斯"（\ˈpIps\），但惠特利主张应念做"佩皮斯"。"佩皮斯"译音应是依字面理当然尔而来。一九二七年十一月三日，多伦多三一学院院长 F. H. Cosgrave 在一场演说"塞缪尔·佩皮斯及其时代"（"Samuel Pepys and His Time"）亦曾提及"Pepys"的发音问题，亦援用纽顿文末那首打油诗，他还根据惠特利的主张，为该诗补上两句："Yet Wheatley declares that the truth still escapes, / For Pepys was not 'Pepps' nor 'Peeps'; he was 'Papes.'"。

49　"就此安歇。"（"And so to bed."）：纽顿套用《佩皮斯日记》的惯用语。此词首次出现在
　　一六六〇年四月六日的日记，此后频繁作为当日日记的结束词，用法类似中文章回小说中的
　　"一夜无话"，开头则常用"Up this morning"。

III   书店到底怎么搞的?

前一阵子，吾友威廉·哈里斯·阿诺德先生告诉我，他写了一篇谈论书店形势一片大好的文章 [1]。一等《大西洋月刊》登出那篇文章，我便找来仔细拜读，但是我却不太同意他归纳出来的几项结论。鉴于所有爱看书的人对于这个主题似乎也会感兴趣，我或许值得将个人的看法在此野人献曝、就教方家。

针对当前公认书店业的艰难处境，阿诺德先生提出的解决之道是：由出版商授权零售书店，允许他们能够"自行选择以直接买断或立约代销"的方式卖书——换句话说，卖掉则已，卖不掉就退还给出版商。我犹记得已故的安德鲁·卡内基 [2] 多年前曾经对某个经商的人说：如果他无从判读某个特定月份的损益情形，甚至连最起码的粗估都办不到的话，那么，他一定得趁早转行。他还说：做生意能赚钱自然最好；即便不赚钱，也必须做到；明知自己赔钱——但积极寻求补救之道。这下可好了，要是哪家出版社果真同意让客户以所谓"卖剩可退"的方式销售其出版品，那我倒想知道，出版商又该如何向那些登门要债的上游（即作者、印刷厂、造纸厂与装订所等）拍胸脯保证自己有偿款能力并赢得他们未来的信心。

我隐约觉得，出版商们承担了极大风险。窃以为目前绝大多数的书籍尚能符合最起码的损益平衡，就算有盈有亏，数字也都不至于太庞大；其间容或少数几部能出现小小的获利，至于销售成绩极其亮丽——或赔得惨兮兮——的书仍只是其中极其少数的特例。《启示录四骑士》是近期极为显着的一个成功案例：即使纽约市的出版单位全体总动员，短时间内日夜连续赶工、一再重印再版，仍不敷铺货应市。反观另一个例子，多年前出版的狄斯累里（后来成了贝肯斯菲尔德伯爵）《恩底弥翁》[3] 则造成难以估计的严重亏损。出版商以当年惯用的三卷本形式印行那部小说，我记得当初的定价大概是两几尼上下。结果根本没有人能读完全书的一半，可说是凄惨无比。该书出版了几个月之后，伦敦每家二手书店全都以贱价（约相当于装订工本费）抛售成堆书口未裁、书叶未开的“图书馆版”[4]。我必须承认，上面所举的这两个案例都过于极端：前一部畅销书的获利简直像中了第一特奖；后一个挫败例子的亏损赤字则几乎蚀光出版商的老本。

出版这一行向来都被归为极具高风险的行业——比起演艺业虽然体面有余，却缺乏其趣味刺激，但两者有个共通点：每推出一部作品到底会一炮而红抑或一败涂地，不到最后关头（即覆水难收的田地）没人晓得。这种情况自古即然。瓦尔特·司各特爵士（大家往往都忘了他一度经营过出版社）曾说：书商（在他那年头，所谓的书商就等于咱们现在的出版商）乃“放眼天下唯一义无反顾、心甘情愿跳进这种所谓‘听天由命’[5] 的勾当；每刊印二十种书籍，只敢奢望里头有一部能脱颖而出，简直和一口气买好几张连号彩券，巴望其中一张能侥幸蒙中头彩没什么两样”。瓦尔特爵士之所以会那么说，自然有其充分道理[6]（马克·吐温也有资格讲同样的话[7]）。

我这会儿还想起前几年问世的一部小书——由道布尔戴－佩奇出版社[8] 出版的《一介出版人的肺腑之言》（现在终于真相大白，当时那位匿名的作者不是别人，正是瓦尔特·海因斯·佩奇[9] 本人，即咱们派驻到英国的前任公使）。该书曾列举出版社面临的种种困境（不只财务，还包括其他各方面）。作者所下的结论是：业界内顶尖人才如此之多，举凡斯克里布纳氏[10]、麦克米兰氏[11] 或其他许许多多同样杰出的人士，若是从事银行、铁路或其他任何一行，想必早已飞黄腾达外加日进斗金；因为，他说：“综观各行各业，出版

■四位出类拔萃的藏书家：（左立者）C. B. 廷克教授、（右立者）W. H. 阿诺德先生、（左坐者）R. B. 亚当[12]先生、（右坐者）W.F. 盖布尔[13]先生

乃其中最难获利的一行，除非出版宣教材料、教科书，那两种书可说是哥俩好。"要是这位鞠躬尽瘁、案牍劳形、比大多数生意人都更有使命感的人地下有知，听到阿诺德先生一个劲儿鼓吹挹注全国（东起缅因州西达加州）无数的书店（姑且不论其中有多少经营不善的店家），他一定会大感百思不解。阿诺德先生的建议美则美矣，但我纳闷到底有多少出版社能够心悦诚服地接受。或许他们压根就认为阿诺德先生显然事不关己（我上回见到他的时候，他正悠游在满满一屋子的珍本书里头），而他提出来的方案对于此刻正遭受苦难的各出版社而言无异火上加油。

事实上，比起出版商，我个人毕竟还是比较偏袒书店。这年头当某些出版商（至少就我所认识的那几位）出门有黑头轿车代步的时候，书商们都还只能光靠自个儿的两条腿呢。当霍格[14]怒气冲冲、扬言要把某名书商的脑子挖出来[15]的时候，瓦尔特·司各特爵士急得直嚷嚷："霍格好样儿的，看在老天爷的份上，怎么还挖掉人家的脑子，你应该是找一副大脑放进他的脑袋里头才对嘛。"书店遭遇的困境主要来自二端：首先是某几家特定百货公司的强势竞争；再者，就是咱们自己（即读者大众）轻忽怠惰使然。身为富有、聪颖、挥霍无度的民族，我们居然浑然不察（似乎也根本不想弄明白）购置、拥有书籍的乐趣。依我看来，书店业如今之所以走上衰颓之路，早在几年前各种学堂、辩论社、讲座纷纷式微便已种下远因了。若非吾人普遍荒废阅读皆源自那些社团之荡然无存，我还不至于感到如此遗憾；归根结底，我们不仅丧失人与人相互激荡的智性触媒，却又没有其他事物适时取而代之。当然，当我说那些东西全没了的时候，是以咱们的人口数量和富裕程度的比例而言。

一谈到买书，大家似乎都很吝于冒险。但是咱们却宁可花上四元、六元甚至十元买两张票去看一场"秀"（我忒厌恶这个字眼！）而且就那么白白耗掉一整个晚上，事后当有人问及有何观

●费城的文化地标利里书店

后感时，我们只须以短短一个"烂"字即可简短带过，没一会儿工夫便全然抛诸脑后。其实买书本身就是（或，应该是）一项乐趣；若能再遇上一名见多识广的书店店员（为数亦不在少数），那更是乐事一桩。就谈谈我所认识的几位好了。假如你对插图本或配补插图的书感兴趣的话，像乔治·里格比（George Rigby）那么风趣的家伙，你在费城就算打着灯笼还能找出几个呢？还有塞斯勒书店的梅布尔·扎恩（我有时会捉狭地逗她："梅贝尔卿卿如晤"[16]）；她屡屡以其丰沛的知识教我无地自容；还有，堪称国内规模最大、货色最精的二手书店利里书店（Leary's）；他们从来不跟顾客胡搅蛮缠，也不会硬死皮赖脸要你非买不可，你大可天天按时上他的书店报到，只逛不买也没关系。不过话说回来，咱们费城人对那家书店的老板也算是仁至义尽，不但让他当上了本市的父母官，还索性一举将他推上州长宝座。他一路看着我长大，而我现在居然可以大咧咧地称呼他为"吾友内德·斯图尔特[17]"，着实令我大感脸上有光。

利里书店是少数几家目前还捞得到便宜货的书店之一。吾友廷克（老好人廷克）每回只要上费城，一定会在利里书店磨蹭个把钟头；就在昨儿个，一位忒懂得精打细算的书友詹姆斯·希尔兹（James Shields）跑来串门子，还问了一个我答不出来的问题。他掏出一张刚从劳勒（John Lawler）（罗森巴赫书店的店长）手里赚来的十元钞票向我炫耀，他先光顾利里书店，花五毛钱"捡到"一部书，马上转手卖给劳勒。现在干这种勾当还有机会，但得先具备十分精准的知识，那种本事我老学不来。我差点忘记告诉大家他当时问我什么了：那部书，劳勒会订什么价钱呢？真是天晓得。

为了极力撇清（原本该咱们自个儿的）罪过，我们有时干脆把全部责任推到安德鲁·卡内基先生身上；还不都是因为他生前拚命到处盖公共图书馆，才会害书店不得不走到这步田地；但我并不赞成由图书馆背所有的黑锅。相反地，它们倒是有极其正面的作用。我每造访一座陌生城市，一定会去当地的图书馆东看看西瞧瞧，甚至我的朋友里头还有不少人在图书馆当馆长哩；不过说穿了，当我每回面对满坑满谷的书籍，无非是为了要过过君临天下、被成群冠盖夹道簇拥的瘾头罢了；话说回来，冠盖云集那种虚荣场面怪没营养的，只要尝过一次便了无新意。

◎描写安德鲁·卡内基耗资普设图书馆的漫画

就是这么回事，由于我不是学者亦非一穷二白，除了自己的书房之外，我并没有经常利用任何一所图书馆。我很早以前便养成自己买书的习惯，而且这个习性至今犹未稍减（感谢老天爷）。许多仍在世抑或早已作古的作家们（作古的占绝大部分）带给我极大的快乐，而且我也乐于购买多于我所能读的书。忘了是谁曾经说过："余向来坚守买书应多多益善，不该局限于心血来潮时的吸收量，此原则无非用以提升性灵达致极高境界；亦令吾人得以超越茹毛饮血的鸟兽虫豸。"[18] 不管这句话是谁说的，我都举双手双脚赞成；拉尔夫·贝根格伦[19] 也以一首可爱的小诗阐释过类似观点（但不像前面那一句那么正经八百），那首诗收录在堪称自 R. L. S.（史蒂文森）《童稚诗园》以降最动人心弦且老少咸宜的《简、约瑟夫与约翰》[20]一书当中：

> 我爹老是买书买不厌：
>
> 娘说他的书房看起来
>
> 简直活像一爿旧书店。
>
> 层层书架叠得高又满，
>
> 遮住墙面壁纸瞧不见，

古籍旧书堆得到处都是，
桌上、窗边、座椅里头，
连地板上也全都是书。

才一转眼他又买回了
更多书，搬回来正打算
腾出更多空间来摆放，
东移西挪忙得一头汗。

有一回，我问他为何要买
那么多书，他说："为何不？"
我左思右想实在猜不透。

对于家中各项开销，我们当中许许多多人出手颇为大方（尽管还谈不上挥霍），却似乎老认为买书是一项要不得的浪费。我们甘愿花大钱购置自动钢琴和会出声的机器[21]，只为买一辆汽车还将房屋抵押，但是一提到买书，非到万不得已，说什么就是不肯掏腰包。如果从朋友那儿借不到书，顶多只会上图书馆碰运气；如果要举出一件比借书给别人更令我讨厌的事，那便是伸手向别人借书，我也明白没有比人家硬要借你一本你压根没打算看的书更教人受不了。当然，要彻底根治这种毛病也不是没有办法，譬如：故意把那本书搞丢，不过那样做实在太费工夫了。

我的人生哲学十分简单：根本犯不着研读一大堆德国劳什子哲学家（或其他任何家伙）的著作，也能发现获致快乐之道，说穿了不外乎每天开开心心地过日子就行了。我无意向大家说教——而是我知道：没有别的事儿能比得上手里捧着一大堆书回家，而且每一本全是自个儿"花钱"买来的更开心了。

"我从来不买新书,"有一回,某人看着我书房书桌上的一叠书,这么对我说,"我得量入为出,新书实在太贵了。"

"可是,"我打抱不平,"既然你喜欢阅读;难道你不觉得该对那些赐给你喜悦的作家们尽点义务吗? 总该有人支持他们呀。我自认尽了自己该尽的义务。"

每当我一想到阅读带给我如此多乐趣,就益发觉得自己的责任便是尽可能地将市面上的书全买回家。甚至连梅瑞狄斯与史蒂文森的著作也全在我"善尽义务"之列,买他们的书说穿了对他们本人压根一点好处也没有。或许你会质问我:那干嘛不为乔治·穆尔、洛克[22]、康拉德[23]、赫格

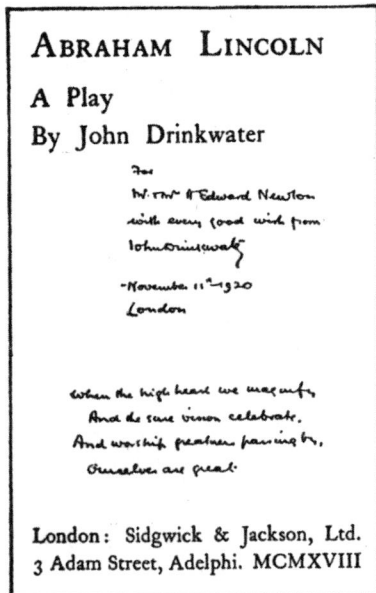

ABRAHAM LINCOLN
A Play
By John Drinkwater

For
Wm A Edward Newton
with every good wish from
John Drinkwater

—November 11th 1920
London

When the high heart we magnify
And the sane vision celebrate.
And worship greatness passing by,
Ourselves are great.

London: Sidgwick & Jackson, Ltd.
3 Adam Street, Adelphi. MCMXVIII

■ 德林克沃特《亚伯拉罕·林肯》首版书名页

希默[24]等依然健在的人略尽绵薄呢? 嘿嘿,告诉你无妨,那几位作家的书我照样一部也没漏掉。就算你或许无法像我一样,买到有德林克沃特[25]落款的首版《亚伯拉罕·林肯》,但是你毕竟应该趁犹时未晚,说什么也要赶紧购置一部。这些作家全都兢兢业业地致力于延续英语文学辉煌的传统香火。我的职责就是尽量地给予鼓励;为他们作出一丁点儿贡献。这档事我可不希望光我一个人闷着头干。

再回头谈书店吧。除了要抵御五十年前闻所未闻、五花八门的各种娱乐——应该用不着多此一举明讲出其中最新鲜的玩意儿(即"电影")吧——还要与百货公司分庭抗礼,各书店无不选择贩卖"刊登全国广告"的东西。出版社容许书店只要在维持一定利润的前提下,便能以薄利多销的方式卖书;但是百货公司削价削得更凶。但是他们心里头十拿九稳,再怎么压低价格,他们仍然有利可图:仗着庞大的"营业额"和相对极小的"经常开销",他们便能够经得起以折扣价贩售特定几部流行书籍,其道理就像旁边卖巧克

力糖的专柜，尽管上头明明标示"原价一元；周末特价只卖七角"，但实际成本才四毛钱（甚至更低）；只要多卖出几盒，他们照样能从大家口袋里赚回那一块钱。既然巧克力糖行得通，其他玩意儿（除了少数几种他们用来当作"主力商品"的书籍和若干特殊产品）自然也可以统统比照办理。

书籍是唯一"广告遍及全国"，但每家书店都佯装成独家贩卖的一种特殊商品。想当年（那段不堪回首的当年），几种每月定期发行的杂志，如《大西洋月刊》、《哈珀杂志》[26]、《斯克里布纳》[27]等，原本的批发价是每一百本二十八元，等到一摆进费城的大书店架上，却以每本二角五分零售。最高法院对此早有判例，足以支持每个零售商皆可随自己高兴，爱卖什么价格都行，零售商倒也都没平白辜负这项特权，举例来说：他仗着庞大的购买力才能够以低于其他竞争同业的价格销售。在某些极稀罕的情况之下，出版商也会提供"优惠"：只要采购量高于一定数目，他们便给予若干折扣；而且，每回总无可避免的"库存品"（唉……），出版商也只能以低价认赔批发给零售商，好让零售商仍能赚点蝇头小利；大致情形大概不出我上面所述几种。

不容否认，还多亏有百货公司共襄盛举，诸如《亲爱的梅贝尔》[28]、《启示录四骑士》等书才得以卖出成千上百部，还有《小访客》[29]（即便不是巴里[30]或其他人写的）也开出非常亮眼的销售数字。但是，像这些书居然能有如此惊人的销售成绩，和另外一些具有恒久价值、却只能卖出寥寥几部的书籍形成鲜明对比。或许我的看法不尽正确，但我隐约觉得男人比较喜欢买我姑且称之为好书的书；而小说和其他比较软性的文学形式则受到女性的偏爱。

不如这么着，试想你走进某家百货公司（至于哪一家咱们心照不宣），指名要买一部《汤姆·琼斯》[31]，你的面前倏地冒出一名身穿迷你洋装、两脚蹬着高跟鞋的售货小姐，她的头发拢成高高一大坨顶在头上,两只耳朵全被盖住不晓得藏在哪儿;鼻头才刚刚扑上一层脂粉,她的模样活像准备出席晚宴似的。"《汤姆·琼斯》喔!"她说,"是儿童书吗? 童书部就在从这儿算过去右手边第二排。""不不不,那是一部小说,"你一说完,她马上回答:"故事书嘛,那在左手边第二排。"

你依照指示一路走过去,小心地避开标示"最新出版品全在此平摆桌上"牌子的桌台,此时又窜出另一名妙龄售货小姐,也是一副盛装赴宴的模样,你再询问一遍。她却反问你:"那是新书吗?""不不不,"你向她解释。于是她把你带往陈列着好几百本"人人丛书"[32] 的书架前(的确全是好书没错)。可是那些书摆得乱七八糟,想从那堆活像煞费苦心洗过牌似的书里头找出你要的那一本简直比登天还难。当你正和她找得不亦乐乎时,"半路杀出"一个要买《爪哇头》[33] 的家伙,她一听,连想都没想便立刻回他一句:"一块六毛九。"说完便带了那名顾客走向另一堆书,绕到后头,从此芳踪杳然。

你只好独自继续埋头翻找,过了半晌好不容易终于有人走过来问你有何需要效劳之处。你说:"我要找《汤姆·琼斯》。"而这名女生说:"哦,菲尔丁写的嘛。"哟,可真不简单哟。接着她引领你来到善本书区,你总算在这儿看见一整套花枝招展(显然是摩洛哥羊皮装帧)的菲尔丁作品全集,标价四十元。面对如此天价,你面有难色地向她解释:买《汤姆·琼斯》是要用来读的,并没打算拿来摆在书架上装点门面;最后,你向"售货小姐"连声道谢,抱歉给她们添了麻烦,终究两手空空地走出百货公司大门,白白浪费了半个钟头。

随便哪个店主或某位饱学的店员要是读了这篇文章,他一定会大呼冤枉:"你说的实在对极了,可是这些情形我们又何尝不晓得呀,你可有什么锦囊妙计没有?"当然,对于该如何做才能大发利市，我完全一窍不通；但是我郑重建议业者：不妨将比较好的二手书和新出版品摆在一起贩售，而且我会特别加强二手书，并称它为珍本书区，如此一来，该部门的销售利润必然会高得令人大出所料。我想对书店老板说："给生意注入些许创意。"创意对于生意人来说，正如同对诗人一般不可或缺。没错，只有打算只干一天就卷铺盖走路的人可以完全不需要这玩意儿。我想起平内罗[34]的剧作《艾丽丝》里头一个精彩片段——一名高大挺拔、相貌堂堂的男子上场；他一亮相便立刻引来全场的目光，戏中那位黄花大闺女窃问来者何人，旁人告诉她："此人乃马尔多纳多（Maldonado）先生，人称伟大的金融家是也。"小女子这下听迷糊了："金融家，何耶？"旁边冒出一句："我说小姐呀，金融家，无非就是当铺老板——略添创意耳。"

我应该说得够明白了。当大部分伟大的美国生意人还死命紧抱眼看着就快没啥搞头的行当、困坐愁城的时候，查尔斯·M. 施瓦布[35]早已赶在战端初启时跑了一趟英国，三两下便谈成金额高达数千万元的订单，这般生意头脑岂止等闲？这就是创意！已故的 J. P. 摩根当年之所以能够稳坐大钢铁公司的龙头地位，凭借的也正是这种极富创意的生意头脑。

在书籍零售业中要施展如此优异素质的空间或许极其有限，但也并非全然无望。多点冲劲、常与优秀的人才来往、把橱窗与店面布置得更吸引人。说穿了，每年有那么多青年男女跑去当老师，在在显示这个社会上仍然有许多人甘愿接受很低的待遇，只为进入他们憧憬的行业。远在乔叟的年代，就有一批"乐于学且喜于教"[36]的人，这种现象今日依然，咱们大学里头的董事、理监事与校友们无不善加利用这一点，只须付出区区（连一名全职司机都嫌少的）酬劳便能雇到一批人任劳任怨、当牛当马。任何一家值得存活下来的书店，也起码都有能力提供一份和专科学校或学院同样水平的薪资。这么一来,你便能轻松愉快地找到许多能力不错的人,而那些人多半也都是可造之材,甚至你还能从他们身上学到一点东西哩。我们常常听到戏剧表演的水平需要提升的呼吁;现在看起来,那摆明了是缘木求鱼,不如让大伙儿致力于提升书店水平吧。此事多少还有成功的机会。吾友克里斯托弗·莫利在他那部讨喜的作品《帕尔纳索斯上路》[37]中的诗句"……福玻斯[38]!伟哉斯名 / 将声名远播而千古流芳!"铺陈出一个充满想像的浪漫世界,并彰显一名携带大量书籍的行脚人胸臆间那股"向上提升"的充沛力道。诚然,吾辈大可依循罗杰·米夫林[39]极富新意的贩书之旅,过一个无比愉悦的假日。我大胆预言:总有一天此书将与目前受世人珍爱的史蒂文森《偕驴旅行记》[40]齐名。其实,这本书现在已经名满天下,虽然大家都认为书里头那匹白色大肥驹"珀加索斯"[41],比起史蒂文森那头活灵活现、爱耍驴子脾气的"玛德斯丁"[42](堪称史蒂文森笔下最出色的女性角色)少了那么一丁点儿迷人的气质。

所有爱书人均十分熟知莫利所创作的高雅诗作与隽永散文;我的预言不爽:他的处女作《帕尔纳索斯上路》果然与 R.S.L.(史蒂文森)的《偕驴旅行记》齐名。

最近我在某大学城逗留时途经一家书店,我先打量摆在橱窗里头的几本书,接着便立刻走进店内浏览(一如我的惯常习性)。但我在里头没待多久,因为我一抬头瞥见店内有一块大牌子,上头写着:"九点前送洗衣物,当日可取。"——论冲劲企图心,这一招当之无愧,但偏偏失了准头。如果那家书店还想继续开张营业,势必得再想出更具号召力的招数。书店必须把购买书籍(就像阅读一样)营造成一桩乐事;如此一来,不但能够吸引爱书男女开开心心走进店里消磨一个钟头,店家亦可因而实实在在增加不少收益。

每座大学城也都应该供养一家像样的书店。但未必全都得像伯恩·哈克特[43]在纽黑芬搞得有声有色的"石砖巷印书馆"[44],也无须

◎石砖巷印书馆商标

■ 克里斯托弗·莫利

尽如剑桥的菲鲁斯基（Maurice Firuski）先生的"邓氏屋书店"[45]。若要达到成功的目标（不成功也难），首先必须让全体教授同人、学生们与寻常大众都成为忠实顾客；但是也别忽略了，书店最好不要、也不可以全部倚赖当地客户。印行几份花不了多少钱的简单目录小册，便可广发、寄送给另一半散布在全世界其他角落的顾客。

说到目录，我正巧刚收到上回在伦敦逛过的一家书店寄来的目录，那家书店名叫"世外桃源"（"The Serendipity Shop"）[46]。它坐落在梅费尔（Mayfair）的中心，一处人称"牧羊人市场"（Shepherd's Market）的破落小胡同里头。或许读者们会对它的店名由来感到好奇。"世外桃源"是赫拉斯·沃波尔[47]根据锡兰的古称——"桃源乡"——所自创出来的名词。他在写给友人曼[48]的信上首度使用这个从古代寓言故事改造而来的字眼，故事里的主人翁"不管是否出于意外抑或凭借自身的聪明才智，总能'山穷水尽疑无路，柳暗花明又一村'"。因此，从那个店名的字面上就可以看出：尽管你或许不能在"世外桃源"找到你原先想找的书，但是你必然可以发现你一直想要，却从没料到会在那儿出现的东西。店东埃弗拉德·梅内尔（Everard Meynell）先生是艾丽丝·梅内尔[49]的儿子（艾丽丝·梅内尔与夫婿两人曾大力帮助杰出诗人弗朗西斯·汤普森[50]免于饥馑之苦，而她本人亦是一位顶尖的诗人兼散文家）。其实说穿了，所有的书店除了名称互异之外，不也都是一座座不折不扣的"世外桃源"吗？

我最受不了自诩喜欢阅读却又对书籍版本毫无所悉、还兀自沾沾自喜的人。"我唯一在乎的，"他们如是说，"就是字体——只要字体看起来顺眼，其他都无关紧要。"这种偏颇的论调可谓司空见惯。关于书籍周边的一切都该尽可能地完备、周全、精到；然而，昂贵则不包括在内。

威廉·莫里斯[51]对待书籍的态度总是教我生一肚子气。他口口声声为了民众、斤斤计较其美观、艺术性，而他那些大肆铺张亲手

◎位于梅费尔的"牧羊人市场"小巷，E. W. Haslehust（1688—1949）绘

◎赫拉斯·沃波尔，George Dance 绘（1793）

◎赫拉斯·曼，John Astley 绘（1752）

打造、精心制作的书籍，美则美矣，却往往只有财主富翁才买得起，结果，拥有那些书的有钱人里头，一百个也找不出一个会拿出来读。有鉴于此，吾友（我之所以称呼他为朋友，乃是因为他和我气味相投；事实上，我不曾和他谋面，两人的唯一交情只限于我曾向他邮购过一部书），缅因州波特兰市的莫舍尔[52]先生便致力制作尽善尽美、无可挑剔，价格却十分低廉的书籍（不只寥寥几本，而是数百部）。众所周知，莫舍尔先生的产品并不循正规的书店门市管道销售，而是倚赖书目（本身亦是艺术品等级）直接卖给特定顾客。我们现在或许还无法全然理解，但是只要等到莫舍尔先生过世，下一代的藏书家就会对其无懈可击的品味、编辑手法和其他各方面的成就感到惊讶；届时他将被视为有史以来最顶尖的艺术工匠。

若说一个从事书籍零售业的人能够在短时间内迅速致富，我丝毫不会感到意外。咱们这个国家为数最多的并非阅读人口，而是年轻、不文的民众。大家不要忘了，每年都有大批青年男女踏出校门。那些人都是（或者，照理应该是）潜在的阅读人口；他们能不能升格为阅读人口，端视出版社与书店是否各自善尽本身的责任。

倘若真如大家老生常谈：图书馆就是最好的大学，那么书店也自该有它的一席之地。让我们努力将书店塑造成所有人都乐于上门——一座文化发祥的中心。而每个上门的顾客都必须被教育。不管是什么东西，每当有新产品问世，一定都得经过这道的手续（即吾辈制造业者口中所谓的"推广工作"）。

纽约市内有许多上好的书店，举例来说吧：足以在全世界排名数一数二的布伦塔诺书店[53]；不过布伦塔诺书店里的善本书部门，一如斯克里布纳书店、达顿书店[54]与普特南书店[55]；那些所谓的善本书部门为了要匹配纽约，全是既高贵又昂贵，而我所寄

盼的，无非是每家书店都能依据地方特色，一如麦克勒格书店[56]
之于芝加哥。

犹待开发的商机可说俯拾皆是。眼光应该摆在如何源源不绝
地培养出更多阅读人口。大家不该阻拦百货公司涉足书籍零售市
场，至少——它们目前可以扮演某些特定等级出版社的绝佳客户，
让它们得以继续存活，而整个书籍零售业，也可因而愈来愈蓬勃
茁壮。如此一来，未来才会有品质更好的书不断陆续面世——我
这里所谓的"品质更好"，乃仅指印刷、用纸、装帧等范畴而言。

至于我殷切敦促每一家书店刻不容缓、尽快设立的善本书部
门，则应去芜存菁，坚持只经营好书——从各种标准（道德除外）
加以衡量都无懈可击的书。该部门必须委派最有学识的人（就算
再怎么难找也得找出一个）来掌理；基于现今普遍提倡利益共享
的原则，我主张该部门的盈余应该让他分红。不过我个人仍然会
继续向英国的二手书商买好书，因为他们卖得非常便宜；总而言
之，我无时不刻记取这句古谚（被我稍微修改过）当中所蕴涵的
智慧：

　　早早入睡，早早起床，
　　卖命工作，勤作广告。[57]

【译注】

1　指阿诺德（参见第一卷Ⅰ译注72）于一九一九年八月号（第124卷第2号）《大西洋月刊》上发表的"欣欣向荣的书店业"（"The Welfare of the Bookstore"）；纽顿阅后颇感不以为然，于翌年在同刊物发表"凄惨兮兮的书店业"（参见第一卷绪论译注5）大唱反调。此篇"书店到底怎么搞的？"疑改写自该文，文末提及莫舍尔（参见本章译注52）出版品的部分内容曾两度被该出版社用做广告文宣。此处姑且不论纽顿文中关于"买断／代销"的见解正确与否，就后来的普遍经营态势看来，书籍零售业显然步上阿诺德的路子；至于纽顿所担忧的后果：出版社将面临"上游（印刷厂）与下游（书店）的前后包夹"，以及纽顿欣见的"百货公司型"大卖场，倒都成了现今的常态。

2　安德鲁·卡内基（Andrew Carnegie, 1835—1919）：美国大企业家、慈善家。原籍苏格兰，一八四八年移居美国宾州。卡内基生前推动图书文化不遗余力，自一八八一年起直至一九一九年，他总共耗费美金五千六百七十万四千一百八十八元，开设两千八百一十一座图书馆（第一座设立在他的家乡 Dunfermline）。

3　《恩底弥翁》（*Endymion*）：B. 狄斯累里的小说（与约翰·济慈的诗作同名）。一八八〇年出版。

4　"图书馆版"（"library" copies）：由出版社另行装订、专供图书馆典藏的版本。通常比一般市售的通行版（trade edition）更坚固、高雅。关于狄斯累里的《恩底弥翁》在市场上失利，市面上之所以会出现大量图书馆版的本子，可参考叶灵凤在"乔治摩亚和三卷体小说"（收录于《读书随笔》）中的说明。盖当时英国的小说多半还是以供应中上阶级或贵族消磨余暇之用，为了显示贵重（亦不无提高售价的用意），便以工整的三卷分装印行；小说逐渐普及之后，这种出版习惯一时仍未能改变，加上公共（借阅）图书馆也大为流行，成为一般人接触小说的管道，三卷本转而仰赖各图书馆的采购。因此，万一某部书籍未能受到势力庞大的图书馆垂青，便会导致原先预备供应图书馆而大量印制的图书馆版的销路成了头痛问题。

5　此处原文是"a pig in a poke"，原义为：在未看到实物的情况下盲目购买。俚语"never buy a pig in a poke"源自文艺复兴时代，根据可资查考的资料，最早出现于一五六二年。"poke"在此的意思为"bag"，"a pig in a poke"意指当时市场猪贩惯用的诈骗伎俩，在袋子里装进大小相仿的其他动物，让顾客在毫不知情之下当成乳猪买回家。

6　瓦尔特·司各特爵士（参见第一卷Ⅳ译注14）曾于十九世纪初与友人约翰·巴兰坦（John Ballantyne, 1774—1821，司各特昔日同窗、曾于一七九九年刊印司各特两部处女作 *An Apology for Tales of Terror*、*The Eve of St. John* 的伦敦印刷商 James Ballantyne,〔1772—1833〕之弟）在爱丁堡成立出版社；一八一〇年代此出版单位陷入财务困难，到了一八二六年终于破产；司各特只好没日没夜拚命写作，以作品抵债，他在日记中写下："I am become a sort of writing automaton, and truly the joints of my knees, especially the left, are so stiff and painful in rising and sitting down, that I can hardly help screaming - I that was so robust and active..."

7　美国作家马克·吐温（Mark Twain, 1835—1910。原名 Samuel Langhorne Clemens）正式执笔写作前曾从事排字工作（一八四七年至一八五五年）、在密西西比河上驾驶汽船（一八五七年至一八六一年）；一八六二年担任弗吉尼亚市《在地企业报》（*Territorial Enterprise*）的记者时开始使用行船人的行话"马克·吐温"（意为"水深二㖔"）为笔名。马克·吐温曾于一八八四年与人合伙开办出版社"查尔斯·L. 韦伯斯特公司"（Charles L. Webster & Co.），期间出版自著数种（包括《顽童历险记》等），初期还出版过几部畅销书，但维持十余年后因破产而关门大吉。

8 道布尔戴－佩奇出版社（Doubleday, Page & Co.）：美国出版社。弗兰克·纳尔逊·道布尔
戴（Frank Nelson Doubleday, 1862—1934）于一八七七年至一八九五年参与"斯克里布纳出
版社"（Charles Scribner's Sons）；一八九七年至一九〇〇年与麦克卢尔（参见第四卷 II 译注
22）合营"道布尔戴－麦克卢尔出版社"（Doubleday & McClure Co.）；"道布尔戴－佩奇出
版社"则是与瓦尔特·佩奇合营并自兼社长，营业期间为一九〇〇年至一九二七年；一九一
〇年道布尔戴另行创办"乡居出版社"（Country Life Press）；一九二七年担任"道布尔戴－
多兰出版社"（Doubleday, Doran & Co.）老板直至身故。

9 瓦尔特·海因斯·佩奇（Walter Hines Page, 1855—1918）：美国报人、教育家。曾担任《论坛》、
《大西洋月刊》编辑（分别于 1890—1895、1896—1899）；一九〇〇年创办《大千世界》（参见
第五卷 II 译注 1）并亲自主持编务直至一九一三年被威尔逊总统聘任为驻英大使，任内对于促
进两国关系贡献极大，第一次世界大战爆发后，他在美国参战问题上与威尔逊
意见相左（参见本卷 I 译注 46）。一九〇〇年他担任"道布尔戴－佩奇出版社"
合伙人。佩奇回忆录《一介出版人的肺腑之言》（A Publisher's Confessions）于
一九〇五年出版。佩奇为人风趣健谈、处事圆融，一九二八年六月二十七日出
刊的《展望杂志》（Outlook）曾赞誉他担任编辑工作期间："He made a friend of
almost every contributor and a contributor out of almost every friend."

10 斯克里布纳氏（Scribners）：查尔斯·斯克里布纳（Charles Scribner, 1821—1871）。一八四二
年他与 Isaac D. Baker 合伙成立 Baker and Scribner 开始其出版事业。一两年后 Baker 过
世，斯克里布纳将公司改名为 Charles Scribner，后来 Charles Welford（?—1885）入伙又
改为 Charles Scribner and Co.。一八六五年他刊行《家居时光》（Hours at Home），该刊物
于一八七〇年代转型为《斯克里布纳月刊》（Scribner's Monthly）。查尔斯·斯克里布纳去
世后次年，原公司改组为 Scribner, Armstrong, and Co.，合伙人为 John
Blair Scribner（1850—1879，查尔斯长子）、Andrew C. Armstrong 和 Edward
Seymour。当 Seymour 去世、Armstrong 退休之后，正式更名为 Charles
Scribner's Sons 成为家族企业，一九七九年起由 John 的两个弟弟 Charles
Scribner（1854—1930）与 Arthur Hawley Scribner（1859—1932）接掌事业
（参见本章译注 27）。

11 罗伯特·B. 亚当（Robert. Borthwick Adam, 1863—1940）——美国
藏书家。原籍苏格兰，一八七二年被父母安排到纽约州水牛城依
亲，从此袭用舅父（1833—1904）姓名。

12 威廉·F. 盖布尔（William F. Gable, 1856—1921）：美国藏书家。

◎威廉·F. 盖布尔

13 麦克米兰氏（Macmillans）：指出身苏格兰的丹尼尔（Daniel）与
亚历山大·麦克米兰（Alexander Macmillan, 1815—1896）兄弟于一八四三年在英国成立
的出版社。一八六〇年代后期麦克米兰在纽约设立公司（此公司后来转让
成为 Macmillan USA）。麦克米兰现今已是跨国企业。

14 詹姆斯·霍格（James Hogg, 1770—1835）：苏格兰裔英国诗人，别号"埃
特里克牧者"（the Ettrick Shephard）。出生于埃特里克，继承牧羊祖业，
但自学有成，及长受瓦尔特·司各特爵士鼓励成为作家。与司各特、拜伦、
约翰·威尔逊、华兹华斯、骚塞等人交好。作品有：《唐纳德·麦唐纳》（Donald M'Donald,

1800)、《苏格兰牧歌集》（*Scottish Pastorals*，1801)、《山巅诗人》（*The Mountain Bard*，1807)、《林中诗人》（*Forest Minstrel*，1810)、《女王守灵会》（*The Queen's Wake*，1813)、《追日集》（*Pilgrims of the Sun*，1815)、《诗镜》（*The Poetic Mirror*，1816)、小说《洗心革面的罪人之私忆与忏悔录》（*Private Memoirs and Confessions of a Justified Sinner*，1824）等。

15　原文是"Knock the brains out of sb"。

16　梅布尔·扎恩（Mabel Zahn）当时任职于费城塞斯勒书店（参见第一卷Ⅱ译注32），由于古书业界原本阳盛阴衰，她始终颇受顾客喜爱，加上对书籍相关知识颇不恶，大家都称呼她"rare booklady"。梅布尔·扎恩与纽顿私交甚笃，纽顿援用当时颇流行的一部书信体小说：斯特里特（Edward Streeter，1891—1976）的《亲爱的梅贝尔，菜鸟情书》（*Dear Mable*，*Love Letters of a Rookie*，纽约：Frederick Stokes 一九一八年出版）逗她，该书假借一名从军小兵的身份，写一大堆营中流水账给女友 Mable Grim。该书在当年颇为流行（售价七十五分），七个月内畅销了五十万部。"梅贝尔"（Mable）与"梅布尔"（Mabel）两个名字仅一字之差且发音雷同。

17　内德·斯图尔特（Ned Stuart），即埃德温·西德尼·斯图尔特（Edwin Sydney Stuart，1853—1937）：美国政治家。出身务农家庭。十三岁起在费城利里书店工作，一八七六年利里因健康因素无法主持店务，斯图尔特便接棒经营。除了出任费城市长之外，一九〇七年至一九一一年还当选宾州州长。虽然斯图尔特曾公开表示自己后悔从事政治工作，但是他仍是一名优秀的政治人物。他曾说："担任费城市长乃我这辈子最快乐的时光。"（"I was never happier than when I was mayor of Philadelphia."）

◎《亲爱的梅贝尔，菜鸟情书》书中插图，G. William Breck 绘

18　"I hold the buying of more books than one can peradventure read, as nothing less than the soul's reaching towards infinity; which is the only thing that raises us above the beast that perish."——此文句出处不详，但现在皆将它视为纽顿名言。

19　拉尔夫·贝根格伦（Ralph Bergengren，1871—1947）：美国诗人。

20　《简·约瑟夫与约翰》（*Jane Joseph & John Their Book Of Verses*）：贝根格伦的诗集。一九一八年波士顿大西洋月刊社出版。

21　自动钢琴、会出声的机器（piano-player, talking machine）：前者指放入特定凿洞乐谱，起动开关便会自动弹奏的花俏装置（最有名的是美国 Aeolian 公司制造、名为 pianola 的钢琴）；后者疑指电话。

22　指威廉·J. 洛克（参见第一卷Ⅲ译注91）

23　约瑟夫·康拉德（Josef Conrad，1857—1925）：波兰裔英国小说家。

24　约瑟夫·赫格希默（Joseph Hergesheimer，1880—1954）：美国小说家。以小说《宾州三黑手》（*The Three Black Pennys*，1917）窜红文坛。

25　约翰·德林克沃特（John Drinkwater，1882—1937）：英国诗人、剧作家。一九〇七年创立并经营"朝圣伶人"（Pilgrim Players），即今日"伯明翰戏目剧场"（Birmingham Repertory Theatre）的前身。作品有：《剑与犁》（*Swords and Ploughshares*，1915）、《诗选》（*Collected Poems*，1923）、《英格兰国君查理先生》（*Mr. Charles*，*King of England*，1933）、《佩皮斯》（*Pepys*，1930）、《莎士比亚》（*Shakespeare*，1933）、《约翰·汉普顿的英格兰》（*John Humpden's England*，1933）；自

传《本性不移》（*Inheritance*，1931）与《发现》（*Discovery*，1932）；剧作包括：《叛乱记》（*Rebellion*，1914）、《亚伯拉罕·林肯》（*Abraham Lincoln*，1918）、《赤胆忠心》（*Loyalties*，19191）、《罗伯特·彭斯》（*Robert Burns*，1925）、《仲夏前夕》（*Midsummer Eve*，1932）、《击垮恶魔》（*Laying the Devil*，1933）、《单身居》（*A Man's House*，1934）等。德林克沃特关于藏书的作品则有《书人集珍》（*A Book for Bookmen*，*being Edited Manuscripts & Marginalia with Essays on Several Occasions*，London: Dilac & Co.，1926）。

26 《哈珀》（*Harper's*）：应指哈珀出版社（参见第四卷 II 译注 76）发行的《哈珀杂志》（*Harper's Magazine*）。《哈珀新月刊杂志》（*Harper's New Monthly Magazine*）于一八五〇年六月创刊，一九〇〇年圣诞专号起改名《哈珀月刊杂志》（*Harper's Monthly Magazine*），一九一三年三月号起改名《哈珀杂志》。

27 《斯克里布纳》（*Scribner's*）：应指《斯克里布纳杂志》（*Scribner's Magazine*）。一八八一年斯克里布纳出版社（参见本章译注 10）出让《斯克里布纳月刊》持股，并在协议五年内不会出版任何刊物；该刊改由世纪公司编印发行，刊名改为《世纪杂志》（参见第四卷 II 译注 23）。期间届满后，斯克里布纳于一八八七年一月另行创刊《斯克里布纳杂志》（*Scribner's Magazine*，Edward L. Burlingame 主编）。

28 《亲爱的梅贝尔》（*Dear Mable*）：参见本章译注 16。

29 《小访客》（*The Young Visiters, or Mr. Salteena's Plan*）：英国童书作家黛西·阿西福德（Daisy Ashford，1881—1972，本名 Margaret Mary Julia）作品。阿西福德在正式入学前已写出一部剧本和数则故事，本书为她于九岁时写成，但她成年后以秘书为业，直到母亲去世，她才取出书稿，经 Chatto & Windus 出版社的选书人弗兰克·斯温纳顿（Frank Swinnerton）相中，一九一九年终于出版，一推出即受到欢迎，并畅销不辍。该书首版还商请巴里（参见下则译注）作序。注意作者刻意将书名中的 Visitors 拼成 Visiters。

30 詹姆斯·马修·巴里（James Matthew Barrie，1860—1937）：苏格兰记者、剧作家、童书作者。著名少年读物主人翁小飞侠彼得·潘（Peter Pan）的创造者。此角色原于一九〇四年为某出戏剧所写，直到一九一一年才以书籍《彼得与温迪》（*Peter and Wendy*）广为流传。

31 《汤姆·琼斯传》（*The History of Tom Jones*）：英国作家亨利·菲尔丁（Henry Fielding，1707—1754）的小说。一七四九年出版。

32 "人人丛书"（Everyman's Series 或 Everyman Library）：伦敦出版商登特（参见第五卷 I 译注 29）自一九〇四年起开始筹划，立意印行一千部经典作品，并以精巧开本、尽可能低廉的价格（当时订为每册一先令）吸引"形形色色的读者：劳工、学生、文化人士、男女老少"之兴趣（would appeal "to every kind of reader: the worker, the student, the cultured man, the child, the man and the woman."）。此书系由登特长子 Hugh 掌理，于一九〇六年起开始发行，登特甚至特地成立"圣殿印书坊"（Temple Press）专职投入此书系的印制工作；该丛书有系统地编印全世界最重要的经典，首任主编为 Ernest Rhys（1859—1946）。登特与 Rhys 选作此书系的第一部为鲍斯威尔的《约翰生传》；头一年便出版了一百五十二种。"人人丛书"是让许多文学经典得以在二十世纪初迅速普及的重要功臣。"人人丛书"前蝴蝶页上总会有这么一段文案揭橥其宗旨："EVERYMAN, I will go with thee, / and be thy guide, / In thy

most need to go / by the side." 典出十五世纪晚期英国的教化剧作《人人》（*Everyman*）中由"知识"（Knowledge）向"众人"（Everyman，各由一位演员扮演）所说的台词。一九九一年起，"人人丛书"改由美国出版商 Alfred A. Knopf（1892—1984）刊行。此书系目前仍由"蓝登书屋"（Random House）持续印行并开发出许多子系列。

33 《爪哇头》（*Java Head*）：美国（费城）小说家约瑟夫·赫格希默（参见本章译注 24）作品。一九一八年纽约 Alfred A. Knopf 出版，内容描写经营海上贸易的新英格兰混血家族的故事。

34 阿瑟·平内罗爵士（Sir Arthur Wing Pinero, 1855—1934）：英国剧作家。早年习法。一八七四年至一八八一年期间担任舞台演员。作品有：《周转高手》（*The Money Spinner*, 1880）、《乡绅》（*The Squire*, 1881）、《保安官》（*The Magistrate*, 1885）、《女校长》（*The Schoolmistress*, 1886）、《狄克公子》（*Dandy Dick*, 1887）、《香甜熏衣草》（*Sweet Lavender*, 1888）、《浪荡子》（*The Profligate*, 1889）、《坦克里二世》（*The Second Mrs. Tanqueray*, 1893）、《声名狼藉的艾伯史密斯小姐》（*The Notorious Mrs. Ebbsmith*, 1895）、《多疑有利》（*The Benefit of the Doubt*, 1895）、《快乐的奎克斯爵爷》（*The Gay Lord Quex*, 1899）、《艾丽斯》（*Iris*, 1901）、《公主与蝴蝶》（*The Princess and the Butterfly*, 1901）、《晴天霹雳》（*The Thunderbolt*, 1908）、《魔屋》（*The Enchanted Cottage*, 1922）、《哈默先生的假日》（*Dr. Hammer's Holiday*, 1930）、《寒冷六月天》（*A Cold June*, 1932）等。

© 阿瑟·平内罗，Spy 绘（1891）

35 查尔斯·迈克尔·施瓦布（Charles Michael Schwab, 1862—1939）：美国钢铁大亨。原本是卡内基（参见本章译注 2）钢铁公司的基层员工，一八九七年当上总裁；一九〇一年更入主甫成立的美国钢铁公司（U.S. Steel Corp.），同时还经营当时该领域产能最高的巴斯勒汉姆钢铁公司（Bethlehem Steel Company）。

36 "gladly learn and gladly teach"：语出乔叟《坎特伯雷故事集》（*The Canterbury Tales*）。原文句应是："Gladly would he learn and gladly teach."。

37 《帕尔纳索斯上路》（*Parnassus on Wheels*）：莫利（参见本卷代序译注 6）的小说。一九一七年花园市、纽约道布尔戴—佩奇出版社出版，首版由纽顿作序。内容讲述一名书商驱策马车巡游各地的贩书奇遇，"帕尔纳索斯上路"为故事中无定所的巡回书店名号。这家书店后来在续篇《幽魂书店》（*The Haunted Bookshop*, 1919）中终于定下来，店名也改成了"帕尔纳索斯落脚"（Parnassus at Home）。

38 福玻斯（Phoebus）：太阳神阿波罗的别号。

◎新版《帕尔纳索斯上路》（1998）封面，David Terry 设计

39 罗杰·米夫林（Roger Mifflin）：莫利小说《帕尔纳索斯上路》中虚构的书贩。莫利在书中借米夫林之口道出许多爱书名言，譬如："把书卖给一个人，并不光只是卖给他十二盎司重的纸、墨、背胶，而是售予他一个全新的生命。"（"When you sell a man a book, you don't sell him just twelve ounces of paper and ink and glue, You sell him a whole new life."）

40 《偕驴旅行记》（*Travels with a Donkey in the Cevennes*）：史蒂文森的游记。记述一八七八年九月二十二日作者牵着一头驴子自 Monastier 启程，徒步前往位于 Haute Loire 的 Gazeille。最初以 *Journey with a donkey to shortcoming the Cévennes* 为题于一八七九年在报纸连载。

41 珀加索斯（Pegasus）：莫利《帕尔纳索斯上路》中拉车那匹马的名字，引自希腊神话中的双翅天马。

42 玛德斯丁（Modestine）：史蒂文森的游记《偕驴旅行记》中那头母驴的芳名。

43 埃德蒙·伯恩·哈克特（Edmund Byrne Hackett, 1879—1953）："石砖巷印书馆"（参见下则译注）的创办人暨店东。

44 石砖巷印书馆暨书店（Brick Row Print and Book Shop）：美国出版社兼书店。一九一五年在康涅狄格州纽黑文市（New Haven）由一群耶鲁大学校友成立，旨在让当地学生、同僚能轻易买到较好版本的正统文学读物。后来陆续在普林斯顿大学、纽约、德州奥斯汀与旧金山等地开设分店。

45 邓氏屋书店（Dunster House Book-Shop）：位于马萨诸塞州剑桥的哈佛大学的校园书店暨出版社。

46 "Serendip"原为锡兰（今斯里兰卡）古称，今已失传，但 serendipity 现在成了通行的英文名词，《牛津高阶词典》对 serendipity 的解释是："全然无意中有所新奇发现（的本事）。"原文义实与"世外桃源"稍有差距，我在此处刻意依咱们自己的文化典故作了调整，务请读者谅察。

47 赫拉斯·沃波尔（Horace Walpole, 1717—1797）：十八世纪英国作家。

48 赫拉斯·曼爵士（Sir Horace Mann, 1701—1786）：英国外交官。一七四〇年至一七八六年代表英国出使意大利佛罗伦萨。曼爵士是赫拉斯·沃波尔的好友，两人长年互通公开信多年（数量高达数千封）。

©艾丽丝·梅内尔，（石版画）绘 William Rothenstein（1897）

49 艾丽丝·梅内尔（Alice〔Christiana Gertrude〕Meynell, 1847—1922）：英国诗人、散文家。原名 Alice Christiana Gertrude Thompson。一八七七年嫁给英国诗人、记者兼出版商 Wilfrid Meynell（1852—1948）。她与夫婿因出版《喜乐英国》而结识、发掘弗朗西斯·汤普森并长期资助后者创作。她自己则于一八九三年出版首部诗集奠定文名。梅内尔家的另一名儿子 Francis Meredith Meynell（1891—1975）为书籍装帧设计师、书法家，一九二三年成立 Nonesuch 出版社。

50 弗朗西斯·汤普森（Francis Thompson, 1859—1907）：英国诗人。原为制鞋匠，业余写诗。一八八八年出版首部诗集《喜乐英国》（Merry England，Wilfrid Meynell 出版），自此受到梅内尔家族的热情接纳与照顾（至一八九三年）。一八九三年以《诗集》获得好评；其他诗集包括：《姊妹歌》（Sister Songs）、《新诗集》（New Poems）。他亦写作评论，一九〇九年出版《散论雪莱》（Essay on Shelley）。

51 威廉·莫里斯（William Morris, 1834—1896）：英国文学家、艺术家、工匠。

52 托马斯·伯德·莫舍尔（Thomas Bird Mosher, 1852—1923）：美国独立出版商、手工书制造者。原为海员，十九世纪末年退休后在波特兰成立莫舍尔出版社（Mosher Press），自一八九四年至一九一四年间专事生产"礼物书"（gift books），以手工制作出版。至一九二三年为止，他出版了大约八百种书籍，他去世后，Flora Lamb 代他的遗孀继续经营，直至一九三八年被波士顿某书店并购。

53 布伦塔诺书店（Brentano's）：美国历史悠久的出版社暨书店。原籍奥地利的 August Brentano 于一八五三年抵达纽约初以开设书报摊起家，后来成为纽约重要地标。

54 达顿书店（Dutton's）：纽约。爱德华·派森·达顿（Edward Payson Dutton, 1831—1923）于

一八五二年在波士顿开办书籍零售生意，一八六四年设纽约分公司，开始自印自销，早期以宗教书刊为大宗。

55　普特南书店（Putnam's）：乔治·帕尔默·普特南（George Palmer Putnam，1814—1872）于一八四八年在纽约创设 G. P. Putnam's Sons 出版公司。

◎ A. C. 麦克勒格的商标

56　麦克勒格书店（A. C. McClurg & Co.）：原籍费城的 Alexander Caldwell McClurg（ca.1835—?）创立的芝加哥书店暨出版公司。

57　"卖命工作，勤登广告。"（Work like h——, and advertise.）：常用的英语格言句型，较常被引用的有 "Early to rise and early to bed makes a male healthy and wealthy and dead." 语出 James Thurber（1894—1961）；本杰明·富兰克林则说："Early to bed and early to rise, Makes a man healthy, wealthy, and wise.";美国前副总统戈尔（Albert Gore, Jr., 1948—）曾于一九八八年竞选总统时说过："Early to bed, early to rise, work like hell and organize."。 hell 在当时被上流文人视为粗鄙字眼，只要文章中用到这个字，皆以"h——"取代。

IV　有个文案，卖书不难

我自认小时候不算是坏胚子——可不像时下那些小鬼头，但实际上我曾经从一所（寄宿）学校逃学，而且始终没再回去复学。不过，我并没有到处胡搞鬼混，而是溜去应征了一个书店的差事，他们答应只要一有空缺就会录用我，结果我没等多久便走马上任了。事情是这样子的：某天当我翻阅费城《日报》[1]的时候，我的眼光扫过广告栏，发现有人登了一则启事找我，我当下决定应该去和那个人见个面。那则广告是这么写的："征求伶俐、勤快男童一名，负责抄写邮件地址。周薪三元，诚可议。"

这便是我与塞勒斯·H.K.库尔蒂斯[2]头一回见面（并非正面相逢，也不是平起平坐，而是诚惶诚恐地举头瞻仰）的原委：我们俩算是有志一同；当时他的事业尚未完全步上轨道，而且一连好几个月都不见他现身出面带我；就那么着，我和他之间原本不算小的距离愈来愈大，最后大到索性连他的人影也瞧不着了。一直得等到他成了全国知名人士，我才有机会再度看到他。他的成就完全奠基在广告上头。对于许多钱赚得比他多的人来说，作广告就像男人逢场作戏，无非只是偶一为之；但是对库尔蒂斯先生而言则是无时无刻；而那幢巍峨、华丽的出版大楼，正是他孜孜于广告的纪念碑。

有些人倾向一口咬定广告只是无谓的金钱浪费；库尔蒂斯先生并不同那种人一般见识。虽然他从小到大只服用自家偏方；或许他膜拜"三位一体"；隔三差五还暗地里诵念"亚大纳西信经"（"Athanasian Creed"）亦未可知；但是我晓得（全天下也都晓得），广告才是他信仰最虔诚的宗教；当然啦，因为他的成功泰半——并非全然，而是太半——拜广告所赐。

不可否认，"库尔蒂斯出版公司"本身其实就是一个历史悠久、直至今天依旧日复一日、月复一月、年复一年持续不断进行的广告企划产物，再说得过火一点，它所生产的商品说穿了就是广告。广告偶尔能带来一些（正确地说，应该是"许多"）其他效应，而转嫁到"消费者"身上的额外费用，比起生产那些商品的成本简直少之又少，真可说是惠而不费。我大可毋庸担心自打嘴巴、放心大胆地说：《星期六晚间邮报》（*Saturday Evening Post*）是全世界最便宜的商品。倘若事实也的确如此的话，又何来"广告乃无谓的金钱浪费"之说呢？

不过，对库尔蒂斯先生、他的公司或他的产品歌功颂德，并非这篇文章的主旨。若各位不嫌弃的话，我比较想做的是为另一类出版商（即专事出版书籍的单位）提供一个广告点子。我对于书籍向来具备极大的兴趣。书籍是咱们最好的朋友——不论你生性严肃拘谨抑或活泼外放——而且你随时能叫它闭上尊口。大多数的人都不把它们当一回事；他们自以为在乎，但事实不然；换句话说：他们在乎其他事物犹胜书本，每当该掏腰包买书的时候，他们的口袋总是碰巧没钱了。而我呢，只要能达到起码的生活温饱，我最念兹在兹的东西就是书本。

我先稍微岔题一下。我已经到了逢年过节"送多收少"的年纪（我并非借机发牢骚，只是道出实情罢了）。我用来摆放礼物的桌台只须小小的一张便已绰绰有余。我最近一次收到的礼物是我太太送的一只表。我原本有表，并不需要多一只来凑热闹；但是我太太老以为我还想要一只好表，于是就体贴地买来送给我；如果我没记错的话，那是圣诞节过后大约十天，她把一大叠家中各项开销的账单摆到我的面前，其中夹带了那只表的账单，她说："劳驾，顺道将这张账单一并付清，我原本想自己付，但是一旦付了那笔钱，我手头就紧了；反正对你来说只是九牛一毛嘛。"于是我轻轻叹了一口气，继续弯身扛起生活重担，果然正是九条牛那么重。

过了一个礼拜后，我到外地出差。当我坐在吸烟车厢里看书看得正起劲的时候，一名与我略有点头之交的男子走到我的座位前，问我是否愿意赏脸和他来一局卫生扑克。我开门见山地告诉他：我完全不会打牌。他一听便说："那咱们来聊天吧。"他的意思无非：他想找人听他说话；他还果真铆起劲滔滔不绝自顾说个没完，而且净讲些有的没的，直到最后他才问我今年收到什么圣诞礼物。我总算逮到机会可以向别人吹嘘内人如何慷慨大方，并当场掏出那只新表向他炫耀一番，那位朋友瞅了一眼，他也不甘示弱，开始讲起他太座送给他的古董书柜。

"那真不赖呵，"我说，"您喜欢书啊？敢情您有很多书？"

"也没多少啦，"他回答，"反正那也不是什么书柜；反倒比较像一张竖起来的写字台。最上头有一排橱柜，红色丝质衬里附加玻璃门，正合适用来储放威士忌、雪茄和值得锁起来的东西。"（亏他头一个想到要将威士忌锁进保险柜里。）"下面有一块板子，可以摆平当写字桌；最底下才是摆书的空位。我说呀，"他接着说，"书多可不见得就代表喜欢书，够塞满两排书架就行了。"

真是晴天霹雳，但我还是先把痛心疾首按捺下来，改口问他喜不喜欢阅读。

"喜欢极了，"他说，"每逢周日早上，吃过早饭，我最爱躲进房间，好整以暇、不受打扰地阅读我的报纸。"

各位您听听，一个人两眼茫茫盯着星期天的报纸，居然还妄想他正在阅读！

说真格的，许多人（绝大多数人）现在八成都已经忘了该怎么阅读（就算他们以前知道）；要导正这种情形，必须透过广告，不仅要教导这些人学会如何阅读，也要教导他们该如何买书。既然广告能促进普遍使用牙粉的风气，我确信借由相同的方式也能打开书籍的销路，但是必须透过巧妙地、有系统地、持续地运作。每个人都很熟悉的谚语"好的开始是成功的一半"，呃，这句话并不太适合套用在广告上：在广告的领域中，得改成"好的结束才是成功的一半"；广告必须靠日积月累才能见到效果，得等到每个人都从口袋里掏出钱来，广告才算大功告成。当某个人头一回看到一则广告，除非那则广告非常具有震撼力，否则并不能立即对他产生影响；只有透过频频曝光，广告才会开始发生作用。

放眼全世界，运用广告最好的例子便是一两年前集中火力频频推销的"战时公债"（Liberty Bonds）。由于当时绝大多数的人压根不晓得公债到底是啥玩意，所以必须先教导教导他们；但是凄惨得很，当大家好不容易终于接受买公债是全世界最好的投资管道的时候，它们便开始一路惨跌。"多买多贷"还有"买到手软为

◎ 第一次世界大战美国大力促销战时公债的海报

止"[3] 喊得震天价响，喊得大家全部乖乖照办。同一句口号重复一千遍的效果由此可见一般，咱们到头来统统都在广告的淫威之下俯首称臣。我们果真多买、多贷，也真的全都两手软趴趴；我这么说完全是出自切身的经验。

君不见数百万人惑于广告的强大力量，糊里糊涂地买了汽车，只因为那玩意——从广告上看起来——是如此时髦先进、维修毫不费力。

将广告视为一门艺术或科学说起来仍属非常新颖的观念，姑且不论塞缪尔·约翰生博士在一篇写于一七五九年、如今已鲜有人知的"闲人谭"[4]中早就提及广告乃是一门"如今已臻近完善且不易再有任何进展的行当"；当论及报纸日益充斥通

■乔舒亚·雷诺茨绘制的约翰生博士肖像
  此图由 W. 维维安·查普尔（W. Vivian Chappel）特为本书翻摄自原画

篇广告时，他进一步剖析："头一位借报刊一角披露讯息，让读者获悉哪家铺子兜售上好的糕饼点心、胭脂水粉，成功地将大众的好奇心自征战新闻中吸引过来，无疑乃极具先知灼见之人。"许多人一想起约翰生博士（若大家还想得起来的话），总是不分青红皂白地编派他下笔既艰涩沉重又迂腐过时；艰涩沉重或许偶尔有之，但是他指称从事广告业人士"洞烛先机"的说法，时至今日倒是还相当赶得上时代。

由于我没把握各位读者（就算亲眼看到当年刊登在报纸上头的那些广告）也都能联想到约翰生博士那几句溢美之词，且让我从《每日宣传报》[5]中随便挑拣几个例子：

> 出身桶桥井（Tunbridge Wells）的钟表师傅大平奇贝克先生（Mr.Pinchbeck，Senior），长年饱受毗邻设店的胞弟爱德华·平奇贝克连续中伤，并胁迫他更换招牌，特此刊登启事昭告大众：他（即前述之大平奇贝克）乃正儿八经以先父嫡传商标为正字标记之唯一行号，店址设于舰队街太阳客栈（Sun Tarvern）正对面。

由此可见，平奇贝克家中兄弟阋墙的戏码正要热烈上演。反观"制表师傅托马斯·马奇（Thomas Madge）"的运气就没那么背，他爽利地宣称自己：

> 师承已故的格雷厄姆先生，沿袭格雷厄姆先生之营业风范。敬请顾客认明日晷招牌。店址位于舰队街螺栓胡同[6]与大酒桶[7]正对面。

约翰生博士的《词典》当初问世时也是同样这副调调儿——区区时余见方的小小声明启事，以短短一栏写着：

由 S. 约翰生先生编制之对开两卷本英语词典甫于今日出版。本书详列各词演绎、源流，并援引历代佳作美文以实例阐述其字义差别。书前附录"国语进程"(History of the Language)与"英文文法"(English Grammer)各乙篇。本书由 A. 米勒(A. Millar)氏隆重印行。

底下则列出长长一串不怕蚀本、打算靠那部词典大捞一票的经销书店名单。

大家可想而知，当年占掉最多报刊版面篇幅的广告，或许该算是声称能够治好折磨咱们列祖列宗各式各样疑难杂症（不管是生理和心理）的五花八门"妙方"了；而由各药房——数量多得数不清——调配出的琳琅满目药方之中，广告打得最凶、生意也最兴隆的莫过于"詹大夫驱热散"(Dr. James's Fever Powders)（顺道一提，那帖药正是让奥利佛·哥尔斯密命丧黄泉的元凶[8]；赫拉斯·沃波尔则直言：只有当房子着了火，他才会万不得已考虑使用它来退烧[9]）。

■威廉·霍斯《已故哥尔斯密博士罹病之研究》书名页

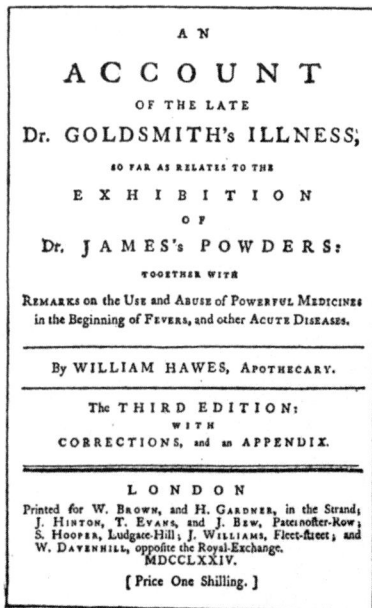

那些药方在广告中皆被形容成"仙丹妙药"，而那些仙丹妙药的建议服用量动辄都是几磅、几品脱，更甭提那年头动不动就搬出桶子给病人"放血"[10]的大夫们下手抓药多半没啥准头。依照"多佛散"(Dover's Powders)和"詹大夫散"洋洋洒洒的医师指示，一名发高烧的男子若要一回见效，他得服用的剂量居然高达六磅。广为宣扬、效用如神的药品才卖区区几先令，既然如此，药铺老板们个个日进斗金又有什么值得大惊小怪的呢？何况，它们还得和许多自家独门秘方——比如像"蜗牛汁"，或是把鸦片在碗公中充分搅拌，徐徐拌入热酒熬制成的"蜘蛛汤"（在卧榻上饮用即可"祛高

AN
ACCOUNT
OF THE LATE
Dr. GOLDSMITH's ILLNESS;
SO FAR AS RELATES TO THE
EXHIBITION
OF
Dr. JAMES's POWDERS:
TOGETHER WITH
REMARKS on the USE and ABUSE of POWERFUL MEDICINES
in the Beginning of FEVERS, and other ACUTE DISEASES.

By WILLIAM HAWES, APOTHECARY.

The THIRD EDITION:
WITH
CORRECTIONS, and an APPENDIX.

LONDON
Printed for W. BROWN, and H. GARDNER, in the Strand;
J. HINTON, T. EVANS, and J. BEW, Paternoster-Row;
S. HOOPER, Ludgate-Hill; J. WILLIAMS, Fleet-street; and
W. DAVENHILL, opposite the Royal-Exchange.
MDCCLXXIV.
[Price One Shilling.]

烧、止盗汗"云云）——一较高下。说到这里，不由得感叹老祖宗
们遗传给咱们的体质肯定棒得没话说，因为只有金钢不坏之身才捱
得住那些玩意儿。

　　此种广告演变在英国报纸上的进展比较迟缓，这是他们未善加
利用报纸高曝光性的缘故。上一代几乎无人晓得该如何展示广告。
当时，如果有人想宣传某件东西，喏，他就一再重复刊登（或许登
个十来遍）同一句简短的句子。当时有一种很出名的药（天晓得现
在市面上还找不找得到）叫做"毕氏丸"（Beecham's Pills），它的广
告就采用了这年头咱们称之为文案的一句话："一盒只卖一几尼"。
不管走到哪儿，到处都能看到"毕氏大补丸，一盒一几尼"；或随
高兴念成"一几尼一盒，毕氏大补丸"也照样能朗朗上口。过程
中虽然花掉大把钞票，但也赚进不少银子。其实，只要广告够水准
（就像我大力推崇的"毕氏丸"广告一样），这年头想靠广告赚大钱
也不成问题。说出来你可别吓一跳；毕先生现在的身份可是骑士之
类的贵族哟。没错，我才刚从《名人录》上查出他的底细："约瑟
夫·毕彻姆先生，一九一一年册封骑士爵位；身兼保安官、制药商、
慈善家……"吓！乖乖不得了，"广告果真一本万利"[11]。《刚朵拉
船夫》[12] 里头的唱词恰可做为脚注：

　　　　此事乃千真万确毋庸置疑……

　　　　甭怀疑，一丝一毫也不必……

　　　　无论如何切莫猜疑……

　　时至今日，咱们见识的世面更形宽广，所以这年头的广告也非
得加倍高明不可，最近某期《新共和》周刊[13] 就为大家预示了广告
手法可以多么出神入化。拿里头这篇描写一对情侣私奔的故事当例
子大家就明白了：……男主角瞄了手表一眼（对页正是"爱琴表"

[Elgin Watch] 的广告），正准备开口说时间不多了。只见贝蒂哭丧着脸道："那我到底该不该携带我的行李箱？"（对页恰有"强固牌旅行箱"[Instructo Trunk] 的广告）"免了，"杰克说，"我们如果还缺什么，等到了纽约安顿好（"巴尔的摩大饭店"[14]的广告就在旁边）再买新的就行了。""可是咱们只缺盘缠呀（"美国运通支票"[American Express Cheques] 的广告适时出现）。""顶多再添购些日用品（"威哥刮胡棒"[15]、"沛苏登 [Pepsodent] 牙膏"双双登场……）。"他飞快地把车子（"默瑟"[16]赫然在目）检查一遍，试试轮子（"美国牌"轮胎）是否耐得着长途跑路，杰克先把贝蒂搀上车，然后点燃一根香烟（"骆驼"香烟），没一会儿工夫，车子已经咪的一声跑得不见踪影（"路面铺上'塔维亚'[17]，轻轻松松好上路！"）。

我实在很纳闷，"美国书商联合会"（American Booksellers' Association）居然迟钝到这种地步，直到前一阵子总算才开始考虑运用广告来拓展图书销路（不仅为特定某一部书，而是所有的出版品，也不是独独为某家出版社或个别书店，而是广泛促进购书风气——新书也好，旧书也罢，总而言之："一切能被称之为书的东西"）。这就对了嘛。虽然这是一项耗时花钱的工作，但还是非常值得做。

为了方便接下来的讨论起见，我在此不妨抛砖引玉率先贡献一句文案——"每个星期买一本书"。对数以百万计的人来说，这句话或许无关痛痒，但是对于其他数百万人来说，这一句（或其他人能想出别的更好的）文案或许能令他们怦然心动；数百万原本没有购书习惯的人，刚看到这句话的时候一定会觉得一头雾水，自然也不会马上采取实际行动。但是经过一而再、再而三持续地灌输这个观念，其力量必不能小觑：这种效应颇值得心理学家们加以高度重视（他们显然也都已经注意到了）。长此以往，每个星期不买一本书就会像还穿戴假领子[18]或使用金牙签[19]一样，变成一件极不光采的事。因为看了这句文案而产生购书念头的人目前尚区区可数：透过不停

◎ 纽约巴尔的摩大饭店

◎（上）"高露洁"刮胡棒的杂志内页广告
◎（下）"沛苏登"牙膏的杂志内页广告

地说服、不断地怂恿；过一阵子之后大家便会自动自发去买书了。当人们渐渐同时养成购书与看书的习惯之后，接着就可以顺理成章地进一步告诉他们：为何要买书、该买哪些书、该从哪儿开始买*。

我们何以需要阅读呢？历代无数爱书人花费许多时间、挖空心思创造美言佳句，多得数也数不完，这个问题早就不成问题。年劭德高的书界前辈奥古斯丁·比雷尔在他本人辑注的《鲍斯威尔之约翰生传》[20] 所写的序文，字里行间无不充满睿智："文学之宗旨乃带来怡乐、引发兴趣、驱逐孤寂；让炉畔灯下更适宜耽溺倘佯，犹胜

---

* 这篇文章初次发表后，波士顿某家著名的书店，或许是受到它的启发，举办了一个征文比赛，悬赏征求以这个主题所写的最佳诗文。以下是投稿角逐的众多诗稿之一：

每周一本书

每周一本书！我大叹一口气；

一句不由分说的"文案"

我既不要听也不想理。

他们凭何认定我必然需要

每周花我的钱买他们指定的书？

反正文案恒变，朝迁夕改；

我的幼小心灵，诚惶诚恐敬聆，

全新指令——"现在，阅读

每周一本书"。

读呀！读呀！仿佛展开双翅高飞

飞过阳光普照大地、穿越云气深锁长天，

直到载着我们渡抵先烈先贤指引之地！

我必一路相随，我如是恳求

两片魔翼。我必遵命（或尽力）阅读

每周一本书。

酒馆买醉寻欢；令知乐之辈获乐无穷；再者，——我们何不干脆坦白招认？——吾人借读书以疗殇解愁、排忧遣悲也。"此话出自一位耄耋老者之口虽不免掺带一丝悲凉；但依然非常精确地总括了文学的目的。

我面前的写字台上有一本短小精悍的书，白色布面装帧，污损得相当利害，它的标题是《爱书人随身小典》[21]。编者亚历山大·埃尔兰[22]"诚挚、衷心敬献"给詹姆斯·T. 菲尔兹[23]；它的内容全是前人所说过、写过礼赞书籍与阅读的精华。当我着手构思这篇文章的时候，便从头到尾先将它读了个滚瓜烂熟，希望能从中找到些许灵感。结果却一无所获，盖《随身小典》是一部专供早已深知爱书为何物之人赏读的书（我好几回随手拿起这本书，原本只打算读个十来二十分钟，却屡屡无法罢休以致耽误就寝时间）；但是对于我眼前迫切的须求来说，书中摘录的引文就稍嫌太深奥、太高明、太不切实际了；我需要的是实实在在、一目了然、能教所有不看书的凡夫俗子一读便自惭形秽的句子。依此看来，此书实在过于天马行空，举爱默生的句子为例吧："试想你置身幅员虽小然卷帙皆精的书斋之中。环宇各国、千百年来的成群智者、贤人随召即来。"[24]像我此刻端坐在自己的书房里头，自然能够充分心领神会这句话当中的含义：与古人神游，不亦乐乎；可是你如果在街上随便对一个人贸然蹦出那句话，诚心诚意告诉他：只要耐住性子便可亲晤"千古智者、贤人"，保证他会当场撂下一句："你别吓唬人。"（或其他更蠢的话）然后一溜烟跑得不见人影。

不成！诉求一般民众必须采用更通畅流利、更直截了当的大白话，好比"每个星期买一本书"，如此一来，他才能够一个口令、一个动作比照实行（不是马上，而是假以时日）。尽管可以成立社团、组织读书会；但是在走到那步田地之前，眼前（其实是最头一桩）应该做的就是采纳广告界顶尖专家的意见，谨慎地研拟一套可行的方案。这得耗费许多时间、金钱，但是这本来就不是一蹴可及的工作；图书业已经在世上存活了好几个世纪，这应该用不着我在这里提醒大家吧。该项计划花一年的时间来筹备应该就绰绰有余了；至于所需费用，应该也不成问题：只要从全国图书销售总额之中拨出区区一成即可支应，这笔款项应该向每个批发、零售书商征收——从举足轻重的大出版社（如纽约的麦克米兰公司），到地处偏远的小书商（如费城的乔治·里格比），一个都不许漏掉。用这笔税金应该足够延聘国内最有能力的广告长才。

长久以来，在我自己所处的行业里头惯常使用的一句文案就是"电子化"。或许有人不明白：什么东西需要电子化？任何东西：举凡从焊锡到冷霜；不管开一艘船或操一根针。那么，"每个星期买一本书"﹡又该买什么书呢？任何书都成——不管是《启示录四骑士》还是《亨利·亚当斯传习录》[25]——我们便能指日期待广大的购书群众逐步顺势涌现，而不再老是区区那么一小撮人，东一个西一个成不了气候；届时，大家便能够认同"宅中无书置架犹如房内无窗观景"[26]。

考察各国广告的表现便可看出其民族性。广告是一种自吹自擂的形式，论及作广告这档事，全世界没有其他民族能比咱们美国人更在行：法国人对此所知甚为有限，几乎可说是一窍不通，英国人也仅仅略知皮毛。他们向来习惯奉行"谨守私密"，咱们这儿则时兴"开诚布公"。在英国，你若是想买一件东西，只怕你得踏破铁鞋上穷碧落下黄泉，累得半死还不一定能找着；至于在咱们这儿，最麻烦的是你得煞费苦心才能避开你不想买的东西成堆堵在面

﹡ 这个"文案"在全国媒体上曝光后过了一阵子，我收到一封朋友的来信，里头写着："那个害人不浅的鬼文案可把我整惨了。上个星期我花了四千五百元买首版的《莎士比亚诗选》；这个星期花了三千元买首版《失乐园》；照这么玩下去，下个星期我就该买《哈姆雷特》签赠本喽。天晓得我还得再赔掉多少银子。"

前。一般而言，大家都或多或少误解广告。其实，吾人的一举一动无时无刻全是广告；头戴丝质礼帽、端坐在歌剧院的包厢里就是某种形式的广告（借以宣告世人此君在社会中的身份、阶级），但是，专业人士在这方面可不能像商人那么露骨。就这一点来说，我始终认为做小生意有成的人是全世界最走运的：他甚至连丝质礼帽也甭戴，只消开门见山地吆喝："来买蜡烛喔，三根卖一毛喔。"意思再明白不过：要买就快，不买拉倒。

咱们还是回头谈文案吧。试想，简简单单的只言片语重复出现数百万遍所能产生的庞大力量。政客们成天净发明一大堆口号，但其中用得最巧妙的人莫过于罗斯福[27]，君不见他的"劫贫济富"、"大棒伺候"[28]、和其他数以百计的政治口号全都相当成功地打入人心。总归一句话，口号、文案就如同础桩；它们既然可以作为营造民心士气的磐石，自然也能够当成广告的起点。

依照我的看法，任何能够立即勾起人们联想起另一件事物的一个字、一个词、甚至一幅画面、一件东西，都可视为文案。随便哪个美国人乘船行经直布罗陀岩（Rock of Gibraltar）时，脑中必然都会想到那家保险公司[29]；或当他进入纽约港，看到一缕白烟自一座白色大理石金字塔[30]顶尖袅袅升起，怎能不联想到那家雄霸一方的信托公司？"轻轻一按"、"问问买过的人"、"轻飘飘柔细细"[31]——和其他成千上百个诸如此类的绝妙好词之所以能够稳坐举足轻重的地位，并非由于它们在美国专利署注册有案，而是因为它们早已根深蒂固地深植在数百万人的心底。

我实在无法置信，任何思想前进、作风开明的机构（好比"美国书商联合会"），竟然会无视于日新月益、推陈出新的各种广告手法，永远只会千篇一律在店门口立看板、挂招牌，把咱们的市容搞得满目疮痍，仿佛存心要将原本就不怎么样的城镇风光整得更加面目可憎似的。正因为有在位执政者的"默许放任"，才会导致教人眼花撩乱的各式招牌、看板铺天盖地且肆无忌惮地到处竖立，在街头争奇斗妍，其内容更是五花八门、无奇不有。这种差劲透顶的广告手法，早晚都必须彻底摒弃。你不妨请教我的朋友乔·彭奈尔[32]（我听说此君向来刀子嘴豆腐心），他必然会告诉你一个妙招：那些大招牌简直教咱们国家丢尽了脸，应该予以课征重税让它们从此销声匿迹。他说得可真是一点儿都没错。何况咱们现在正处于非常时期，合法的建材木料这么昂贵、运输又是如此困难的年头，耗掉数百万英寸木材在公路两旁架设丑不拉叽的鬼画符看板简直罪该万死。要是哪个家伙一天到晚站在我家门口敲锣打鼓，他最后的下场就算不是被抬进殡仪馆，至少也会横着送医院；那些用语不惊人死不休的招牌把全国搞得奇丑无比的人也都活该得到同样下场。至于告示看板广告，各乡镇的情形可说是无可救药；但我对此倒不全然绝望。

适当合宜的广告媒体不胜枚举：就以报纸和杂志来说好了，发行量高达数千万份的报刊不在少数，版面自然也不虞匮乏；姑且不论许多社会新鲜人早就买了车子满街跑，就算咱们这些天天挤电车的人，抓着吊环的时候也会不由自主揣摩手握方向盘的滋味哩。我对于书店的橱窗摆设也多所期待，书店人员至少该把书本摆放得——我该怎么说好呢？——就像陈列男士的帽子。且容我再进一步引申我的创意（如果这也能算是创意的话）。商店橱窗具有极高的广告价值；它们总是任由送货员过度繁复地更换装饰，我一直搞不懂那么做的道理何在。我在此提出以下的建议。

书店不妨保留一个橱窗（最好是某个固定橱窗），或橱窗中的局部（最好是固定的位置）——如果可能的话，别被后头那堆畅销书干扰视线；使用丝质、暗色的活动帘幕加以区隔应该不错——趁某位作家的诞辰或忌日前后那段期间，陈列出与他相关的书籍。

就以鲁德亚德·吉卜林[33]（除了托马斯·哈代之外，现在仍然

■当代伟大画家——约瑟夫·彭奈尔。F. 瓦尔特·泰勒（F. Walter Taylor）画下他面露愠色的模样。当我还拿不定主意是否买得起这幅肖像时，我的儿子买下了它并把画与账单一并交给我，解除了我迟迟难以下决定的窘境。

是在世最杰出的文人）为例来说明吧。假设一九二一年十二月三十
日当天，我们能够找出一帧他的照片或肖像画，旁边摆一张卡片写
上"鲁德亚德·吉卜林先生五秩晋六寿诞志庆"，然后，在四周置
放他的相关物品——首版书、亲笔信、纪念品等物件（如果找得到
的话）；万一书店自己没有那些东西，那也有办法解决，如果是开
在费城的书店，可以去拜访手上有绝佳吉卜林相关藏品的人（好比
说：埃利斯·艾姆斯·巴拉德 [34]），向对方情商租用其中几件一两天，
保证一摆出来便能教看到橱窗的人两眼为之一亮。

这个点子甚至还能无限延伸，各书店大可自由发挥创意，添加
各式各样的内容；假以时日，此种不断替换的展览将形成一种公民
教育。它必会汇聚一股庞大吸引力，令大众趋之若鹜。他们甚至还
会从对街特地过马路来欣赏；一旦造成风气、形成话题，一般民众
也会因能够与书店相互交流而感到兴奋不已。试想，如果当我们走
进某家气派典雅的餐厅，领班马上迎面叫出我们的名字，那有多教
人窝心！书店也应该要对它的顾客营造出这种受宠若惊的喜悦。

但是或许有人会说："那样太花钱费工夫了；我腾不出人手来
干那些活儿。"那么我告诉各位：那些活儿可以由好几家店联合起
来进行，每家店分摊的人力、开销自然也就相对降低了。"美国书
商联合会"长年荣誉会员、并以其对书籍贩售所讲授的课程与研究
论文而闻名的贝西·格雷厄姆 [35] 小姐，就非常合适出面主持这项工
作（或其他任何能够及时、有效地对书店业有实质帮助的方案）。

书店可以（事实上也应该）为大众提供某种出了校门之后还能
够继续深造的文艺教育。让这项教育推广至无远弗届：我仅能略尽
绵薄之力，期盼每一个男女老少读完这篇文章全都一溜烟——奔向
附近的书店的怀抱。大家不要误会，我不是开广告公司的。约翰生
博士称广告为生意；我则将它视为一项专业。这项专业值得每一位
具备特殊才能和训练的人士好好地加以深入钻研。

DEPARTMENTAL
DITTIES
AND OTHER
VERSES

To
all Heads of Depa
and all Anglo-Indians

No. 1 of 1886.

Rudyard Kipling ASSISTANT
Department of Public Journalism,
Lahore District.

■ 吉卜林《乡土小调集》³⁶别出心裁的书名页

【译注】

1 《日报》（"*Ledger*"）：应指费城《公众报》（*Public Ledger*）。库尔蒂斯（见下则译注）于一九一三年买下此报经营权，从此跨入报业版图；他后来陆续收购费城《新闻报》（*Press*，一九二〇年）、纽约《晚间邮报》（*Evening Post*，一九二四年）、费城《询问者报》（*Inquirer*，一九三〇年）。但他在报纸经营上并不如杂志成功，后来均一一贱价出售。

2 塞勒斯·赫尔曼·科奇马尔·库尔蒂斯（Cyrus Hermann Kotzschmar Curtis, 1850—1933）：美国出版家、慈善家。一八七二年创办《民众刊》（*People's Ledger*）起家；随后在费城创办《论坛与农民》（*Tribune and Farmer*）。一八九〇年创立库尔蒂斯出版公司（The Curtis Publishing Company）；一八九七年买下《星期六晚间邮刊》（*Saturday Evening Post*）。库尔蒂斯一生挹注医院、博物馆、学校不遗余力。

3 "多买多贷"（"Buy and Borrow."）、"买到手软为止"（"Buy till it hurts."）：第一次世界大战期间美国政府为了推销政府公债，以广播途径频频大力放送广告，令民众毫无招架的余地；当时的促销口号琳琅满目、不胜枚举，"爱（国）到最高点，手中有公债"（"Buy bonds till it hurts."）是丹佛记者 George Creel（1876—1953）于一九一七年受邀主持宣传委员会（Committee on Public Information）时设计出来的点子，还有另一句也教人朗朗上口的"前线将士从容献身，后方百姓慷慨捐输。"（"The Soldier Gives—You Must Lend."）

4 "闲人谭"（"The Idlers"）：塞缪尔·约翰生于一七五八（四月十五日起）至一七六〇年（四月五日止）在《环宇纪事周报》（*The Universal Chronicle, or Weekly Gazette*）上发表的专栏，总数达一百零三篇。此专栏的概念脱胎自"漫游者"（参见第一卷Ⅳ译注 17），其中有不少内容段落后来皆成为脍炙人口的谚语，例如："两个英国佬一见面，劈头净聊天气。"（"When two Englishmen meet, their first talk is of the weather."）此处提及约翰生关于广告的言论（前一段："The trade of advertising is now so near perfection that it is not easy to propose any improvement." 后一段："The man who first took advantage of the general curiosity that was excited by a siege or battle, to betray the readers of news into the knowledge of a shop where the best puffs and powder were to be sold, was undoubtedly a man of great sagacity."），出自一七五九年"闲人谭"专栏的文章。见《约翰生传》（一七五九年段）。

5 《每日宣传报》（[The] *Daily Advertiser*）：伦敦报刊。自一七三一年（二月三日起）至一七九八年（九月九日止）共发行二万一千七百七十一号。

6 螺栓胡同（Bolt Court）：舰队街尾的小巷。其名称可能是来自昔时一家名叫"大酒桶螺栓"（Bolt-in-Tun）的客栈。一七七六年至一七八四年约翰生生前最后的居所即位于此巷内的高夫广场八号。

◎十九世纪初的孔丘，Tho. H. Shepherd 绘、S. Lacey 版刻，出自（*Jones & Co. Temple of the Muses, Finsbury Square, London, March 20, 1830*）

7 大酒桶（Tun）：伦敦旧城区置高点"孔丘"（Cornhill）的别称。

8 一七七四年三月，哥尔斯密隐疾爆发、高烧不退，他不顾药师反对，坚持服用平日常吃的詹氏散退热。结果病情加剧，直至四月四日清晨终告不治。当时在床边看顾的医师对他说："你的脉搏跳得十分剧烈紊乱，完全不像是个发高烧得如此厉害的人该有的样子，你是否愿意就此安息了？"（"Your pulse is in greater disorder than it should be from the degree of fever which you have: is your mind at ease?"）哥尔斯密的临终遗言是："还没。"见《约翰生传》（一七七七年九月十九日段）。

9 自一七六二年起，沃波尔多次在致亲友的信中提及詹氏散。起初他时而夸赞它妙效如神

（一七六二年三月五日致 Ailesbury 伯爵夫人："I have taken James's powder for four nights, and have found great benefit from it."），时而大力推广（同年五月二十五日致 George Montagu："Had I been with you, I should have cured you and your whole family in two nights with James's powder."）；结果，原本只是头疼肚子痛的 Waldegrave 勋爵在他的建议之下一药毙命（见一七六三年四月六日致 George Montagu 信），他才开始忧心是否糊里胡涂害死人家："I was excessively shocked, not knowing if the powder was good or bad for it."，但他仍自我辩解："The cure performed by James's powder charms me more than surprises me. I have long thought it could cure every thing but physicians."（见一七六四年三月二十七日致 Charles Churchill 信）。从此之后沃波尔对詹氏散也退避三舍，连两三年来的痛风痼疾发作也强忍着不吃（见一七六五年二月十二日致 Hertford 伯爵信）。

◎十六世纪的放血情景

10 放血（let blood）：西方自中古时期出现的医疗手术，十四至十六世纪尤其盛行，此种暴烈的疗法施用范围十分广泛，特别是用在治疗痛风、疔毒、外创瘀血、伤疽、无名肿等。

11 "It Pays to Advertise"：引自苏格兰乡俚民谣"送嫁歌"（"The Miller's Daughter"）尾句。歌词如下："The fish, she never cackles 'bout / Her million eggs or so. / The hen is quite a different bird, / One egg and hear her crow! // The fish we spurn, yet crown the hen, / Which leads us to surmise: / 'Don't hide your light, but blow your horn! / It pays to advertise!'"

12 《刚朵拉船夫》（The Gondoliers）："吉尔伯特与沙利文剧场"（参见第一卷 III 译注 46）于一八八九年首演的轻歌剧剧目。

13 《新共和》周刊（New Republic）：一九一四年由 Willard Straight 与 Herbert David Croly 创办的政论刊物。

14 "巴尔的摩大饭店"（Biltmore Hotel）：坐落于纽约市麦迪逊大道上（四十三街与四十四街之间），楼高二十层的高级旅馆，全美各大城市皆有分店。

15 "威哥刮胡棒"（William's Shaving Stock）：威廉·高露洁公司（William Colgate and Company，一八〇六年创业）制造生产的美容用品。刮胡棒是当年的新颖产品，外观状似一管大口红，内填固态刮胡膏，供出门在外的男士刮胡子前涂抹在脸上当做肥皂的代品。

16 默瑟汽车公司（Mercer Automobiles）：一九〇九年于美国新泽西州特伦托（Trento）默瑟郡（Mercer）设立的汽车制造厂，专门生产拉风跑车。

17 塔维亚（Tarvia）：铺设道路用的柏油厂牌，由美国巴雷特公司（Barrett Manufacturing Co.）制造生产，于二十世纪初大量使用于公共道路。

18 假领子（celluloid collar）：由 John Wesley Hyatt（1837—1920）一八八五年开发出的畅销商品。以塑料制成，让男士不用浆烫衬衫也能常保领口硬挺有形。假领子也是史上头一件成功的塑胶制品。

19 金牙签（golden toothpick）的典故出自《匹克威克外传》第四十章中描写法庭执事 Namby 先生登门逮捕匹克威克时所说的句子："Giving Mr. Pickwick a friendly tap on the shoulder, the sheriff's officer (for such he was) threw his card on the counterpane, and pulled a gold toothpick from his waistcoat pocket." 此外，狄更斯后来在《巴纳比·鲁奇》（Barnaby Rudge, 1841）第十五章中亦有一段类似描述："…our idler, lounged; now taking up again the paper he had laid down a

hundred times; now trifling with the fragments of his meal; now pulling forth his golden toothpick, and glancing leisurely about the room, ⋯"

20　奥古斯丁·比雷尔辑注的六卷本《鲍斯威尔之约翰生传》出版于一八九六年（Westminster: A. Constable）。

21　《爱书人随身小典》（*The Book-Lover's Enchiridion*）：亚历山大·埃尔兰。原书全名为 *The Book-Lover's Enchiridion; a treasury of thoughts on the solace and companionship of books, gathered from the writings of the greatest thinkers, from Cicero, Petrarch, and Montaigne, to Carlyle, Emerson, and Ruskin.*。一八八八年伦敦 Simpkin, Marshall, Hmilton, Kent & Co. 出版。

22　亚历山大·埃尔兰（Alexander Ireland, 1804—1894）：英国文人。曾担任《曼彻斯特考察者及时报》（*Manchester Examiner and Times*）编辑，与卡莱尔等作家及许多十九世纪散文家有交情。

23　詹姆斯·托马斯·菲尔兹（James Thomas Fields, 1817—1881）：美国作家、出版家。十九世纪波士顿蒂克纳－菲尔兹（Ticknor and Fields）出版社的合伙人之一。一八六一年至一八七〇年担任《大西洋月刊》主编；并写作多部文坛掌故，包括：《我所认识的上一代作家》（*Yesterdays with Authors*, 1872）、《霍桑》（*Hawthorne*, 1876）、《门里门外看狄更斯》（*In and Out of Doors with Charles Dickens*, 1876）等。

24　"Consider what you have in smallest chosen library. A company of the wisest and wittiest men that could be picked out of all countries in a thousand years."：原载于爱默生的"群聚与索居"（"Society and Solitude", 1870）。

25　《亨利·亚当斯传习录》（*The Education of Henry Adams*）：美国历史学家亨利·亚当斯（Henry Adams, 1838—1918）以第三人称写成的自传。

26　西塞罗（Cicero）名言本为"宅中无书犹如体内无灵"（"A home without books is like a body without soul."）。后来此句型语被许多后人援用改成"宅中无书犹如房内无窗"（"A home without books is like a room without windows."），包括亨利·沃德·比彻（参见第三卷谨识译注 11）在一八七〇年的《亨利·沃德·比彻讲道集》（*The Sermons of Henry Ward Beecher*）中写道："Books are the windows through which the soul looks out. A home without books is like a room without windows."；另，美国教育家、政客赫拉斯·曼（Horace Mann, 1796—1859）则说"A house without books is like a room without windows. No man has a right to bring up his children without surrounding them with books, if he has the means to buy them. It is a wrong to his family."、德国作家亨利希·曼（Heinrich Mann, 1871—1950，作家托马斯·曼的哥哥）亦曾在不同场合使用过相同的句子。

27　西奥多·罗斯福（Theodore Roosevelt, 1858—1919）：美国政治家、第二十六任总统（任期自一九〇一年至一九〇九年），习称老罗斯福。

28　"劫贫济富"（"Predatory Rich"）、"大棒伺候"（"Big Stick"）：老罗斯福总统主政期间提出的政策口号。他曾在一次演说中引用西非古谚："嘴上和悦温柔，手里大棒在握，必能无往不利。"（"Speak softly and carry a big stick; you will go far."），不但为他任内恩威并济的外交政策定调，并奠定此后美国扩张主义的基础，史称"大棒政策"（"Big Stick"）。

29　直布罗陀岩（Rock of Gibraltar）：位于西班牙西南海岸直布罗陀东端的狭长岩岸半岛。此处应指位于美国新泽西州纽瓦克市之"保德信金融集团"（Prudential Financial）及其分支机构

之商标。

30　疑指位于纽约市华尔街的"银行家信托公司"（Bankers Trust Company）。该公司大楼顶部造型为四角尖锥形。

31　"轻轻一指按，其余让我来"（"You push the button, we do the rest."）是"柯达（Kodak）相机"于一八八八年启用的文案；"问问买过的人"（"Ask the man who owns one."）是底特律"皮卡汽车"（Packard Motor，其标志为一头展翅弯颈天鹅，电影《太阳帝国》里的小主人公家的豪华私家轿车便是"皮卡汽车"）于二十世纪初使用的文案；"轻飘柔细"（"It floats."）是辛辛那提"宝碱公司"（Procter & Gamble）出品的"伊芙玉皂"（Ivory Soap）于一八九一年启用的文案（现在已成了该商品标准字的一部分）。

32　乔·彭奈尔，即约瑟夫·彭奈尔（Joseph Pannell, 1857—1926）：美国费城出身的插画家、作家。伊丽莎白·罗宾斯·彭奈尔（参见第一卷 I 译注 147）的丈夫。约瑟夫·彭奈尔的插画家生涯始于一八八一年为《斯克里布纳杂志》绘制插画，婚后与妻子合作供稿给《世纪杂志》。彭奈尔后来一度移居伦敦，一九一七年迁返美国，约瑟夫在纽约艺术学生联盟（Art Students' League）任教多年。他的绘画作品现由华盛顿特区的国会图书馆、费城美术学院、匹兹堡卡内基学会、纽约布鲁克林博物馆等单位典藏。约瑟夫·彭奈尔生前的著作有：《钢笔画与钢笔画家》（*Pen Drawings and Pen Draughtsmen*, 1889）、《现代插画》（*Modern Illustration*, 1895）、《纽约石版画纪》（*Lithographs of New York*, 1905）、《版刻家与版刻画》（*Etchers and Etching*, 1919）、《插画家的冒险》（*Adventures of an Illustrator*, 1925），以及与妻子合作的多部文集与惠斯勒传记等。

◎吉卜林，Elliott & Fry 摄（1900）

33　鲁德亚德·吉卜林（*Rudyard Kipling*, 1865—1936）：英国作家。

34　埃利斯·艾姆斯·巴拉德（Ellis Ames Ballard, 1861—1938）：美国律师、藏书家。原为费城执业律师。以致力搜罗吉卜林相关资料著称。其藏书于一九四二年一月二十一日由派克—贝尼特公司拍卖。

35　贝西·格雷厄姆（Bessie Graham, 1883—?）：美国图书馆学者、书商。著作有：《书人手册》（*Bookman's Manual. A Guide to Literature*, New York, R.R. Bowker Co., 1921）、《著名文学奖项及其得主》（*Famous Literary Prizes and Their Winners*, New York, Bowker, 1935）等。

36　《乡土小调集》（*Departmental Ditties and Other Verses*）：吉卜林早年诗作合集。一八八六年拉合尔（Lahore）The Cilvil and Military Gazette Press 出版。

BOOK MARK
of
A EDWARD NEWTON

BUT IF, O Lord, it pleaseth thee
To keep me in temptation's way,
I humbly ask that I may be
Most notably beset today.
Let my temptation be a Book
Which I shall purchase, hold and
keep,
Whereon when other maniacs look
They'll wail to know I got it cheap.
Oh, let it such a volume be
As in rare copper plates abounds
Large paper, tall, and fair to see,
Uncut, unique, unknown to Lowndes

Eugene Field

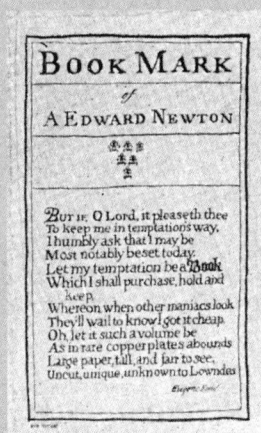

◆ 纽顿自用藏书票之三 ◆

■宾夕法尼亚州福吉谷华盛顿纪念礼拜堂 [1]

§第三卷目录§

◆

第四版说明

早在本书第三版上市之前，敝社即预料第四版之印行势必在所难免。于是，在来不及事先知会纽顿先生的情况之下（由于他此刻还在国外），我们便径行交付印刷厂进行印制作业。至于他所悬赏的错误[2]，我们相信，至今仍未有任何读者发现；我们也一直找不出来。经过此回再版，《最伟大的书》的总印行量即达一万五千部。

出版社[3] 谨识，一九二五年十一月[4]

敬呈
社团发起人
亨利·汉比·海依

敬爱的恩师：

您必然犹未忘怀，四十年前由您带头，率领一小群志趣相投的费城青年筹组了一个社团。在您的构想中，该社团之宗旨乃在于致力钻研英文文学，特别是当时较少受到世人关注的几位作家的作品；而该社团将不订名称、不设大小职位，亦无须缴纳会费，更没有任何规范准则；一言以蔽之：完全不沿袭任何一种组织形式。

您旋即与亨利·H. 邦内尔与菲利克斯·E. 谢林共商大计，两位先生亦对该项计划大表赞同；您们接下来便找来约翰·R. 摩西（John R. Moses）和劳伦斯·B. 里奇利（Lawrence B. Ridgely）（前者后来成了一位传教士，后者现在则在中国的一所神学院当院长）加入讨论。当时里奇利及时献言：为了避免社团成员成分过于一致，最好再邀集立场互异的人入会，以免像中国那样，到头来成了一言堂。他还坚持会员应广泛吸纳各不同领域的人士。于是您们几位先进，再加上约翰·汤姆逊（John Thomson），便成了社团的创始会员。后来，其他人（包括笔者）才陆陆续续加入这个小圈子。

您一定也还记得，在某次草创初期的聚会当中，大家一致决议：往后每名新进会员都必须经由现有会员全体无异议通过，并通过一段期间的观察（至于该观察多久倒没有硬性规定）方可入会。后来大家才发现：不仅入会资格非常难以取得，想中途退出更是毫无可能，因为没有人有权受理退会。冬季时，每两个星期召开一次例行社团聚会，地点则轮流在每位会员的家中，每次开会照例都会宣读四篇文章。一篇是针对事先选定为当晚会议主题的某位作者的评介；另一篇则是关于该作者年代风格的研究论文；第三篇则专注探讨他的作品；而最后则是模仿该作者风格的一篇仿文习作。等到四篇文章全部读毕之后，便是点心时间，这时大伙儿便一块儿享用饼干、奶酪、啤酒。

社团如是针对各种不同主题持续运作了若干年。我们这群人早年都是挺认真地把它当做一回事：不管是观念想法或是实际写作功课上都颇下工夫。渐渐地，情况有了变化，大家纷纷视写作仿体文为畏途：仿体文不仅非常难写，大家也不太容易听得进去。您一定记得，有一回轮到我写仿体文，我练习的对象是谷物法打油诗人埃比尼泽·艾略特，由于我压根没有半点儿合仄押韵的慧根，便只好连哄带骗，央求您捉刀顶替我写一首仿体诗。现在回想起来，那件勾当实在是糟糕透了，害得我这一辈子始终难以释怀；不过，请您放心，直到现在我都一直为您谨守着这个秘密。

同样也由于您的提议，不但论文研读缩减为一篇，例行聚会也改成每个月举办一次；最后，连正经八百的文章研读也几乎完全停摆，害得大家每回磨刀霍霍，打算请当天的主讲者结结实实地吃一顿排头（出于戏谑或认真的成分都有）都苦无机会，虽然我们曾经大加抗议、百般诘问，您却始终不予辩驳。

然后，不晓得从什么时候开始，原本简单的茶点摇身一变成了菜色丰盛的晚宴（当然，您依然高踞餐桌主位）；光阴似箭，二十个年头转眼飞逝，我们当中某些人在社会上力争上游且已小有成就，您却照例不许任何人（不管他在外头多么吃得开）在聚会中"颐指气使"——除了您自己之外。

恩师，可惜我们没能把历代会员的名单完整保留下来。经常出席聚会的总是那八九个老面孔，但前前后后加起来，少说也有上百名社员。您可记得，当年我们多么来者不拒（只要是具备真材实料可资贡献的人）？您是否还记得那位以盛宴款待全体会员的富翁？当时我们有位会员，几杯黄汤（那位富翁无限量供应的好酒）下肚之后人就糊涂了，居然率自邀请那名富翁入会，还自作主张宣布他自此成为正式会员，而其他人却说什么也不愿意承认他具备会员资格，我们当时所坚持的理由十分光明正大：光是有钱还不配当咱们的会员。

　　恩师，您所创立的社团可真不简单，足令其他团体相形失色；而那些论文也是篇篇皆属上乘（有某几篇例外，唯有登峰造极才差堪形容）。但是其中最棒的毕竟要算是聚会中的讨论，总是充满睿智或机锋，一整晚接连不停、此起彼落，不管当天轮到谁担任主讲人都难以招架。您可记得，当大伙儿你一言我一语吱吱喳喳吵成一团不可开交，唇枪舌剑之间偶有灵光闪现（不过，争辩到最后个个脸红脖子粗的情形最为常见）？当然您一定全都记得；我之所以提出这些问题，只是为了让它们留下记录以便留待后世稽考。

　　恩师，您必然会同意，经过社团的千锤百炼之后，您、我以及其他成员对于那辉煌多彩、纵贯古今的玩意儿（咱们尊称为英文文学）均足足增强了一甲子的功力。若一一列出我们研讨过的作家：从阿克顿勋爵[4]依序一路排到扬大诗人[5]，那铁定将洋洋洒洒一长串，族繁难以备载。

　　总而言之，恩师，加入社团如同接受一趟脱胎换骨的高深课程；不管如何，那亦算是笔者唯一接受过的教育。恩师，您也晓得当我们的社团年近四十大关，它的元气也丧失大半；毕竟，任谁都很难对同一件事物从一而终。我们当中部分成员被工作的重担压得喘不过气，加上您离开费城迁居他乡，某些人也纷纷赶上定居郊区的风潮；许多杰出的会员亦相继弃世。自从弗朗西斯·B.格默里往生、昔日种种风发回忆一一消逝之后，我们便再也不曾召集大伙儿聚会了。但是我们将于近日再度聚首，而我也将在现场当众将这部书亲自呈献给您。

　　恩师，我又犯了您向来谆谆告诫的大忌：把文章写得又臭又长。就此停笔，最后谨容我对您说：我亏欠您与社团如此之巨，虽可——以笔墨志之，却永远无能偿报其中万一。

　　恩师的大恩大德，后生永志难忘。

　　　　　　　　　　　　　　　　　十二万分爱戴您的

　　　　　　　　　　　　　　　　　A. 爱德华·纽顿敬上

　　　　　　　　一九二五年三月一日于宾州柏尔文"橡树丘"

谨识

"斯金纳街新闻"一文的标题灵感得自波士顿的弗兰克·B. 比米斯[6]先生私人珍藏的"私奔信"[7]。

感激费城的 T. 爱德华·罗斯（T. Edward Rose）先生提供珍本圣经图版数帧。

福吉谷华盛顿纪念礼拜堂（Washington Memorial Chapel）彩色图版委由伦敦 R. B. 弗莱明（R. B. Fleming）根据照片影刻，费城的亨利·特罗斯（Henry Troth）上彩。[8]

其余彩图[9]与网版图版则由费城的"伦勃朗雕版公司"（Rembrandt Engraving Company）承制。

"阁下，"约翰生尝曰，"人们鲜少阅读他人馈赠的书……要推广一部作品，卖得便宜方为正途。"[10]

"买书钱终赖不停写书赚。"——亨利·沃德·比彻[11]

所有的涂涂写写，终究仅为博君一粲。——拜伦

本书内容所出现的所有错误——我现在信手拈来就是一个——一概由本人独自承担责任。

A. E. N.

【译注】

1　此图乃搭配"一天二十五小时"（译本未收）的插图。福吉谷（Valley Forge）参见附录Ⅱ译注 23。

2　《最伟大的书》出版后，纽顿曾在《大西洋月刊》（一九二八年二月号）上刊登一则启事，声称他将提供奖赏给头一名找到书中错误的读者。

3　指波士顿"利特尔－布朗出版公司"（Little, Brown, and Company）。《最伟大的书》之通行版（trade edition，或称"市售版"，乃相对于"图书馆版"而言）首版于一九二五年九月问世，同月即再版，十月发行第三版。译本所援用的第四版则于同年十一月出版。

◎ 首版《最伟大的书》书名页

4　约翰·E.E. 阿克顿勋爵（Lord John Emerich Edward Acton，1834—1902）：十九世纪英国历史学家。

5　爱德华·扬（Edward Young，1683—1765）：英国诗人。

◎ 约翰·E.E. 阿克顿

6　弗兰克·B. 比米斯（Frank Brewster Bemis，1861—1935）：美国藏书家。殁后其藏书由 A. S. W. 罗森巴赫收购。

7　"私奔信"（elopement letter）：指一八一四年七月雪莱与威廉·葛德文的女儿玛丽私奔到欧陆时写给葛德文的信。

8　以上两段前文乃针对"举世最伟大的书"一文而言。纽顿提及的彩图原为本书扉画（见译本卷首），所谓影刻（photo-engraving），即是以照片为底稿改刻成金属版再进行印制的技法。

9　《最伟大的书》是纽顿首部附彩色图版的出版品。原书另有"运动书籍面面观"中的"约翰·迈通行猎图"（"John Mytton"，Giller 根据 Webb 原作绘制）、"最伟大的一部小书"中的"圣诞幽灵下凡尘"（"The Ghost of Christmas Present"，利奇绘）两幅彩图（译本皆未收）。

10　鲍斯威尔与博兹莱尔相偕拜访约翰生。席间鲍斯威尔提及某作者最近送给约翰生的一部尺牍集（Andrew Stuart 致 Lord Mansfield），约翰生道："They have not answered the end. They have not been talked of; I have never heard of them. People seldom read a book which is given to them; and few are given. The way to spread a work is to sell it at a low price. No man will send to buy a thing that cost even sixpence, without an intention to read it."。见《约翰生传》（一七七三年四月二十七日段）。

11　亨利·沃德·比彻（Henry Ward Beecher，1813—1887）：美国传教士。

◎ 亨利·沃德·比彻

I "举世最伟大的书"[1]

绝大多数过于斩钉截铁的陈述总会招惹众人驳斥，可是假使我宣称："圣经乃举世最伟大的一部书。"普天之下所有人应该都没话可说吧。但即便如此，存心抬杠的家伙还是免不了硬要在鸡蛋里挑骨头："你指的到底是哪一部圣经？"面对这种问题，我总是尽量避免正面作答，因为一旦扯下去铁定没完没了。盖圣经版本琳琅满目，族繁不及备载，我索性会以简单一句"全部都是"稀里糊涂搪塞过去；但其实我心目中真正的首选，毕竟还是以下这两种英语世界最熟悉的版本：其一是"拉丁文圣经"，通常称为"俗文圣经"[2]；其次是一六一一年在伦敦印行的"钦定版"，或所谓"詹姆斯王版"[3]。

好几个世纪以来（究竟几个世纪，随便哪位学者都能给你肯定的答案：甭来问我），具备学问的人摩刻在岩石、陶板上，描画在草纸、羊皮纸上，最后，缮写在纸张上头的文字，已然造就出一种阶级，即：有阅读能力的人——只须安安静静坐在写（或画）成的手稿前，便能追随其他人的思想顺理耙梳自己心思的人。我个人将此视为人类心智发展历程最了不起的一项成就；那简直就像发射"电波"到广袤太虚（吾人称之曰时间）。完全无须借助"天线"，也不会发出丁点儿声响，更用不着要弄什么奇技淫巧；一个人只消悄悄盯着书页，便能够吸收全天下所思所为的菁华。不消说，那些远古手稿——由成群抄写员、绘图师埋首数年，终得一册卷帙——如今全成了无价珍宝，其页首通常都会不约而同写着这么几句警语，大致可翻译成："凡偷盗、藏匿（亦一律视为偷窃）此书；或擅自涂消此警语注记，将受逐出教会之惩诫。"惩罚虽不算顶重，但也够呛的了。

随着知识逐步累积进展，世人对书籍的需索也不断与日俱增；然而，一笔一画的制作方式令书籍的价格始终居高不下，若非身为王公贵族，也只有教会、国家有财力能够拥书自重。此类书籍的许多善本、精品，如今都典藏在"旧世界"与"新世界"[4]的博物馆、图书馆里头（新世界在这方面的分量明显相形见绌），当大家浏览那些用玻璃柜小心翼翼罩护着的昔日无价珍宝时，想必都会情不自禁连声赞叹："好美喔！"不过，美则美矣，若是拿来和印本书相比，它们毕竟还差得远哩。

我不妨先把印本书的历史尽量简短地加以阐释一番（必须将漫长的时间极度浓缩再浓缩才行）。学术界普遍同意：吾人今日所知晓的印刷技艺乃源自德国。在最早期的若干印刷品之中，不只插图，连文字也全是一并镌刻在一整块木板上，但是得一直等到金属活字发明、个别字母得以任意排列组合成无数的字、词，印刷术才能算是真正实现。大家也一致认同：此项伟大发明的功劳应该归给约翰·古登堡[5]。吾辈对于他个人生平细节知之甚少，但咱们都晓得大约在一四五〇年的时候，他曾经向一个姓富斯特[6]的冶金匠调头寸以便筹措资金继续进行他的新发明，过了几年之后，由于双方对于出版的获利（或亏损）的分担比例谈不拢，两人从此分道扬镳（这种情形在历代发明家身上屡见不鲜）；同一时间，那部伟大的"圣经"也大功告成了。

◎ 约翰·古登堡

◎ 约翰·富斯特

那两位仁兄着手印制那部旷世巨制之前，极可能已先行印出许多篇幅规模较小的试版书，但是迄今为止尚未发现任何与"古登堡圣经"使用相同字体的书籍，于是我们便只能据此认定"古登堡圣经"乃此项伟大发明的破天荒成果，而在作为印刷范例的意义层面上，其重要性亦找不出其他书籍足以超越它。综观各行各业、琳琅满目的技艺，能够在甫萌芽之初便臻近完备的惟有印刷术一项而已。有人甚至这么说过：印刷术是一项始终无须日新月异的艺术，君不见头一部印刷品即已达致尽善尽美的地步。而后人也将此一"以巧技保存艺术"的伟大功名独独颁给古登堡一人。时间是一四五〇年至一四五五年间，地点则在美因兹（Mainz），或者——按照咱们的念法——梅恩斯（Mayence）。

这部美不胜收的"俗文圣经"的内容出自一名僧侣之手，其功绩亦同样伟大非凡：此人于一千五百年前自甘舍弃罗马的优渥求学生涯，换来巴勒斯坦伯利恒的牢狱之灾，他完全不假他人之手，忍辱负重、独力完成这部希伯来经典的翻译、修订工作；同时，借助希腊文和拉丁文的新约古抄本，终于译写成这部雄霸千百年、迄今仍屹立不摇、遍及西欧且所向披靡的经典。这位僧侣，世称"圣哲罗姆"[7]，果不辱圣人美名也；他也是当年学问最顶尖的人，该部巨著向来被世人誉为"拉丁教会的荣耀与支柱"，某位伟大的英国圣公会学者甚至说："欧洲之所以能够屹立千秋万世于不坠，乃在于她的精神、知识遗产得以幸存，并借以抵御北方蛮族的盲瞽洪流，而这一切皆拜圣哲罗姆之赐。"这是何等崇高的盛誉赞扬！宾州大学校长彭尼曼[8]博士也在他的《关于英文圣经的书》一书中指出：自基督教入主以来，直至宗教改革年代，整个西欧的文学、艺术皆以此部"俗文圣经"作为基石；他还在书中举了一个例子：米开朗琪罗之所以会在法典制定者摩西（Moses, the lawgiver）的雕像头上雕出一对犄角，正是根据该书某段著名经文的描述。

不过那部书倒是有几个小地方值得诟病。全书以拉丁文印行，采用哥特体大号活字，每页两栏、各四十二行，里头并未注明出版于何时、何地、由谁印行，也没有书名页、珂罗封（参见第四卷Ⅲ译注6）；整本书厚达六百四十一页（译按：应为"六百四十一叶"，即一千二百八十二页），从头到尾没有标明页码，亦找不到眉标[9]可供查考。那部尊贵的书刚开始印行时，头几页原本印成四十行。印

Incipit prologus in apocalipsim.

Ohannes apostolus et euangelista
a cristo electus atq; dilectus · in tanto
amore dilectionis uberior habitus e·
ut in cena supra pectus eius recumbe-
ret et ad crucem astanti soli matrem
propriam commendasset : ut quem
nubere volentem ad amplexum virgi-
nitatis asciuerat : ipsi ad custodiendā
virginem tradidisset. Hic itaq; cum
propter verbum dei z testimonium ihe-
su cristi in pathmos insulam sortire-
tur exilium·illic ab eodē apocalipsis
pre ostensa describit:ut sicut in princi-
pio canonis id ē libri geneseos incor-
ruptibile pricipiū pnotat̄: ita etiā in-
corrupnbilis finis p virginē in apoca-
lipsi redderet dicentis. Ego sū alpha
et ominicū et finis.Hic est iohannes· q̄
sciens suuenisse sibi diem egressionis
de corpore conuocatis i epheso discipu-
lis descendit inde fossum sepulture sue
locum:orationeq; ꝫpleta reddidit spi-

■ "古登堡圣经"页面局部
  约等同原寸大小

出几叶之后，印刷者临时改变主意，决定在每页多塞进两行，同时将开本缩小，如此一来，原来印好的那几页便只好重印；让每页统一为四十二行。于是后世屡屡以"四十二行圣经"称呼那个版本，至于偶尔听到有人叫它"马萨林圣经"，则是因为该书最早的出土地点是法国枢机大主教的藏书楼[10]。"古登堡圣经"现存羊皮纸本和纸本两种本子；至于哪一种的印制时间较早，目前仍无定论，但一般咸信纸本印制在先。

此书内文的印刷字体完全仿照书写体，印得简直几可乱真，有些人乍看之下还当真以为那些字是古人拿笔蘸着几千年不褪色的上好黑墨徒手写成的。页面上头的段标（headlines）、句读（accents）——或者说：以朱墨描画、用以对齐大写头字母（initials）的符号——以及每篇篇首的花体头字母，则是一个一个（不管里头共出现几次）徒手补绘上去，俱是美轮美奂、尽善尽美。法国国家图书馆典藏的本子里头夹藏着一份手写文件，记载某名描红师（rubricator，即负责绘制图饰的人）声称其分内工作于一四五六年八月二十四日写上"哈利路亚"（Alleluia）（此乃当年印制书籍的寻常手续之一）之后全部完竣。此书目前所知仍存世的本子，纸本和羊皮纸本全部加起来还不到三十部[11]，其中许多本子的书况都很不理想，而且每一部均略有差异；除了其中极少数的例外，它们现在全都存放于公家图书馆。

一部"古登堡圣经"究竟该值多少钱？这是一个相当难以答复的问题。亨利·H. 亨廷顿先生（此君乃当代最伟大的藏书家无疑）曾透过已故的乔治·D. 史密斯购得一部羊皮纸本，以五万元创下有史以来单部书籍的最高成交价格纪录。一九一一年四月二十四日星期一[12]，当晚的情景我至今依然记忆犹新，拍卖官敲槌那一霎那，书籍圆满成交、纪录也应声贯破，全场旋即响起如雷的掌声。不过，这年头咱们随时随地都能耳闻各式各样的纪录被轻易打破，只要哪天再有一件类似的东西现身江湖，价格势必又会马上飙升好几倍。说真格的，我们不妨想像一下，在久远的未来，市场上如果又冒出一部"古登堡圣经"，肯定会有不少精明的有钱人或资金雄厚的博物馆乐意出价一百万元将它请回去。[13]

至于此书在情感上的无形价值，那更是一言难尽。数世纪以来，任何对它的美言夸赞都不嫌过火；它简直就是从天上掉下来的无上圣品。

第一部来到我国的"古登堡圣经"如今由纽约公共图书馆保存，那个本子是亨利·斯蒂文斯[14]于一八四七年在伦敦帮詹姆斯·伦诺克斯[15]买到的（后者稍早前委托书商代寻那部奇书——后来果真出现在索斯比的拍卖会上）。伦诺克斯当时对书商的投标指示很直截了当："不计代价"。后来，书商以"疯狂价"五百英镑[16]为他标下，此结果令伦诺克斯先生懊恼不已，甚至一度有意撤标；但是，据转述这段轶事的人告诉我：他最后还是乖乖把书抱回家，而且终其一生视之为稀世珍宝，后来还庆幸自己拣到便宜，并从此将它当成其私人藏书室的镇室之宝。

我曾因缘际会买到几份亨利·斯蒂文斯和他的另一位客户——康涅狄格州哈特福的乔治·布林利[17]——之间的往复信函，其中部分信文提及第二部"古登堡圣经"相隔二十五年后输入我国的原委。信文描述布林利先生一出手便"秋风扫落叶宛如英格兰银行"拔得头筹，压倒当时同场竞标、也想买那部书、身上却不巧没带那么多钱的另外两位爵爷，投标过程如何精彩不关咱们的事；我想讲的重点在后头：透过信件、电报数度往返联系之后，斯蒂文斯先生成功标下那部圣经，当他准备将书邮寄给布林利时，先为它买了"最高额度"的保险，同时特地附上一封叮嘱函："敬祈 阁下能拨冗明察并珍惜此一古传宝物之稀罕度及贵重性。此书早在发现美洲前即已风行欧洲长达半世纪，非仅首部圣经耳，诚印本书之鼻祖也。并尊请 阁下嘱令从员应接此书务必怀抱戒慎恐惧之心。尤应再三严诫海关人员乃至其余各相干不相干人等切莫轻忽怠慢，必以虔诚恭敬盛礼待之。盖寻常人终其一生皆难得或瞻稍睹'古登堡圣经'一叶，遑论得此隆福万幸双手捧抚全帙。"[18]

光对付一部"古登堡圣经"居然摆出如此阵仗！理由固然充分，但是，有必要搞成那副德性吗？要是只有区区少数那几人能够拥有那部书（或寥寥几位运气忒好的收藏家，几年前有缘向纽约的加布里埃尔·韦尔斯买到单张零叶[19]），得以关起门来私下赏读、吟咏，并从中学习、领略它的教诲，那就实在太悲惨了。不过话说回来，我看全世界大概也找不出还有哪部书能够像《圣经》一样，有那么多种环肥燕瘦的版本，供大家各凭本事从中挑选。

当然，大家理应了解，远在印刷术尚未发明的千百年前，《圣经》（或其部分经文）皆以抄本的形态流传，以数种语文（包括希伯来文、希腊文、拉丁文等）书写；而各版本或优或劣则端视眷抄者的学养良窳、解经能力的有无、多寡，和良心裁夺而定（因为经文的译写可能完全操在一人之手），其内容自然也互有参差。加上长达数世纪以来，（根据现有史料看来）始终不曾有所谓"国编本"《圣经》，不过倒是曾经出现我们姑且称之为"国际版"的《圣经》：由当时的罗马教廷——总舵主是罗马大主教（后来头衔改成"教宗"）——统一颁布给各国教会遵照使用的"俗文圣经"，内文则以当时每个基督教世界的学者都看得懂的拉丁文写成。

敌人对于凯德蒙[20]和他用撒克逊古文写成的那些诗歌、以及比德[21]（即大家口中习称的"可敬的比德"）均所知甚少，不便在这儿瞎掰；至于约翰·威克利夫[22]个人对拉丁文圣经的翻译工作涉入程度究竟多少，各家学者的见解也莫衷一是。所谓"威克利夫圣经"出现的时间约莫在十四世纪末，原来仅见抄本流传，直到一八五〇年才有四开四卷本刊行于世。

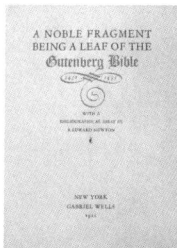
◎《尊贵的断简残篇》

　　说真格的，要不是威廉·廷达尔[23]（此人向来被誉为"英文圣经之父"）的大作千呼万唤始出来，恐怕世人直到今天都还陷在犹抱琵琶半遮面的版本谜团泥淖之中打混仗（盖版本学的领域原本就充斥许多模棱臆测）。当世人好不容易终于有了一部英文圣经印本，却也正式步上政教合一（且导致日后万劫不复）的年代。这年头我们频频听到内部改革的论调，事实上，不论政治抑或宗教，具备实际效果的改革都是由外部施压造成的。内部改革就像一个人猛扯自己的头发，打算把自己提起来一样：虽然姿势有模有样，实际上却徒劳无功；原因无他，盖内部改革往往都是从那些一心一意只想维持现状的人嘴巴里喊出来的。当时，天主教会的腐败程度已到了无以复加的地步，有权有势、作威作福的宗教人士不思努力"向上提升"，反而拚命"向下沉沦"、纷纷将基督的训示抛在脑后、不择手段竞相追逐世俗的功名利禄。随着时间的推移，他们的权威地位终于全部丧失，政权沦入另一群领导班子的手里；而那些头上戴着假发的老头子[24]（腐败程度相去不远，玩法弄权的本事则更胜一筹）手操生杀大权，所有人的死活皆只能听其发落（尽管理由往往极度荒谬绝伦）。这种把人命当儿戏的勾当，现今似乎还有人乐此不疲呢。

　　当时掌权者下令禁绝所有未经许可的翻译圣经行为。而威廉·廷达尔发觉：根本就不可能取得翻译许可。他曾向伦敦主教提出申请却石沉大海，廷达尔或许就是因为那起毫无下文的申请案，日后才会有感而发说出那句名言："若得上苍垂怜容吾苟活，不消数年光景，吾必使操犁村童娴熟经文犹胜于汝。"[25] 说归说，可是廷达尔版《新约全书》（当时少说也印了成千上万部）仅两种早期版本各三两部伶仃残篇得以存留至今——其余的想必早已悉数惨遭销毁。

　　接着我们来谈谈有意思的"宗教改革"（Reformation）年代。当时众主教们（尽管他们对于教义的见解人言人殊）都一致同意：用熊熊烈火加以熏烤（而不是以圣经教义加以熏陶）最能净化——别人的——灵魂；而那帮人还进一步发现：若能在焚烧冥顽不化的信徒之余，顺道也将他们的作品一并送进庄严、喜乐的火堆里，其矫正效果则更形巨大。廷达尔尝曰："余作《新约》横遭祝融乃不出吾之意料，若渠等亦投余入火，亦天意所归也。"[26]真是说的比唱的还好听，结果廷达尔依然千里迢迢出逃安特卫普。不料最后还是被就地逮捕、关进大牢，终究赔掉老命。鉴于他毕生信仰尚称虔诚、行为亦堪为典范，他得以幸免被五花大绑于柱桩之上任火舌舔噬，而是先予以绞毙，遗体再投入火堆焚化。一切过程皆依宗教名义进行。

　　有人曾经估算过，截至廷达尔命丧黄泉为止，无视当局明令禁止印行、私藏他所译写的《新约全书》还是印了超过一万五千部，最主要应归功于那部书小巧玲珑的体积（仅六英寸高、四英寸宽）。

◎威廉·廷达尔受刑图，出自福克斯《Acts and Monuments》（1563）

　　廷达尔死后没多久，翻译、印行圣经已不再被视为犯罪行为，一部由后来成为埃克塞特（Exeter）主教的约克郡人迈尔斯·科弗达尔[27]挂名的《圣经》（那部著名的本子也相当袖珍，高约十二英寸、宽仅八英寸）旋即于一五三五年问世（地点或许是安特卫普，但以在苏黎世印制的可能性较高）。该书上头有一句极为卑屈谄媚的题献词——敬呈"唯上帝之下、万民之上的英格兰圣公会极高至伟之信仰捍卫者"（defendour of the fayth and under God the chefe and supereme heade of the Church of Englande），大咧咧地猛拍英国国教创始人——英王亨利八世——的马屁，而书名页上则恰如其分地引用圣保罗致帖撒罗尼迦的《第二使徒书信》（the Second Epistle）中的一段经文："为我们祷告，好叫主的道理快快行开。"[28]

　　学者们均普遍认同，科弗达尔前前后后总共促成五部拉丁文圣经和数部德文圣经的翻译作业，包括"路德圣经"[29]，而且打从头

■ "科弗达尔圣经"（一五三五年版）书名页
　首部以英文印行的圣经完本

一个译本问世后，他对后出译本的影响力也愈来愈大且长期不减。据悉此君对于美、善事物的感受极为敏锐，"温柔慈悲"、"亲切和睦"……和其他许许多多诸如此类的字眼都很合适拿来套在他的身上。他生前一直希望能够尽快催生出更好的译本，好让自己的译本功成身退，于是乎，短短两年之后，"马修圣经"便堂堂登场了。

© 亨利八世

此版本在爱德华六世在位期间相当受到欢迎，但是它的风光日子并没有维持太久，或许问题出在它的实际执笔译者约翰·罗杰斯[30]（他凭空捏造出"托马斯·马修"[Thomas Matthew] 这个实际上根本不存在的人名），他是玛丽女王（诨号"血腥玛丽"）在位期间头一个被冠上异教徒罪名并遭处极刑的人。罗杰斯在玛丽登基之后没多久便被判处火刑定谳，行刑地点就在距离圣巴多罗买医院大门口不远处的史密斯菲尔德[31]，现在那堵墙上还嵌有一方勒石志下该段史实。

我好像一口气讲太快了。咱们再把场景拉回亨利八世还没下台那会儿。话说他成天光忙着休旧后、纳新妃，忙得不可开交，加上还要掌管老百姓的信仰和肚皮诸事。身心交瘁之余，这时，或许是他的宰相托马斯·克伦威尔[32]向前禀奏：圣上若能命人编制新版圣经必将更为功德圆满。于是，他听从大主教克兰默[33]的建议，御命科弗达尔进宫主持马修译本的修订工作。一五三九年终于修成正果，即"大圣经"（Great Bible）（偶尔有人误称为克兰默圣经），该版本也顺理成章成了当时的钦定版本。那部圣经相当美观大方：内文以黑体字印制、版面编排舒朗有致，印墨、用纸俱佳。由于当时英国境内找不到任何印工有足够设备能够胜任如此富丽堂皇的书籍，亨利八世脑筋一转，决定征得法王弗朗西斯一世（Francis I）的首肯，商借他的御前印刷工勒尼奥[34]承接印务。但是尽管该项委外作业乃依圣旨行事，仍然遭遇重重阻拦：当铅字排妥，也印出好几张印张的时候，异端裁判所[35]突然出动大批人马捣毁印刷坊并逮

■ "马修圣经"（一五三七年版）书名页

捕相关作业人员，此事件引起群情哗然。当时，特地自伦敦赶赴法国的印刷工格拉夫顿[36]和编辑兼翻译科弗达尔两人正准备"珠联璧合"、进行（套用咱们现在的行话来说——）"上机"（in press）事宜。那一次原本打算要印制两千部圣经，但究竟及时印出了多少部，而多少部不幸当场被毁，没有人晓得；只知道其中几部被拿去焚销示众，若干侥幸流出的印张，也被某个开针线铺的老板收购充当包装纸，英国公使邦纳[37]则趁动乱之际偷偷买下几部，暗中安排船只跨海（英吉利海峡）运回英国。至于那些印刷机具、铅字模版则被悄悄迁往另一个安全地点，最后总算交差了事。

　　当然，这些阻挠只能算是例外，而该起事件也令后人看待那部古书时更加肃然起敬：其实，大家本来就应该抱持这种态度看待任何一部古书。从作者或编者将稿子交到印刷工手上，那部圣经的印制过程融合了渊博的学识和高超的技艺，汇集了不可限量的宏伟理想（或不可逆料的人为灾厄）！咱们这些成天动不动就把"电子化"挂在嘴边的现代人，不妨稍稍放慢脚步，想想三四百年前的人们如何费尽千辛万苦才得以生产出一部今天普受世人赞叹不已的书籍。巴黎现在当然是一座城市没错，但是在一五三九年那会儿，她也才不过是一个小镇哪；至于今天地广人众的伦敦，当年也仅由区区五六个村落组成，各村之间也只以羊肠小道贯通（冬季大雪封路；夏天尘土飞扬——皆寸步难行）。那年头的印刷工哪有啥像样的设备可言？依我来看，除了"一无所有"之外无以名状。然而他们却依然有本事设计、铸造出极为漂亮、直到今天来看依然赏心悦目的字体，还以高雅的眼光、巧妙地编排组合，那些以糙纸、粗墨印制的书籍，音容犹如当年在嘎吱作响的水车房中初次面世一般。昔日印刷工无疑个个都是艺术家兼巧手工匠，手边无精器巧械可供操使，唯独一心一意——脚踏实地埋首工作。每当我看着一部古籍善本，这些念头总是在心中油然滋生。

■ "亨利八世大圣经"（一五三九年版）书名页
　此页版刻原图疑为汉斯·荷尔拜因所作

言归正传。"大圣经"是一部大型对开本，品相良好的本子今日罕不可见。其印行标示登录的名字是理查德·格拉夫顿与爱德华·惠特彻奇[38]。书名页（同时也是扉画）是一幅细密精致的版刻画（engraving），据说是根据汉斯·荷尔拜因[39]的原画改刻而成，画面中密密麻麻地描绘圣经情节和具政治意涵的图像。亨利国王端坐在最顶端的王座，将手里的圣经透过站在右侧的克兰默大主教颁赠给列队恭迎的传教士；左手边的传教士则由宰相托马斯·克伦威尔手中接过御赐。同时还有一堆大大小小的人像，个个前呼后拥、争相高喊："圣上万岁（Vivat Rex）"和"天佑吾王（God Save the Kynge）"。不过，唉，几个月前刚被册封为埃塞克斯（Essex）伯爵的克伦威尔，由于和某位王妃搞三拈四，不幸被圣上逮个正着，亨利国王一怒之下将他关进伦敦塔，不久之后就让他脑袋搬家了。

这位托马斯·克伦威尔和另一位比他更伟大的老兄——一百多年后把查理一世送上断头台的奥立佛·克伦威尔[40]偶尔会被混为一谈。这让我想起一则令人捧腹的笑话：某个年轻学生一看到考卷上要他简述托马斯·克伦威尔的事迹时，他大笔一挥："托马斯·克伦威尔是伟大的英国政治家，他把当时的英国国王斩首处决，他说过一句名言：'要是我服侍上帝能和我服侍国王一样虔诚的话，它现在就不会丢下我赤条条被敌人看光光。'"[41]

"大圣经"前后总共印行七次，书名页上的克伦威尔徽章于最后三次印刷时横遭削除，留下一个一先令铜板大小的圆形空白。此部圣经有时会被误称为"克兰默圣经"，但"此巨制乃由克伦威尔促成；由科弗达尔主持编纂；印工则为法国著名字体设计师勒尼奥，辅以英国同侪格拉夫顿与惠特彻奇之鼎力襄助也。"(the promoter of the enterprise was Cromwell, the editor was Coverdale, the printer was Regnault, the famous French typographist, with what assistance could be rendered him by his English associates, Grafton and

Whitchurch）之所以会冒出那个误称，八成是因为克兰默曾为它写了一篇洋洋洒洒、文情并茂的前言，当做一五四〇年及随后再刷本的序文。或许我该顺道周告众读者：克兰默本人不久之后也成了宗教改革下的牺牲者——被绑在柱子上活活给烤了。

不过，当那位大主教和宰相依然集三千宠爱于一身的时候，国王曾下了一道圣旨，规定英国境内的每名神职人员都得提供"以英文印行、博大精深之圣经完本乙部，并陈设于各派任教堂内便利位置，以供其教区信众自在从容频阅之"（one book of the whole Bible of the largest volume in Englysshe, and have the same sett up in summe convenient place within the churche that he was cure of, whereat his parishioners might commodiously resort to reade yt.）。不过那道命令始终没有严格执行，因为亨利国王有好几个大小老婆和一大堆杂事已经够教他忙不完的了。打从那部圣经问世起整整十八年，几乎没有进行过任何修订内文的工作，等到爱德华六世登上王位，也只是挂名印行了一部《公祷书》[42]，除此之外毫无建树。

一五四九年出版、一般通称为《公祷书》的"爱德华六世祈祷书"并不是一部像圣经那么了不起的书，也不如圣经那般通行全世界，但是其内文遣词用字极其优美，远非圣经所能企及。它的每篇文字、每个句子甚至每一个字都扎扎实实地下过一番功夫。此书不专属于特定某一宗、哪一派，甚至也不专属任何特定年代。一千五百年以来，基督教的众多伟人贤哲们相继贡献己长，孜孜埋首于斯，方造就它今日如此崇高的地位——囊括基督教文学中所有优美精华的一部文选。即便如此，奇怪的是历代藏书家们却从未给予它应有的评价。此书的重要性虽然略逊于圣经，然而，当人们毫不迟疑地花费一千、五千甚至一万元购置某部海淫海盗、一无是处（在某些体面场合甚至还不方便明白讲出书名）的复辟时代剧作，却在面对这么一部收录绝佳散文、极其优美诗句（不单单针对英文而言，跟其他任何语文摆在一起相比

◎ 爱德华六世

THE

booke of the common
prayer and admi-
nistracion of
the
Sacramentes, and other
rites and ceremonies of
the Churche: after the
vse of the Churche
of England.

LONDINI IN OFFICINA
Edouardi Whitchurche.

Cum priuilegio ad imprimendum solum.

ANNO DO. 1 5 4 9. Mense
Maii.

■ "公祷书"（一五四九年版）书名页

也更胜一筹）的书的时候，连掏出区区几百块钱都要考虑再三。大家千万不要会错意，以为我不遗余力建议大家不分青红皂白搜罗圣经或祈祷书的所有杂七杂八本子；我只是再三强调：要是没在书房里头摆上这两部咱们的文学基石，根本就不配侈谈藏书；而我指的正是"詹姆斯王钦定版圣经"和"爱德华六世祈祷书"。

"大圣经"出版之后十年（即一五四九年），《祈祷书》首版问世。由于当时政教之间频生龃龉，两方人马随后甚至还各自搞出几种内容互有差异的版本，最后，经过角力协商的结果，双方都同意再那么修来改去没完没了也不是办法；于是，一部后世称为"封版"（sealed copy）的本子（内文经绝大多数人通过认可）被收存在伦敦塔，作为未来印行该书的标准参考本。直到一七一七年，才又出现另一部足令当今藏书家眼光为之一亮的《祈祷书》。那一年，一名以擅长雕饰细密图案闻名的伦敦版刻师傅约翰·斯图尔特[43]（这位老兄曾经将《天主祈祷文》全文刻在一枚半便士银币上，《使徒信条》则刻在一枚一便士的银币上）完成一百八十八块银板的雕版工作，用以印制《祈祷书》（当年版本）的全部完整内文。他的手艺确实好：每幅页面上都有版框、小插图，同时内文字体亦非常精致，每个字皆能以肉眼清晰辨识，除了扉画（光一幅画面上就有乔治一世的肖像、《使徒信条》、《天主祈祷文》、《十戒》全文，外加一篇皇室专用祈祷文，甚至连《诗篇第二十一》也一并刻进里头！）之外，还有超过五百个装饰用的花体头字母，全书可说是无懈可击。我很久以前就拥有一部小纸本[44]善本，但是几个星期前，我在纽约的石砖巷书店[45]无意间听到一位传教士在店内闲聊，他言谈之中多次提及圣经和祈祷书的种种，害我听过之后也跟着相信：这个世界上一定还有一部绝顶佳善的本子藏在某处。那个本子以大纸印制，手工描画的红、绿、金三色页面丝栏；后世重装精致华美；还因上头贴着一枚塞缪尔·普特南·埃弗利[46]（一位极为杰出的藏书家，亦是我的老朋友）的藏书票而平添不少价值。何况，斯图尔特的《祈祷书》问世的时间比起派恩版《贺拉斯》[47]（另一部著名的雕版书）更早了将近二十年。

我对圣经以及祈祷书的喜爱，并不光满足于里头那些赞美诗。当然，书中的确有一些华丽的旧体赞美诗，兼具辞藻和音乐之美，不过要写出言之有物的赞美诗着实不容易。即使年纪尚属青涩的孩童时期，我就对威廉·考珀充满强烈的排斥，他以哀戚的语调谱出的《宝血活泉》[48]总教我鸡皮疙瘩掉一地。我记得有一回听到某人说他刚挖空心思写好一首挺不错的赞美诗，另一人马上反唇相讥：“我总认为全天下最没出息的文学活动就是写赞美诗。”善哉斯言！咱们还不如合唱一首艾萨克·沃茨[49]博士写的赞美诗：

◎ 艾萨克·沃茨

> 拥有悲天悯人良善好心肠
> 施同情予贫苦之人最有福；
> 他的胸臆间满是怜悯关爱
> 与古圣先贤皆能感同身受。
>
>
> 他一心一意只为实践信仰
> 心有余纵使双手力犹未逮；
> 而他，经历一场苦难灾厄，
> 方感悟天主亦有慈悲心肠。[50]

在爱德华国王的妹妹“血腥玛丽”（此妹连她老哥的残酷暴虐脾气也一并延袭下来）掌政期间，鲜少有人研读圣经。不过，等到伊丽莎白女王继位[51]，阅读圣经“巨帙”成为一件颇受鼓励的行为。不多时，另一部从欧陆进口的舶来版圣经让它原本唯我独尊的地位发生动摇。这部圣经便是“日内瓦本”，也叫做“短裤圣经”（之所以会有这个称号，乃因书中《创世记》第三章第七

◎ 玛丽一世

■ "日内瓦圣经"或称为"短裤圣经"（一五六○年版）书名页
页面上的线条乃以朱墨画出

节以"为他们自己编成'短裤'"取代原本的"围
裙"[52]）；整个伊丽莎白时代，那部圣经前后印行
了不下六次。

◎伊丽莎白一世

　　这年头，圣经教义（换句话说：彻头彻尾都
摆出一副信誓旦旦、倨傲凌人姿态的教诲、训示）
只要一摊在灼利的科学眼光下检验便显得苍白无
力了，现代人似乎很难想像，四百年前在自称受
基督教洗礼的文明国家，却有许多怀抱信仰的人
只因发出尖刻质疑（倒不是针对圣经本身，而是
冲着握有解释经文大权的人）便横受迫害甚至惨
遭杀身之祸。当时的埃克塞特主教迈尔斯·科弗达尔（我们对这位
信仰虔诚、堪为楷模的七十高龄老者着实亏欠良多）在玛丽女王血
腥狂暴的魔掌下，其主教职位不仅硬被剥夺，他老人家还不得不四
处逃亡。此人值得大家永远缅怀，身处暴政当道、浮云蔽日的时
代，他依然"无时不刻孜孜不倦毕尽全力校勘各版译文"（always
willing and ready to do his best as well in one translation as in another）。
由他挂名的一五三五年版、一五三九年的"大圣经"，以及一五六
〇年的"日内瓦圣经"等三部圣经，皆有他的心血浇灌其中。

　　当他好不容易结束海外流亡生涯返回故乡，虽然未能立即恢复
在埃克塞特的原管辖职务，但仍被委以"殉道者圣马格纳斯教堂"
（Church of St. Magnus the Martyr）的神甫一职。但是不多时，他便
撒手人寰，殓葬于伦敦的"今交易所之圣巴多罗买教堂"[53]。后来
该教堂被拆除，他的信众便将他移灵至他生前服圣职的老教堂"伦
敦桥之圣马格纳斯教堂"[54]继续供奉。最近我风闻那座教堂也即将
面临拆迁的命运：因为它坐落的位置正好阻碍了陈年古桥北端出口
的交通，但在衡量全局得失之下，或许当局会同意将它保留下来，
毕竟迈尔斯·科弗达尔的英灵正在该处安息。你现在到那儿还能看

见一块大理石碑嵌在教堂东侧墙面（距祭坛不远处），上头刻着读来颇为吃力的冗长纪念文。

历年来不断有人举出"短裤圣经"备受欢迎的诸多原因。它有个挺浪漫的诞生背景：它是宗教改革的产物，也是加尔文和诺克斯以及众多追随者忠心奉守的圣经。再加上它的开本大小适中，不但易于随身携带、价格亦不昂贵。最重要的是：它首创将经文分节（verses）处理，让读者能够轻松自在地翻查、诵读。综合以上种种因素，它遂成为当年深受寻常百姓喜爱的本子，其受欢迎程度令过去出版的任何一种版本都望尘莫及。

但是英国传教士眼见它在民间广受欢迎，心里头自然很不是滋味，决定要尽一切努力取而代之；他们的成果便是一五六八年出版的"主教圣经"（Bishop Bible）。为了要让那部圣经具备足够吸引力，他们可说是无所不用其极，除了将伊丽莎白女王的尊容印在书名页上以壮大声势之外，旁边还摆上她的谣传情夫莱斯特伯爵罗伯特·达德利[55]（那样做实在有欠高明）和她的内阁大臣伯利勋爵（Lord Burleigh）。那部圣经当年的售价约合今天的二十英镑，"主教会议"（Convocation of Bishops）还下令每位大主教、主教都应该购置"近期出版的《圣经》乙部"放在家里，甚至明文规定必须摆在大厅或餐室，如此才能够"便利仆役、访客使用"。话说回来，"主教圣经"最大的功劳，乃在于它为后来的"詹姆斯王版"铺下一道平坦的道路。

不过，让"詹姆斯王版"上场之前，我们还得先谈谈另一个重要版本：唯一一部内文完全不依据威廉·廷达尔译本的圣经——"杜埃圣经"（Douai Bible）[56]。话说当年清教徒集体流亡日内瓦，而罗马天主教徒则潜逃到法国境内的天主教城市兰斯（那批人随后又迁往杜埃，还在当地成立了一所大学）。"杜埃版"向来都被世人当做天主教徒逼迫英格兰圣公会回归罗马教廷法统的铁证[57]。《新约全书》于一五八二年在兰斯先行出版。该版本由某位颇富争议性的人

■ "主教圣经"（一五六八年版）书名页
　页面上有伊丽莎白女王肖像

士附加许多批注，并且在后来的完本的末尾还放进直接译自一六〇
九年拉丁文"俗文圣经"的经文；这项由它起头的措施后来在英国
天主教普遍接受的各版本中都依样加以保留。

还有一部可歌可泣的"糖蜜圣经"，名称得自其中那段经文
"在基列岂没有糖蜜呢？"（其他版本皆作"乳香"）[58]；也有人叫它
"葡萄醋圣经"，因为那段"葡萄园"的譬喻在书中被误植成"葡萄
醋"[59]。那部圣经乃由一个名叫约翰·巴斯克特[60]的人出版，由于
实在错误连篇，有人因此戏指该版本"错得真该百响磕头"[61]。但
是真正要命的错误还在后头呢；一六三一年印行的本子捅了个大娄
子：十戒之中的第七戒居然漏印了一个"不"（not）字，读起来成
了："汝当奸淫。"（Thou shalt commit adultery）那个版本自然旋即
遭到查禁，粗心漏植的手民（真不晓得他到底是不是故意的）则遭
到撤职查办，还被重罚三百英镑。据"佛蒙特州亨利·斯蒂文斯氏"
（此乃这位老兄惯常使用的自称）说：詹姆斯·伦诺克斯先生曾付
给他五十几尼，买下一部当时举世公认的存世孤本（现由纽约公共
图书馆收藏）；但是，当时风风光光、被吹捧上天的"孤本"，后来
又接连冒了好几部出来。帕尼泽[62]先生就曾为大英博物馆买到另一
个原本有缺页但后来补齐的本子；紧接着又陆陆续续出土，曼彻斯
特的约翰·赖兰兹[63]图书馆（专门典藏圣经善本的宝库）里头确定
也有一部，因为我上回造访该图书馆，为人一向热心大方的馆长亨
利·格皮[64]博士曾亲自将它捧出来，让我饱享眼福。

我们差点耽误了时间谈"钦定版"（不过还来得及）——
一六一一年问世的"公版"（Great He）。此书有一段颇曲折离奇又
饶富趣味的历史。

一六〇三年，伊丽莎白女王驾崩，统治苏格兰已有一段时日的
詹姆斯王（他在苏格兰的封号是：詹姆斯六世）紧跟着登基。他从
爱丁堡晋升到伦敦黄袍加身的那段路途可说是险阻重重（或至少频

生波折)。好几帮分属不同势力、各有所图的家伙
纷纷跳出来凑热闹;其中包括一干动歪脑筋等不
及要篡改《祈祷书》的人。清教徒打的如意算盘
是:由于新国王从小一直置身在苏格兰长老教派
的严密掌控之中,他必定乐于进行他们认为十分
迫切的教会仪式改革。而另一方面,罗马天主教
徒则希望新王能够更有担当,正视国家长年偏离
法统(即宗教分裂前信奉的那一套)的严重错误。
左有加尔文教派催赶,右有罗马教派拉扯,被包
夹在当中的詹姆斯私下忖思:与其立刻表态投靠
英格兰圣公会阵营,不如先让清教徒发发牢骚来

◎ 詹姆斯一世

得有利。由于察觉一场宗教火拼即将爆发,他见猎心喜(一如历代
缺德君王),立即召集各派人马齐聚汉普顿宫,开会研议《祈祷书》
篡修方案,他自己则扮和事佬作壁上观。

虽然该次会议的决议只造成《公祷书》几处可有可无的小修
改,但一场会议开下来,还是让国王(照他自己的说法)逮到机会
得以服服帖帖地"呛住那些清教徒们"(pepper the Puritans)。接着,
或许因为背上的芒刺业已拔除,他便宽宏大量地接受其中一位带头
的清教徒约翰·雷诺兹[65](当时地位崇高、通晓多国语言的牛津圣
体学院 [Corpus Christi College] 校长)的提议:陛下龙威浩瀚,当嘱
令编修新版圣经,以便与通行于先王亨利八世、伊丽莎白女王等朝
各种舛误、未能忠于原典之版本较量拼搏。于是,为了责成此事,
詹姆斯王又御令召开另一回合的专案会议。

新版本的编制工作恰巧碰上天时地利人和:英国语文已不如前
代频有阙陋而趋于稳定;口语白话放诸各地皆能畅通无阻;同时其
辞藻语汇亦已却除原本的陈腐老套。我们只要拿出那部圣经和比它
早几年的版本相互比对一下,就能轻易发现它有令人十分惊讶的长

足改进。而担任该次翻译工作的人士已不光只是学者；他们简直就是艺术家，其造句遣词就像常人开口说话一般行云流水宛如琴瑟和鸣（只是他们以巧手弹奏的乐器叫做“英国语文”）。他们不单只会“觅得”（我这里当然不能用“找到”这么稀松寻常的字眼）好字妙词，由于那批人对于原典经文的意义早有通透理解，方能投注极大的精神斤斤计较每个字词的节奏、音律。不但历代高人能士均未达到同等的成绩；那般兢兢业业、踏踏实实的工作方式，即便后代也肯定干不出来。就一部卷帙无比浩繁的书来说，居然能够做到如此精准确实的地步，且历时两个半世纪仍能保持独尊地位于不坠，实在相当了不起。

一般人往往忽略英王詹姆斯一世本身也是个书呆子；他是书呆子应殆无疑义，但他不仅止于此；若非他贵为一国之君，他应该会成为一位学者，而除非我全盘误解了这段以他为名的新版圣经的纂修历史，否则整项工程的确是由他大力推动且一手擘划，指挥、掌管在他底下效命的好几批学者通力完成。

但是编制新版本的原始构想并非来自国王；那项工作甚至从未得到他、国会或任何一位主教，甚至某个地方教士的正式授权。此外，以现在所知的史实来看，国王对此项大业不曾挹注过任何经费：苏格兰佬果真一毛不拔。那部新版圣经在许多方面的确都与当年《道威斯报告》*[66]的情形颇为神似。大家全都心知肚明：所谓的《道威斯报告》实际上是美国政府在背后策动，然而参议院里头的应声虫们却完全找不到把柄加以否决，因为它既没有任何来自官方的台面上授权，实际作出报告的人也压根没拿过半毛钱公帑。

一等“汉普顿宫会议”作成决议，国王便火速召集英国境内所有的顶尖学者——唯一被排除在名单之外的是某位以忒爱找人吵架

＊注：事实上，该报告是由纽约市的欧文·D. 扬[67]先生执笔。

出了名的家伙——并御令他们即刻着手展开新译本的编制工作。为了让所有人都能彻底明了自己被分配的工作内容，每名参与工作的成员都领到一套完整的作业守则，用来参照遵行以便顺利执行任务。原本总共来了五十四个人，但不晓得怎么搞的，过程中人数逐渐递减，我们现在所能掌握到的名单只有四十七人的名字。审订工作分成六个小组：两组人在牛津进行工作；两组在剑桥；另外两组则待在威斯敏斯特（Westminster）。每当其中某一组完成被指派的部分工作，便递交五份誊本给其他五组进行评鉴。如此一来，每个人的知识便可以与其他所有成员交流分享，整个工作流程就那么一路保持既分工也合作、有竞争又平等的进行模式。

该书前面有一篇洋洋洒洒、文情并茂的序文，清清楚楚地交代了翻译成员的努力成果及意图。他们原本"从未存心非做出一部全新的译本不可，也不想交出一部差强人意的本子，只发愿要作出犹胜以往的版本，至少要比过去的各优秀版本更胜一筹，以期使它成为正宗定本"，他们也不至于"不屑参酌前人的译作与见解"（不论哪一种语文版本），亦毫不迟疑地"反复推敲、一再锤炼"；他们"无惧怒责斥骂放慢脚步、不因贪图褒扬而仓促成章"而始终坚持"天下绝无一下笔写就即臻近完美"并相信再三字斟句酌才可以写出最好的文章[68]。秉持如此令人佩服的精神、耗时将近四年工夫，"钦定版"圣经终于呈现在大众面前。

"好不容易，"我姑且引用"老富勒"（Old Fuller）所言，"历经万众翘首引颈多年，此热望殷盼终得回报，圣经新约全书之全新译本如今堂堂问世，精挑细选、专心衔命负责编纂之能士贤人，诚惶诚恐、唯恐工作不力庸扰他人；念兹在兹，深怕稍有阙漏顿成憾事。"[69]

刚开始，那部圣经——就像所有伟大的巨著甫问世时一样——完全没得到外界的任何回响。还好当局亦无意施加压力强迫已看惯了"加尔文圣经"（即"短裤圣经"）的大众接纳它。直到后来，新版本才凭借其简洁的内容、优美的文笔，以极缓慢的速度（而不是一下子）取代了其他所有版本，要是官方一开始就将它奉为"指定读本"硬性规定大家阅读，反而会适得其反，害它迅速被人民唾弃，三两下就白白断送了生路。詹姆斯一世原本就不是个深受爱戴的君王，要是他当时把心一横，下道圣旨，规定每个人都得改读那部由他挂名的新版圣经，岂不正好又多揽了个"揠苗助长"的历史臭名。在此之前，人们本来习惯在教堂、家中分别使用不同版本的圣经，打从那会儿起，所有宗派、每个阶级皆不约而同接纳同一种版本。圣经不再被当成各个不同教派用来互相攻讦的工具，在它的每个差别字词上大做文章的情形也不复见。由此观之，"詹姆斯王版"正是平息政教纷争、统一整个国家的最大功臣。

行文至此，我们不妨停下脚步，稍稍揣摩一下圣经对于十七世纪读者的意义。阅读圣经原本被列为特权，屡屡将平民百姓摒除在外。亨利八世主政期间甚至明令限制，只允许王公贵族可以阅读圣经；任何匠人（无论学徒抑或师傅）、仆役、工奴或平民妇女，若胆敢逾越身份擅自翻读圣经，必将遭受监禁一个月的刑罚。还有比这种手段能更稳当地保障特定读者的吗？接着，圣经彻头彻尾被视为"神的道"（the Word of God），每个字词皆神圣不容侵犯；"太初有道，道与神同在，道就是神。"[70] 斩钉截铁印在白纸黑字上；还有什么能比这更明白、更清楚呢？谁要是胆敢稍露冒犯、略表质疑，铁定会被扣上一顶魔鬼同路人的大帽子。

姑且想像一下这会儿仍然是一六一一年，"童贞女王"[71] 虽然已成昨日黄花，但是她所开创的壮阔波澜仍未随之消逝。英国正值百家争鸣、百花齐放的鼎盛时期。莎士比亚尚且在世（虽然严格说来他已经退出文坛，赋归斯特拉特福德[72] 颐养晚年去了）；而培根犹著述不懈，《学问进阶》[73] 业已问世，刻正埋首笔耕《新工具》[74]。他的后世弟子咸称他与新版圣经的关系密不可分，此种说法的可信度颇

高，因为他是当时全英国最有学问的人。他们还信誓旦旦举出一个
铁证（姑且就当它是铁证吧）：《诗篇》第四十六篇从头算起第四十六
个字是"颤抖"（Shake），从后头算过来第四十六个字则是"枪矛"
（speare）[75]，他们言之凿凿：那道玄机便是培根故意安排的。当然，
说穿了那无非只是个巧合，因为早在培根出生前几年，某部印行于
一五三九年的本子上就出现过一模一样的编写方式了。本·琼生此时
名声已如日中天。德克和马斯顿（后者兼具教士与剧作家的身份）、
韦伯斯特与马辛杰、博蒙特和弗莱彻[76]依然活跃于文坛，皆各自为
璀璨辉煌的玩意儿（吾人名之曰"英文文学"）作出卓越贡献。另一
方面，整个世界正蓄势待发：文艺复兴方兴未艾，帝国主义蠢蠢欲
动；英国国力正炽，其舰队横扫四海；德雷克的航迹遍及全球；一
名布里斯托籍的水手罗伯特·索恩[77]一语道尽所有人的心声："大英
健儿无疆不能征，七海皆可航。"[78]君不见约翰·史密斯[79]船长西出
阳关，渡海建立了弗吉尼亚殖民地，其所凭借的正是这股蛮劲儿。

　　十七世纪伊始，宗教与政治之间的界线尚未明确划分（恰似
分隔南北两半球、只能靠揣摩想像的虚拟赤道线），其关系之密不
可分就如同海盗船之于海盗（对伟大的探险家就更不用说了）。要
牢牢巩固整个帝国（盖英国早在狄斯累里正式周告世人[80]之前即
俨然一副帝国姿态）唯有倚仗浅显简白、文义共通、人人皆懂且
能够用以治学的语文。此部不折不扣的"经典"——"钦定版圣
经"——正足以担负此项重责大任。这部英文圣经的影响力诚可谓
空前绝后。它对于散文的厥伟贡献犹如莎士比亚第一对开本之于
韵诗，然而前者的历史更为悠久、地位更形崇高、成就亦更加恢
宏长远。诗词仅不过陶冶吾人一己之性灵，散文的影响力却能泽
被全世界。这部圣经不仅形塑了我们的语言，更形塑了所有使用
此种语文的人。没听说过哪部法文版、西班牙文版或意大利文版
圣经能具备这般功效；虽然，历史上的确出现过一部德文的《路

◎（上）弗朗西斯·博蒙特
◎（下）约翰·弗莱彻

德圣经》，但它也只局限于某个自外于广大德国民众的特殊教派内部流通，一旦离开那个小圈子，它便几乎等于不曾存在。

　　历代以来，许多人为了获取阅读圣经的权利而壮烈捐躯，他们随时准备抛头颅、洒热血，因为一旦阅读圣经能够普及，即代表阶级平等的实现。不管男女无不深深吸收书中每个字的启迪。他们频频勤翻《旧约》、《新约》，直到无比简洁、优美的文句屡屡自动展页。无比舒缓性灵、抚慰人心的经义尽在字里行间！在那个遥远的古老年代，所有的人都是"基本教义派"；换句话说，他们皆全心全意地由衷信仰且无怨无悔。对前人来说，外在的现实世界就像一只牡蛎，必须持一把利剑始能剖开，但是这个牡蛎仍有许多秘密犹待诉说，现在该是咱们回头探究的时候了。瓦尔特·惠特曼说的好：

　　　　出帆向前航！驶往那极深邃的海域，

　　　　不惧危险之灵魂探索啊，我同你同舟共济，

　　　　因我们紧紧相系只为深入那行船人未敢近身之处，

　　　　而我们无视船身倾覆之危、罔顾个人灾厄、不顾一切。[81]

　　《创世记》第一章对于开天辟地的精彩描述，如今在科学的犀利强光照射之下已渐渐站不住脚；但是宗教人士（为数甚伙）却依然死命紧抱溃不成军的信仰，傻乎乎地企图力挽狂澜。他们不思坦率宣称：圣经经文乃文艺产物，岂能斤斤于咬文嚼字；科学是一回事，而宗教——即用以导引人心、端正风气也者——则是另外一回事；反而兀自陷在那些迷糊账里头和科学家死缠滥打，依旧一口咬定句句经文皆为真理，神就是道路云云。到头来自然是狼狈败北，还连带引出一批无耻鼠辈，好比已故的罗伯特·G. 英格索尔[82]，此君以到处宣讲"摩西的罪状"（Mistakes of Moses）为职志，打算用低俗的插科打诨破除迷信。托马斯·赫胥黎[83]可不像他那么缺德，你听听他怎么描述"詹姆斯王版圣经"：

> 君不见斑斑史迹皆为明证，此部历时三世纪的经典，将英国史中最崇高、极美好的精华尽收于斯；君不见此书已俨然成为大英民族的史诗，不仅家喻户晓，更是脍炙人口，从蕞尔海隅远播遥广地疆，一如昔日塔索[84]、但丁[85]之功在意大利；君不见其用字遣词皆属至典雅、极精纯之英文，融以高妙的文学笔法；最后，君不见它令世居穷乡僻壤未曾远游之村夫农妇脱去懵昧，不再浑然不知世上尚有其他国度、另种文明，亦从此通晓历史最久远之文明古国的悠遥历程。[86]

反而咱们自己人却鲜少——或不够死心塌地——欣赏英国语文（一种服膺文学而非科学的语文），吝于给予它尊贵地位的崇高评价。连不可理喻的德国佬都懂得竭尽所能不断阐扬其母语的优越性，咱们却一再忽略自己有幸拥有莎士比亚赖以诉说衷曲、"詹姆斯王圣经"所使用的语文。

我们注定生活在一个快速变迁的关键年代，一个证明圣经中的许多陈述均属无稽的年代。科学领域的长足发展早已摧毁了父祖辈对于上帝的信仰，连吾人日常生活举止也不再凡事依循耶稣的教诲。就算咱们掩耳盗铃，无视今人早已荒废圣经的事实亦无济于事，区区数代以前，圣经尚能以其睿智、优美、颠扑不破的真理，得到世人普遍给予它应得的关注。咸称这一代的年轻人自幼便对这部伟大的经典极度轻忽，我不但同意且深感惋惜。疑神论先驱伏尔泰曾说过一句至理名言："倘若上帝不存在，我们也应该自行创造出一个来。"[87]一语道破人类自开天辟地以来始终未曾停歇的行为——凭自己的想像创造上帝。

我不在乎您的信仰为何——那不是藏书家该管的事；至于我

个人而言，我发现圣经也不是所有的内容都具备同等价值；有的部分过于琐碎、有的太老套过时、有的则偏激荒唐。想必就算以罗马天主教廷的立场也不得不说：整部圣经并非从头到尾都值得一读；然而率尔删改某些部分却难免牵一发而动全身；我最想读的是被删掉的经文，而不是经过加油添醋的段落。于此，我完全赞同托马斯·杰斐逊[88]（各位想必还记得，此君曾自行编制专供他个人使用的圣经，世称"杰斐逊圣经"，但他自己叫它"拿撒勒耶稣的行谊与德懿"），他自行摘录《四福音书》[89]经文，以四种不同文字（希腊文、拉丁文、法文和英文）改写耶稣的教诲。当他提及此书（手稿现藏华盛顿的史密森学会，几个月前我才刚去瞻仰过）时，曾自诩："余所未见其他道德训示能如此优美典雅、微言大义，亲手志之正足以证明吾乃堂堂虔诚基督徒，亦即，耶稣信徒也。"[90]

这种人实在太少了——正是因为太多像咱们这种货色的人凭空搞出一大堆笺传、训诂、注疏等劳什子玩意，才导致整个基督教深陷声名狼藉的处境。以圣经作为根源的基督信仰，其信条不仅能够适应一千八百年前即已存在的社会，亦可切合今日现存的社会，更能在世界往前迈进的过程当中，为吾人指引出一个理想的方向。它始终不曾大张旗鼓（尤其是对于所有视基督信仰为奇耻大辱的人来说）。如今基督信仰的势力远比其他任何教派都要来得更大：基督信仰创造了"山边宝训"[91]；创造了"亚大纳西信经"（其大意姑且可以一语道尽："凡一切奥义皆受吾全心信仰，愈是深奥不可解，吾信之尤深。"狄斯累里曾说此乃有史以来天才所能创作最壮丽辉煌的教会诗歌。我个人却认为恐怖透顶）。我诚心祈望"异端"审判能消弭于无形——一群位高权重的老头身不由己地役使一批卫道人士（多么教人沾沾自喜的字眼！）戕害另一群老头——堪称历史上最惨绝人寰的荒唐闹剧。当然啦，这年头咱们已不再像从前那样，动不动就把他们送入火堆或剁掉脑袋；咱们顶多只会将他们

"谪为平民"，教他们伤心欲绝罢了。虽然不能不说有进步，但仍嫌不够；这个世界进步得太慢了。

　　不久前，当我在一家书店里头翻读圣经的时候，一位女士劈头问我："你是基本教义派（fundamentalist）还是维新派（modernist）？"我晓得，最好不要随便响应这种摆明找人抬杠的唐突问题，因为一旦我乖乖照实回答，不仅有自贬身价的危险，还会陷自己于不义。我隐约记得有句经文：字句令之死而圣灵欲其生[92]，讲的就是这回事。不幸得很，我这人一向倾向乐于相信唯有诗人才能拯救我们，靠传教士是万万没指望的。传教士与律师就像打古罗马时代来的江湖术士，根本休想丝毫打动我。

　　有时候光靠冥想，思绪就能像翻筋斗云一般蹦到十万八千里远。我们不妨再次揣摩一下，此刻咱们正置身于一六一一年，"钦定版圣经"刚出版那会儿吧。我们先把那本书捧在手上好好地检视一番。这是一部大书，再借用老富勒的说法——"有史以来印得最漂亮的书"；原始手稿极可能已悉数毁于祝融[93]。该书的印刷工罗伯特·巴克[94]承印圣经的经验颇为丰富，我们在好几种前出版本上头都能找到由他挂名的版行标示。罗伯特·巴克死后，其子马修在一桩版权官司中声称他的父亲先前已付出三千五百英镑买断印制版权，因此，该项权利顺理成章应该由他继承。但是不晓得出了什么岔子，没有人知道到底是谁拿了那笔钱；可以肯定的是：没有半毛进到翻译者的口袋里，而且，虽然巴克生前贵为"御前印工"，手中也握有好几部书的专印权，但是他的晚景颇为凄凉，不但经济陷入绝境，还被囚禁在"王座监狱"（King's Bench Prison）里头，直到去世为止都没被放出来。

◎王座监狱入口，Tho. H. Shepherd 绘，J. Garner 版刻

　　那部圣经的初印本目前非常稀罕；想买到一部完美无瑕、干净如新的首刷本根本就是痴人说梦话。我的手上有一封 E. H. 德林先生（夸里奇书

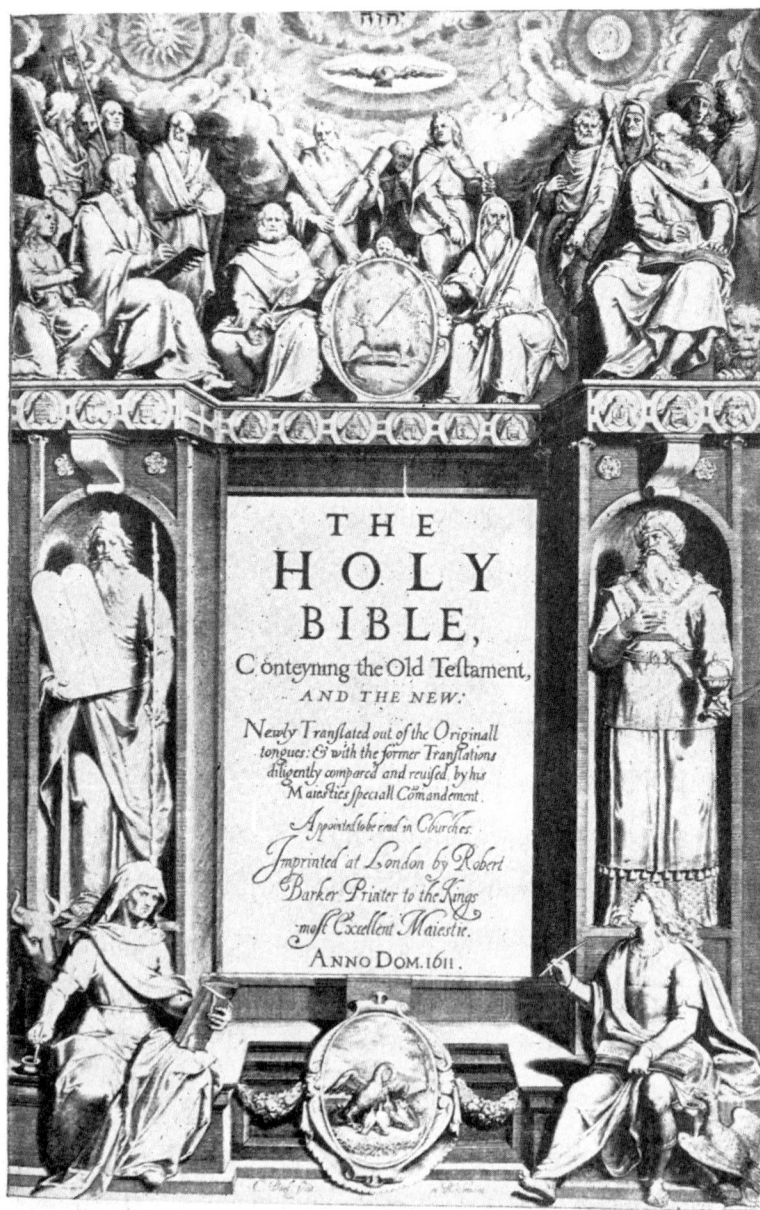

■ 举世最伟大的书——"公版"圣经（一六一一年版）的雕刻书名页

店）[95] 的来函，多年以来他一直殚精竭虑寻觅此书。他在这封回复给我的信中写道：就记忆所及，他从未经眼过任何一部，对于购藏此书已万念俱灰云云。真多亏他就此罢手，我才有机会侥幸买到这几年来市场上仅见的一部绝佳善本。此书经过弗朗西斯·弗莱[96]（英国布里斯托有钱的贵格教派老绅士）的精心校勘修缮，此君耗费毕生大量时光研究圣经版本（多有意思的课题哪）。这个本子里头夹着一份他亲笔写的提要手稿，声称此本乃书品干净、端正之旧式装帧。弗莱在提要中还写道："经余逐叶细审，确认此本乃正宗首版首刷无疑，诚属琳琅满目各版圣经中之佳椠罕本也。内附书名页、精绘地图各一帧。"[97]

购买原版"詹姆斯王钦定版圣经"时，必须先把里头各个"版记"一一找出来。该书原本有两款书名页，出版年份皆标明一六一一年。一款以铜雕版印制，另一款则是以木刻图框再套印文字于版心；其中以铜雕版书名页的本子较佳。此外，还得留意《出埃及记》第十四章第十节必须有三道重复丝栏。同时还要确定你掌握了该本的"血统证明"[98]（其血统必然无甚可观），特别仔细查验迦南地（the land of Canaan）的地图底下是否印有"约翰·莫尔（John More）先生起草，约翰·斯皮德[99]成图"这么一行字。那幅地图可说是当年绘图技术的登峰造极之作。图上一一标出数字，方便读者对照旁边详实胪列的圣经大事表，重要事件的发生地点均可一目了然，举例来说：上头居然连大卫撂倒巨人的地点都找得到，更令人拍案叫绝的是，莫名其妙被放逐的约拿（Jonah）的船和将他一口囫囵吞下肚的鲸鱼也都在上头。乖乖，"埃及"（Aegiptian）海果真处处伏海妖。这些加油添醋的细节均已远远超出圣经内容所述及的情节，但是由于斯皮德有"直达天听"的本事，领有懿旨得以安插那些图样，让每部大纸版得以额外多收两先令、中型版十八便士、小纸版则多一先令。

且慢付钱，最要紧的版记我搁在后头还没告诉大家呢。该书

■ "母版"圣经（一六一一年版）的书名页。外国框饰边印制数种 "公版" 圣经的首版先后刷印两次，依序分别称为"公版"与"母版"（Great She），两者之间的差别在于《路得记》第三章第十五节的最后一句，前一刷是："他秤了五石大麦……他便进城去了。"后刷本的末行则印成："……她便进城去了。"[100] 比对两者的字间，前刷本分明是故意漏植"S"字母。这也就难怪各公私立博物馆、图书馆和一大票收藏家全都有志一同，纷纷争相竞逐"公版"抢破头了。

"未曾有如此重要非凡的文学建树却那般备受冷落忽视。"（Never was so important a literary enterprise carried out with so little record thereof.）它始终未能——依照以往的惯例——入藏"文林阁"（Stationers' Hall），因而也无从得知确切的出版月份。据后世推测，当时应为两家不同印刷坊承揽印制作业（从印刷错误互有参差即可看出）。那部圣经还印行了大纸版——部分人士宣称其印量高达两万本；假如此说成立的话，那些书到底全到哪里去了？答案很简单：一部大纸版，如果老是被搬来拿去的话，几乎无可幸免不是缺了前叶就是少了后叶（要不然就是前后叶一块儿全掉了）。圣经的首刷本只有极少数本子流入大户人家，大部分还是由各教区教会收存，以方便让所有人都能看得到，这样的结果便是无比频繁地被翻阅，就算没五马分尸大概也会遍体鳞伤。一部圣经摆在乡下教会讲台旁供大家翻阅，其下场如何大家可想而知。年复一年，书叶开始松脱，最后终于和书体分家，本来那些内叶还被小心翼翼地保管下来，只要一看到地板上有从书上掉下来的纸叶，就会有人将它们一一捡起移往别处收存。最后那些内叶还是全不见了；反正，剩下的部分还有那么多——谁有闲工夫看书名页来着？就那么丢三落四地经过一两个世纪，老朽的圣经也差不多可以功成身退了，更崭新易读的新版本就此登堂入室取而代之。

接下来或许该来谈谈在美洲印制的圣经了，我不妨就以开山鼻祖"艾略特圣经"起头吧。那部首度在本土（即现在的美国）印制、特地印来供印地安人使用的圣经，原本有个没人晓得该怎么念的书名。此书于一六六一年在马萨诸塞州剑桥出版。此外，克里斯托弗·索尔[101]则于一七四三在宾夕法尼亚州的日耳曼镇印出德文圣经。当时，母国始终不允许殖民地自行印制英文圣经：上头严格规定每本圣经都必须从英国真品输入，三令五申的结果，反而图利了一门高利润的生意——自欧陆（尤以荷兰为其大宗）走私英文圣经。

　　独立战争期间，圣经——一如其他许多东西——成了稀罕的玩意儿。战争末期，已渡海来美约十五载，并且在费城经营书籍买卖、出版、装订生意的苏格兰人罗伯特·艾特肯[102]，觉得在国内印制英文圣经的时机已臻成熟。他向国会递交一份出版提案，一收到艾特肯呈报上来的案子，国会旋即召开审查会，经过一番讨论之后，作出以下决议：

>　　本案议决通过；经美利坚合众国国会召开会议并经过表决，责成罗伯特·艾特肯先生进行此一虔诚且值得嘉许之任务，以昭吾人崇神敬天之美意，且促进我国印刷技艺之提升，并于工作执行期间，供应渠一切资金所需，此版圣经将由各席郑重推荐给美利坚合众国住民，本会特授权渠以妥适方法不日遂行此案。

　　就那么着，艾特肯先生着手印制作业，不久之后他印出一部小不拉叽的书——开本大小为：六英寸高三英寸半宽，书名页上还大喇喇地印着宾夕法尼亚州的州徽。此时有人建议政府应该设法让每名准备解甲归田的军人都能人手一部，华盛顿乍闻此建议大表赞同。但此事在国会反复辩论迟迟犹疑不决；而阿兵哥们个个归心似箭，一直等到大伙儿纷纷作鸟兽散——战士授书案依旧悬宕未成，一片美意终成一场空谈。当年国会的议事效率简直跟今儿个没啥两样。我手边恰有一封华盛顿的亲笔函，当中有一段

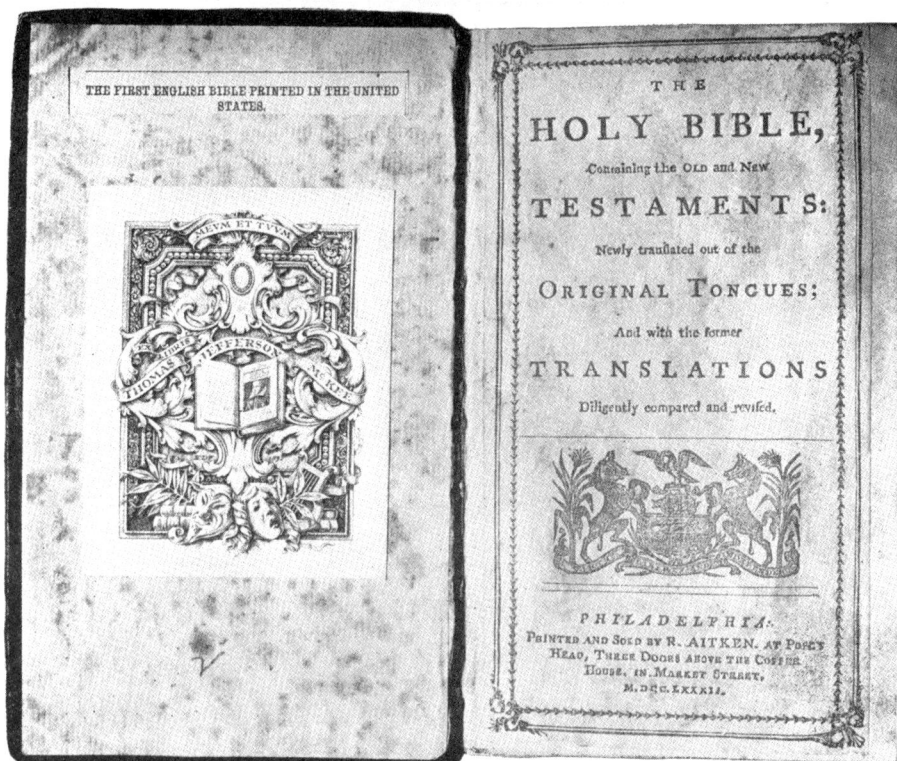

提及此事，我将它迻录如下：

> 台端对于艾肯（原信笔误[103]）先生《圣经》之相关提议若
> 能更早提出，必可获在下之高度关切。然因国会作成解散军部
> 之决议，为数三分之二的军人业已遣返复员，如今此一美意为
> 时晚矣。倘国会当初能速纳雅言，及时以此厚礼——致赠我英
> 勇袍泽子弟，以志其保国卫民之丰功伟业，余岂不大快哉。

"艾特肯圣经"问世之后，不仅获得前所未有的极高赞扬，但
它所遭受（来自各方面）的非难也比以往诸本来得更多；即便那
些中伤诋毁对它造成的伤害不可谓不大，但我们仍不可因而抹杀它
当年的确带给咱们老祖宗们阅读上的极大满足。各位必须留意，那

些经文（《新约》、《旧约》皆然）的译文源头，就算不是断简残篇、
也八成都是七零八落；如果你还记得若干年前咱们见过的那些照片
的话，上头那十几二十张脸三不五时就来个东拼西凑、移花接木，
那你就不难明白多处论及过往宗教派系倾轧的段落何以如此语焉不
详了。据说，希伯来文《旧约》译成英文后成绩颇不恶，但是自
希腊文迻译的《新约》（基于某种原因）则没那么理想。没有任何
一个译文能让所有学者一致满意；这本着重义，那本则以音韵见
长。许多原始经文根本找不到意义相符的英文加以对应，于是只能
勉强以意思差不多的字词充数；何况大家可别忘了，我们眼前面对
的作品，乃是出自一票天马行空的作者、诗人，同时也是先知、哲
学家、历史学家与传道人之手。不过，导致咱们圣经谬误的主要原
因或许来自：某位翻译者或抄经人擅自加油添醋，把自己的观点、
批注，甚至褒贬一股脑儿全写进稿纸里头，加上后来的抄写者未能
明察，不分青红皂白将它们当成正文一再传抄；这便足以简单地说
明，何以细心的读者会被里头一大堆前后矛盾的内容搞得一个头两
个大了。

我国一代鸿儒，已故的莫里斯·贾斯特罗，曾于他的著作《诺
诺犬儒》（此乃他对《传道书》的戏称）中十分精准地一一指出那
些谬误的出处、源由。试想：当某位父亲打算从中挑出一句合适的
话来教导儿子走上正途，结果他对儿子念出第十二章开头掷地有声
的那句："汝当趁年幼记念造你的主。"要是有哪个好心人能事先告
诉他，其实那一章的真正含义是："能吃就吃、有得喝快喝、及时
行乐，因为一切的一切，不折不扣，全是虚空，俱为捕风。"（Eat,
drink, and be merry, for verily all is vanity and vexation of spirit.）[104]
他不就可以及时避开阴沟里翻船的麻烦吗？

盖传道书行文用语优美如诗，恰如奥玛尔之《鲁拜集》，令虔
诚教徒、昏庸犬儒皆不约而同铭记在心，一打开书本就仿佛不由自

主听见琴音飘送，一不小心便会沉迷于其旋律而忽略其意涵。我猜想，我的朋友，旧金山的亨利·纳什[105]（我国的伟大印刷工）八成就是基于同样的心态，才会干脆亲手制作出我生平见过最美的一册圣经，他曾说："我以双手一一组排铅字成书，无非只为一己之娱。"整部圣经里头提及"面包"一词，前前后后不下两三百回，可是谁会想知道，其实那年头（不论《新约》或《旧约》写就的年代）哪来这个字眼呢？或者，又有谁会在乎那段"恶人的灯必将熄灭。"[106]能否再修改得更对劲些？哪个人又因为《主祷文》被偷偷动过了手脚[107]而到处哭爷爷告奶奶啦？

难不成，连那段描写亚当、夏娃创生的美妙传说，发生地点"伊甸园"（the Garden of Eden）也要改成"公园"（！）；或者，将诺亚逃避毁天灭地的大洪水时所乘的"一只歌斐木造方舟"改为"一艘画舫"，然后"里里外外抹上松香"[108]，好让大家更加信服吗？

今（一九二五）年适逢"廷达尔圣经"问世四百周年，我们正准备大张旗鼓地欢庆，各界莫不以大量印行新版圣经、发表连篇研究论文等热闹的活动来纪念这个日子，但是我对其中绝大部分活动内容却颇不以为然。我景仰圣经的程度绝对比得过任何人；说真格的，正因为我对圣经如此尊崇有加，才会不甘就此忍气吞声。一心一意致力于"译笔之精益求精"的众多人士，老是在细枝末节上头猛钻牛角尖，却平白放任原有的文采大量流失，这些行径在在都罪无可逭。科学家、学者们只要一个不小心，便极有可能摧毁咱们对于某一句曾令列祖列宗喜乐平安的经文的信仰，可是，面对处心积虑打算借通俗语文让圣经"大众化"的一帮人，我们还有什么话好说的呢？某节经文竟把莎乐美（Salome）形容为"一名舞姿无比曼妙、优雅的年轻女郎"。圣路加头一章那首原本绝佳的"尊主颂"（Magnificant）居然被改成："我的灵带着无比虔诚景仰我的造物主，而我谨带着狂喜倾尽全力欢庆主上的恩泽，志其纤尊降贵眷

■ 针绣装帧的绝佳范例
詹姆斯一世时期臻于巅峰的一项英国手艺。原尺寸为九英寸宽十三英寸高，上下两面与书背皆有绣饰

顾我贫乏、蔽陋卑职之显赫德懿。"（My soul with reverence adores my Creator, and all my faculties with transport join in celebrating the goodness of God, who hath in so signal a manner condescended to regard my poor and humble station.）[109]

我们从以扫拿名分换"一碗燕麦粥"的典故归结出一句成语[110]——相对的，就像"拿伯的葡萄园"——其背后乃凝聚了咱们文学遗产之中何其漫长的历程。竟然有人会比较喜欢"让我尝一口搁在那儿的红豆糊。"此等智商真教人不寒而栗。（奇怪得很，"一碗粥"这个词儿倒是从未出现在任何版本的圣经经文之中。它来自一五三七年版"马修圣经"某章节的标题，亦出现在一五三九年版的"大圣经"以及后来出版的数种版本里头。）

看官！你不妨试着背诵《诗篇》第二十三篇，要是你背不出来，赶紧叫人把你的圣经拿出来念给你听。如果你无法感受它的优美，那你合着该去看精神科大夫了。你且再听听以下这段依莫法特[111]大博士建议改良过的句子：

有上帝引领我，我无任何匮乏；
它令我静卧翠绿草地，
它带领我至清澈甘泉，
且赐我以重生。
它指引我以真理道路，
而它自身即为真理。
我的道路或将穿越阴暗幽谷，
但我无惧伤损，只因有汝伴我一路相随；
汝之法竿、汝之权仗，皆赐予我勇气。[112]

好个"阴暗的幽谷"！到底是哪位智者说过："当心浑然不知误入头

◎一八四八年七月十九日
伊丽莎白·凯迪·斯
坦顿在 Seneca Falls 的
Wesleyan 循道宗礼拜
堂进行美国首度的倡导
女权演说

韵圈套欤"？莫大博士果真乱了方寸，应了那句：学问过大反令智昏。[113]

这年头女权高涨，催生女性适用圣经的呼声自然乃势所难免。伊丽莎白·凯迪·斯坦顿[114]的心底显然早就萌生这个念头。这位女士组织了一支为数二十三人的娘子军，而且，您瞧瞧喂，菲比·哈纳福德[115]牧师还名列最前头哩，她在一本掷地有声的小册子（于一八九七年在纽约出版，我手上这会儿正拿着一册第三版）里头，号召麾下每名成员都去买一部圣经，将内文中所有提及女人的段落（从《创世记》起一直到《启示录》为止）一一标示出来；再将那些段落裁剪下来，贴到空白的簿子上，然后在每段经文下头逐一改正、批注。

或许大家会对她们的举动一笑置之（就算咱们国人同胞没那么缺德，至少在英国，无论一般社会或宗教领域，女性的权利无不处处遭到非常卑劣的歧视），但是我在此必须为她们讲几句公道话。实际上，数世纪以来，女人压根不曾尝过一丝一毫男人们自认为天经地义、理所当然的权力。她只要一嫁为人妇便只能以夫为贵：成了他的财产、成了他的牲口；而她的财产，也从此全归他所有。为人妻子的三从四德并非空口白话，圣保罗（Saint Paul）之所以能够如此严词厉色、颐指气使地指着太太说出——"破瓢烂盆"[116]——这种重话，乃是因为圣典（Holy Writ）里头早就把女人家合该遵守、奉行的事项写得明明白白、清清楚楚呢。她们被殷殷告诫：应对丈夫恭驯，凡事须景仰、服从他，盖丈夫乃妻子的主子，"正如同"基督为全体教徒的主子一样。那些文句如今听起来实在颇为粗鲁霸道；说真格的，要求女人对成天喝得烂醉、一回到家还要拿她痛揍一顿的男人百依百顺，也实在太强人所难了（直到今天，英国的法律还明文保障男人有"以粗细不超过大拇指的棍子调教妻子"的权利，有事没事揍揍老婆打发时间，方便得很）。

我再举一部"臭虫"圣经——此浑号的由来是：该版本把《诗

...bunge vs to God, and was kylled, as per-
teininge to the fleshe; but was quickened in
the spirite.

⊳ In which spirite, he also wente and prea-
ched vnto the spirites that were in prison,
which were in tyme passed disobedient, when
the longe sufferinge of God abode excedinge
pacientlp in y dapes of Noe, whyle the arcke
was a preparing wherin fewe (that is to saie
viij. soules) were saued by water, which signi-
fyeth. c. baptisme that nowe saueth vs, not y
puttinge awaye of the fylth of the fleshe, but
in that a good conscience consenteth to God,'
by the resurreccion of Jesus Christe, whyche
is on the right hande of God, ⸺and is gone
into heauen, aungelles, power, and mighte,
subdued vnto him.

Gene. vi. b
Mat. xxiiij. d
Luc. xvij. f

The notes.

To dwell w̄ a wyfe accordinge to knowledge.

a. He dwelleth wyth his wyfe accordinge to
knowledge, that taketh her as a necessarye
healper, and not as a bonde seruaunte or a
bonde slaue. And yf she be not obedient and
healpfull vnto hym, endeuoureth to beate the
feare of God into her heade, that therby she
maye be compelled to learne her duitie and
do it. But chiefely he muste be ware that he
halte not in anye parte of his duitie to her
warde. For his euill exemple, shall destroye
more then al the instruccios he can geue, shall
edifie.

To geue ho-nour to the wyfe.

b. Erasmus in his annotacions, noteth out of
Sainct Jerome, that this honoure is not the
bowynge wyth the knees, nother the decking
wyth gold and preciouse stones, neither yet
the setting of the in the vpper seates & high-

■ 某初期圣经的页面局部
　此图显示出一则"注释"多么容易和内文混淆在一起难分难解，这种情形屡见不鲜

篇》中那句脍炙人口的"你必不怕黑夜的惊骇。"译成:"汝必无须畏惧黑夜臭虫。"[117]——里头的一则注解竟然如此写道(而且不是列在页尾,也不是印在栏边,而是以内文字体和正文排在一起):女人倘若对夫婿"不乖巧听话、没勤快俐落",他便可运用一切手段"将敬畏上帝的念头揍进她的脑袋里。"[118]这年头动不动就撂这种狠话(恐怕只有街上的混混嘴巴里能够吐出那些字眼)的家伙,恐怕还不晓得早在一五四九年版的圣经里头,就已经好端端地印着一道注解给他们当靠山了。

我在前头向各位说明过:那些前后矛盾不一、语意含糊不清的段落,如何被头脑简单或粗枝大叶的抄写员糊里糊涂、不费吹灰之力挟带进内文之中,长久以来屡屡成为诵读经文的绊脚石。既然如此,眼见进步妇女挺身反抗充满大男人的阳刚臭屁。进而反对"三位一体"的陈腐概念,并且主张上帝的概念应以圣父、圣母、圣子加以取代,咱们又何须大惊小怪呢?她们不满的根源乃来自《创世记》头一章第二十七节的经文:"神就照着自己的形象造人,"——此处的"人"(man)即泛指人类——"乃是照着他的形象造男造女。"接着,在随后几节经文之中,上帝先是让亚当呼呼大睡了一觉,趁机从他身上偷了一根肋骨,用那根肋骨造出女人,再将那个女人奉送给那个男人。

话说回来,最教我感到不寒而栗的论调,则是出自西部某大学的一位教授之口,那位老兄认为咱们大家都过度倚赖他所谓的英国制圣经太久了,于是他煞有介事提出一项改善方案(十足美国大爷调调),呼吁国人以美式英文重新翻译一遍,还信誓旦旦地保证他一定会提供必要支援!现在已万事俱备,要是他果真付诸实行,而且喜不自胜地收到一封居住在纽约的某名黑人的来信,信中不但大力称赞他英明睿智,还把他捧上了天,我们一点也不用感到意外。我非常相信这一点。

我猛然想起多年前《喷趣》刊登过一幅讽刺漫画，讥笑庸人自扰终至徒劳无功的窘态。当时西奥多·罗斯福兴致勃勃地颁布一项轰动一时的简化英文拼字法案[119]。画面中，那位大总统（他当时已荣登总统宝座）卷起袖子，挥舞一把硕大无朋的巨斧，使尽吃奶力气朝一棵枝繁叶茂的英国橡树（象征英国语文）的树干猛砍，可是不管他怎么汗流浃背，那棵树硬是纹丝不动。肩上扛着大镰刀的阎王老子打旁边经过，瞧见那幕光景，便停下脚步喃喃自语道："嘻，有些人就是永远长不大。"[120]

TWISTING THE LION'S TONGUE.

◎刊登在一九〇六年九月号《喷趣》上的漫画"穷极无聊自找罪受"

有那么好一阵子，圣经似乎偶尔被讥评为全天下印得最糟糕的书，再怎么读里头的文章（或可姑且称之为诗）也分辨不出这个句子和那个句子之间的差别。我此处所指的自然是寻常的版本。

大家也不要忘了，早期的经文既无"章"，亦没有分"节"；如此专断的区分段落，纯粹是为了让内容读起来更加清楚明了，不消说，还有更高明的断句手法。譬如说，那段描写智者于岩石上筑屋的优美经文，或许就很合适印成一首诗：

任那雨水洗淋，

任那洪流冲刷，

任那暴风狂吹，

不断扑打房子，

房子依然屹立不摇，

只因根基立于磐石之上。[121]

或圣保罗致科林斯人（Corinthians）的第一使徒书信里头那段

意气风发的经文，也合该当成诗来读，其中几句还被英格兰圣公会
编成优美的祭文，整段引用太累赘了，我只写出它的结尾：

> 死泯灭于胜利。
>
> 死啊！你得胜的权势在那里？
>
> 死啊！你的毒钩在那里？[122]

我们现在最迫切需要的并非一部全新译本，也不是花力气再印
出更多本子，而是更透彻地参悟我们手头上已经拥有的版本。不
过话说回来，我恐怕逾越了自己的本分，我只是个藏书家，并非传
教士。

再把话题拉回到"公版"与"母版"圣经。它们后来还生出
了一大堆子孙，恰恰应了那句"要生养众多，遍满地面，治理这
地。"[123] 如果印行量真能反映实际流传情况的话，圣经可说是传布
极广，十部排名在它后头的畅销书的全部发行量加起来也没它多。
完本圣经目前已经出版并发行了一百三十五种语文版本，若单单只
算《新约全书》，数字还得往上再加一百。单单一八〇四年成立的
"大英暨域外圣经公会"（British and Foreign Bible Society）一个单位
就印行了数千万部圣经。至于几年前才在费城成立的"美国圣经公
会"（American Bible Society），初试啼声便印行了超过两千五百万
部完本圣经，和超过一千万部的《新约全书》。若再将牛津与剑桥两
所规模庞大的大学出版社的产量也一并计算在内，完本圣经、《旧
约全书》、《新约全书》每年的出版量粗算大约可达三百万部。另一
方面，相对于其庞大流通量，真正读它的人却仍嫌太少。这是一件
憾事，因为不管就什么角度而言，它都算得上"举世最伟大的一部
书"：其伟大的程度，就算哪个文明社会之中有人从未读过它，他
的日常生活也免不了受到它的影响，甚至是极为久远的影响。

　　大家想必以为我说得兴起，以至于忽略了《传道书》里的教诲："且让我们聆听结论。"[124] 而诸位或许把我想成一个刚刚发现圣经之美的人（如果这么想能令阁下开心的话也无妨）。那敢情好；我就套用那位年轻代理牧师令他的会众瞠目结舌的话："假使'詹姆斯王版'配得上圣保罗，对我亦绰绰有余。"[125]

【译注】

1　我个人并非教徒，只曾于多年前旁修外系课程时，因课程需要粗浅读过中文圣经，因此翻译此章颇感吃力，若译文出现曲解经文的地方还盼各方指正。其中关于英文圣经的部分内容乃参考淡江大学英文系蔡振兴教授的论文"英文圣经的版本演义与文学研究"以及 Alister McGrath 的《当上帝开始说英文》(*In the Beginning*, *The Story of the King James Bible*, 2001，中译本张嫒菲译，新新闻文化，二〇〇二年)。后者是了解"詹姆斯王版"英文圣经来龙去脉的绝佳论著，亦是一部引人入胜的读物。讲述"詹姆斯王版"英文圣经的书籍非常多，另一部值得向大家推荐的论著是 Adam Nicolson 的 *God's Secretaries: The Making of the King James Bible* (Harper Collins)。

2　"俗文圣经"(Vulgate)：即"通俗拉丁文本圣经"或（以音译）称"武加大译本"，拉丁文"vulgata"意即"通俗本"。

3　"钦定版"(Authorized Version)、"詹姆斯王版"(King James Version) 分别为英、美两国不同称呼。

4　"旧世界"(Old World)、"新世界"(New World)：指欧洲、美洲（国）。

5　约翰·古登堡 (Johannes Gutenberg, 1397—1468)：日耳曼印刷工匠、活版印刷发明者。生平不详。现今视为现代书籍的鼻祖"古登堡圣经"即在他手中完成。"古登堡圣经"又称"四十二行圣经"(42-line Bible)，顾名思义该书每页内文四十二行（其实在现存版本中，第一页至第九页为四十行、第十页为四十一行）、分为两栏。关于此书，可参阅 John Man 的《古登堡革命》(*The Gutenberg Revolution: The Story of a Genius and an Invention That Changed the World*, 2001，乐为良译，商周文化，二〇〇四年)

6　约翰·富斯特 (Johann Fust, c.1400—1460)：日耳曼（美因兹地方）印刷工、金匠。一四五〇年、一四五二年间（另一说一九四九年）贷款给约翰·古登堡进行书籍的刷印作业，1455年以胜诉取得的古登堡印刷设备，与未来的女婿彼得·许弗 (Peter Schuffer, 1449—1502) 成立史上首度在商业获致成功的印刷事务所。一四五六年出版古登堡版《圣经》和《诗篇》(*Paslter*, 1457)，其他产品有：教宗克雷芒五世 (Clement V, 1260—1314) 的 *Constitutiones* (1460)、西塞罗的《论责任》(*De officiis*, 1465) 等书。

7　圣哲罗姆 (Saint Jerome, 342—420)：古代神学家。出生于罗马帝国斯特利登 (Stridon)，三五九年赴罗马求学，约三七九年在安蒂奥奇亚 (Antiochia, 今土耳其 Antakya) 担任神父，三八二年返罗马担任教宗达马苏斯一世 (Damasus I, 366—384) 的教务秘书，衔命编订统一本圣经，哲罗姆遂于三八五年定居伯利恒埋首编译。该译本迟至十六世纪中叶，才经特伦特主教会议 (Council of Trent，天主教廷第十九次公议会) 确立为法定版本。

©圣哲罗姆，Michelangelo Merisi da Caravaggio 绘

8　乔塞亚·H. 彭尼曼 (Josiah H. Penniman, 1868—1940)：美国学者。一九二一年至一九四〇年担任宾州大学第十四任校长。《关于英文圣经的一部书》(*A Book about the English Bible*)，一九一九年纽约麦克米兰公司出版。

©乔塞亚·H. 彭尼曼（约1939）

9　眉标 (catchword)：早期书籍将每页内容纲要印在该页前缘（或末行）以方便翻查，现今的辞书仍保留此项做法，一般书籍则进化为内文小标题眉标 (running titles)；另一层意义（亦是本文所指）则是指早期印本书的排字传统：在每页末行栏外（右下角）会印上次页头一个字，而每页首行栏外（左上角）亦会重复印上前一页最后一个字，称为"导字"或"导词"，此原为昔年进行装订时避免排页失误的措施，亦成为版本学家校勘某部古书是否有缺页、错页的重要依据。

10　巴黎的法国枢机大主教马萨林（Jules Mazarin，1602—1661）藏书楼。一七八七年 Luc Vincent Thierry 率先在其著作 *Guide des amateurs et des Btrangers voyageurs à Paris* 中率先批露此藏本："马札兰学院藏书约六万卷，其中包括对开两卷本圣经一部，内页以哥特字体印制、每章头字母皆以徒手彩笔描绘。此部未注明出版时、地之圣经，诚极古极稀之物也。"（The library of the Mazarin College comprises about 60,000 volumes. including a Bible in two in-folio volumes and prrnted in Gothic characters. The initials of each book of the Bible are drawn and colored. This Bible. which bears neither a date nor a place of printing，is very old and very rare.）。迪布丁于十九世纪初赴欧访书（参见附录Ⅱ译注 18）时曾特地亲访此本，并在《法、德访书访古觅奇之旅》中表示："吾念兹在兹欲睹此圣经凡十二载……盖此本乃该版至精之善本，以马札兰圣经作为该版称谓亦不为过。"（For 12 years. I harbored the ardent wish to see that Bible... because it is the perfection of that copy which led to the entire edition being called the Mazarin Bible.）

◎ 马萨林大主教，Paul Guth 绘

11　截至二〇〇〇年的普查结果，全世界现存"古登堡圣经"共有四十八部（其中仅二十一部完本）。详细的分布地点（典藏单位）可参阅网站 http://www.clausenbooks.com/gutenbergcensus.htm。

12　即霍氏藏品拍卖会（参见第一卷Ⅱ译注 2）。

13　本文发表后翌年（一九二六年），罗森巴赫在一场拍卖会上以美金十万六千元购得一部"古登堡圣经"，转手售予哈克尼斯（参见第四卷Ⅲ译注 5），该本现藏普林斯顿大学。一九九六年三月二十七日，日本庆应大学图书馆向丸善书店购得一部（仅第一卷之三百二十四叶），丸善书店则是于一九八七年十月二十二日的克里斯蒂拍卖会上以美金四百九十万元标得加州"Edward Lauerence Doheny 纪念图书馆"原藏残本；至于完本的成交记录则可溯至一九七八年四月七日克里斯蒂公司在纽约拍卖的纸本两卷完本，原属纽约高等神学院（NY General Theological Seminary）藏本，得标价格是美金两千两百万元（买主是 Bernard Breslauer，现藏斯图加特 Württembergische Landesbibliothek）；同年，得州大学的"Harry Ransom 人文中心"以美金两千四百万元，购得原属卡尔·福尔茨海默（参见本卷Ⅱ译注 53）自藏的纸本两卷本（福尔茨海默本人则是于一九二三年委托罗森巴赫，以九千五百英镑自伦敦索斯比拍卖会中标得）。"古登堡圣经"（不论残本或完本）现今几乎已不在市场上流通（倘若真有，价格必定不下纽顿所言之百万），倒是偶尔可见手中握有残本的书商将它拆散以零叶出售，我最近在某古书目录上看到一部加了皮面装帧的零叶，定价高达美金六万五千元。

14　亨利·斯蒂文斯（Henry Stevens，1819—1886）：美籍英国古书商。原籍佛蒙特州（Vermont）。一八四五年赴英，在伦敦从事古书掮客兼书探子。直到去世前，他一直都在该地从事相同的行业，曾经手贩售许多珍本给大英博物馆，头一部出土的《帖木儿》（*Tamerlane and Other Poems*，Boston: Calvin F. S. Thomas，1827，埃德加·爱伦·坡以"波士顿某氏"名义发表的首部诗集，存世仅十二部）便是由他于一八五九年购自波士顿书商 Samuel G. Drake 后，连同一批波士顿地方出版品低价转卖给大英博物馆。斯蒂文斯曾为好几位美国藏书家凑齐他们的私人藏书。他的生意现由儿子与合伙人继承（行号称为 Henry Stevens，Son，and Stiles）。斯蒂文斯个人集藏的美国学相关藏书，于一八六一年三月六日起至二十三日止，分八天由 Puttick and Simpson 在伦敦进行拍卖（共两千四百一十五件拍卖品）。

15 詹姆斯·伦诺克斯（James Lenox，1800—1880）：十九世纪美国藏书家、慈善家。其藏书多
得力于亨利·斯蒂文斯代为搜罗。一八九五年伦诺克斯藏书并入纽约公共图
书馆。可参考斯蒂文斯著作《詹姆斯·伦诺克斯藏书成形琐记》（*Recollections
of James Lenox and the Formation of His Library*，London: Henry Stevens & Son,
1886、New York: New York Public Library，1952 V. H. Paltsits 修订版）。

16 一八四七年，亨利·斯蒂文斯在伦敦索斯比的威尔克斯（Wilkes）拍卖会上代美国藏书家伦
诺克斯投标，买下一部"古登堡圣经"（蓝色摩洛哥羊皮旧式装帧两卷略残本）。当时的成交
价五百英镑，被当地报纸形容为"疯狂"（mad）。

17 乔治·布林利（George Brinley，1817—1875）：十九世纪美国藏书家。早年自波士顿迁徙至
康涅狄格州哈特福德（Hartford），为当地首屈一指的大地主。布林利殁后，大量藏书分多次
拍卖：一八七九年三月、一八八〇年三月、一八八一年四月、一八八六年十一月（Leavitt）、
一八九三年四月（Libbie）。

18 该部"古登堡圣经"为纸本两卷本残本（缺其中五叶内文），一八七〇年被布林利购进美
国，汉密尔顿·科尔（Hamilton Cole，1844—1889）在一八八一年的布林利拍卖会中以美金
八千元标得。该本子后来在许多藏书家之间数度易手。最后，约翰·H. 席德（John Hinsdale
Schiede，1875—1942）于一九二四年自罗森巴赫手中购入，并于一九三四年至一九三七年间
陆续购得零叶加以配补。席德殁后，其藏书入藏普林斯顿大学，校方成立"约翰·H. 席德图
书馆"（John H. Schiede Library）加以典藏。

19 一九二〇年十一月九日，纽约古书商加布里埃尔·韦尔斯在伦敦索斯比拍卖会上购得一部
"古登堡圣经"（原藏主 Robert Curzon 固有另一部，故将复本出售），由于该本残缺不全（内
页约短少五十叶），他决定予以肢解零售，除了抽出少数可独立成书的章节之外，其余大部
分则以零叶形式出售。韦尔斯还为每幅零叶配上精致的大开本（高 40 公分，宽 28.8 公分）
皮面装帧，题以《尊贵的断简残篇》（*A Noble Fragment*，*Being a Leaf
of the Gutenberg Bible 1450–1455*），并邀请纽顿撰写一篇详介专文附在
其中。该"零叶本"（leaf book）于一九二一年上市，当初的定价是
每部美金三百元，后来在古书市场上以惊人速度增值，一九九五年
"橡树丘书店"的目录（no. 168）上标价为美金一万九千五百元。

20 凯德蒙（Caedmon，?—680）：盎格鲁—撒克逊时代诗人。生平不详，活跃于
约六五八年至六八〇年间。凯德蒙为英国首位有姓氏可考的诗人，他遗留下
来的手稿现藏博德利图书馆。

21 圣比德（Saint Bede，673?—735）：盎格鲁—撒克逊时代学者、
史学家、神学家。"可敬的比德"（Bede, the Venerable）为比
德受封"圣人"之前的封号。

◎比德《英格兰人民
教会史》（*Hi-story
of the English Church
and People*, 1722）

22 约翰·威克利夫（John Wycliffe，1330—1384）：十四世纪英国宗教改革先驱。他为了让平民
亦可读懂圣经，努力催生第一部英译本，加上他不时抨击教会腐败，被当时掌
握宗教权力者视为大逆不道。他于一三八〇年译成新约，旧约则于一三八四年
由其弟子 John Purvey 修编完成。

23 威廉·廷达尔（William Tyndale，1494—1536）：十六世纪英国圣经翻译者。因译写圣经（内
容深受马丁·路德派教义的影响）以异教徒罪名下狱，后来在比利时遭处决。

24 指昔时欧洲皇室、贵族统治阶级。

25 据福克斯《殉道者全书》（参见第一卷Ⅲ译注 29）所载：某日廷达尔与一群自诩饱学的教士同桌言词交锋。某人说道："吾辈与其遵从神之律法，还不如奉守教宗旨意。"（We are better to be without God's laws than the pope's.）廷达尔闻言不以为然："吾蔑视教宗及其一切旨意。"（I defy the pope and all his laws.）并信誓旦旦地夸口："若得上苍垂怜容吾苟活，不消数年光景，吾必能令执锄操犁之村童娴熟经文犹胜座上诸公。"（If God spare my life，ere many years I will cause a boy that driveth the plough to know more of the Scripture than thou dost.）

26 一五二六年，廷达尔的小开本英译《新约全书》暗中输入英国，此举被官方查获，搜出来的本子全遭焚毁。廷达尔得知此事后，于一五二八年五月出版的《恶毒财神寓言故事》（The Parable of the Wicked Mammon，这是首部由廷达尔挂名的著作。印行者为安特卫普的 Johannes Hoochstraten，但其珂罗封故意印成 "Hans Luft of Marburg"）序言中声称："容或若干人有问于我：既然此部福音迟早会遭焚毁，何苦还自找麻烦写作此书。余答以：渠等焚烧新约并不出我意料；若渠等亦投余入火，亦为天意注定不得不然也。无论如何，翻译新约乃吾职责所在……"（"Some will ask peradventure why I take the trouble to make this work，inasmuch as they will burn it，seeing they burnt the Gospel: I answer，in burning the New Testament，they did none other thing than that I looked for; no more shall they do if they burn me also; if it be God's will it shall be so. Nevertheless，in translating the New Testament I did my duty ..."）

27 迈尔斯·科弗达尔（Miles Coverdale，1488—1569）：英国神职人员、圣经翻译者。

◎迈尔斯·科弗达尔

28 "Praie for us，that the worde of God maie have free passage and be grlorified."：见《新约·帖撒罗尼迦后书》（2 Thessalonians）第三章第一节。此句以及以下各《圣经》引句的译文原则上皆以此间通行的和合本为准，内文则为了行文顺畅起见略有修整。

29 "路德圣经"（Luther's Bible）：一五二二年，德国宗教改革者马丁·路德（Martin Luther，1483—1546）将《圣经》译成德文出版。

◎马丁·路德

30 约翰·罗杰斯（John Rogers，1500?—1555）：十六世纪英国宗教改革者。

31 指史密斯菲尔德市集（Smithfield Market）。现在是伦敦市内占地最广（十英亩）的肉品市场（更早之前的中世纪则为牲口市场）。从十四世纪起长达四百年，此处被当成处决人犯的最佳地点。史密斯菲尔德由于地势平坦，名称源自古称"平缓地"（Smoothfield）。电影《伊丽莎白》（Elizabeth，1999）片头就是一场玛丽女王时代在史密斯菲尔德焚烧"异教徒"的惊心动魄场面。不过各位读者不要忽略，由于英国自亨利八世起，国定宗教便一再更迭，此种迫害不同派别教徒的手段并不属"血腥玛丽"专美，历代与继任各朝英王全都干过。

32 托马斯·克伦威尔（Thomas Cromwell，1485?—1540）：英国政治家。年轻时在海外担任军人，返国后经营羊毛买卖，后来成为律师，并于一五二三年进入国会、担任红衣主教沃尔西（Cardinal Wolsey）的秘书；一五三一年他晋身国王的策士，翌年荣任内阁首席大臣。任内通过许多反对宗教改革的法案遭致不少民怨；尊亨利八世为"英格兰圣公会至高无上首脑"（supreme head of the church in England）或许正是出自他的主意。最后失势，被政敌斩首。

33 托马斯·克兰默（Thomas Cranmer，1489—1556）：十六世纪英国神职人员。

34 弗兰西斯·勒尼奥（Francis Regnault）：法国印刷工。

35 异端裁判所（the Inquisition，全称为"the Holy Office of the Inquisition"）：起源自十三世纪教

宗格列高利九世（Gregory IX，1170—1241，1227—1241 在位）为了管控各天主教地区的信仰忠贞度，责成罗马教廷设立的宗教法廷，有至高权力审判各地叛教分子并执行罚刑。异端裁判所后来几乎成为教廷的特务机构，在各地的血腥劣迹多不胜数。从 Umberto Eco 小说《玫瑰的名字》（*Il nome della rosa*，1980，皇冠文化出版，谢瑶玲译，一九九三年、二〇〇二年）中草菅人命的异端裁判官 Bernardo Gui 的嘴脸可见一斑。

36 理查德·格拉夫顿（Richard Grafton，?— 1572）：十六世纪伦敦书坊主人、爱德华六世的御前印工。

37 埃德蒙·邦纳（Edmund Bonner，1500—1569）：十六世纪英国学者、外交家。曾分别被派往教宗克雷芒七世（一五三二年）、弗兰西斯一世（一五三八年）、查理五世（一五四二年）、（一五三二年）等处担任公使。

38 爱德华·惠特彻奇（Edward Whitchurch）：十六世纪英国印刷工。

39 （小）汉斯·荷尔拜因（Hans Holbein，the younger，1497—1543）：十六世纪英国画家、版刻家。

40 奥立佛·克伦威尔（Oliver Cromwell，1649—1658）：十七世纪英国清教徒。十七世纪中叶，英国皇室与议会的扞格日深，终引发内战；克伦威尔率领拥护议会的"圆颅党"（Roundheads）击败保皇的"骑士党"（Cavaliers），驱逐英王查理一世，建立共和政体（参见第四卷 III 译注 27），在位最后五年人称"护国公"（Lord Protector）。但克伦威尔后来渐趋独裁，甚至遗命自己的儿子继任"护国公"，但此人治国无方，终引发保皇人士将流亡在外的查理一世之子查理二世迎回视事，开启"复辟时代"（Restoration）。查理二世重掌政权后，将克伦威尔及其党羽的棺木掘出悬尸示众（参见第二卷 II 译注 13）。

41 这个情急生智、错把张飞比岳飞。将莎士比亚抬出来应卯胡诌一通的浑小子用来答题的那句话乃出自《亨利八世》第三幕第二景末尾，沃尔西老来失势，眼见即将挥别荣华富贵，因而对托马斯·克伦威尔兴叹。原台词是："……倘我当初侍奉上帝能及我事君赤忱之半，他必不致令我临老犹须赤手空拳面对敌人。"（… / Had I but served my God with half the zeal / I served my king，he would not in mine age / Have left me naked to mine enemies.）。

42 《公祷书》（*Book of Common Prayer*）或称"爱德华六世祈祷书"（*The Prayer Book of Edward Sixth*）：一五三四年英国与罗马教廷断绝关系，亨利八世除了保留原天主教仪式又亟思建立一套独创的膜拜系统。一五四七年爱德华六世年少继任王位，仍奉英国国教为正宗，便于一五四九年编修《公祷书》供教会使用。

◎《天路历程》（London, 1728）插图，斯图尔特版刻

43 约翰·斯图尔特（John Sturt，1658—1730）：英国版刻家。一六八〇年曾为当时的名书法家 John Ayres《贤达牧师》（*The Accomplished Clerk*）制作书中插图。

44 小 / 大纸本（small/large paper edition）：严格而言，在版本分野之中，有"大纸本"，并无所谓"小纸本"（因为其本身就是正常形态，无须另加赘述）。小、大纸本在内容上完全一致，其差别正如字面上的意义。大纸本乃是印在尺寸较大的纸张上，成书后每页的外缘空白较宽（装订后自然开本较大）、版面比小纸本舒朗开阔。大纸本通常是书籍印刷过程中为了特殊用途（如准备呈献给王公贵族）制作的极少数成品，其版本价值自然较高。十八世纪的经典则常以两种版本同时问世。

45 石砖巷书店纽约分店：参见第二卷 III 译注 44。

46 塞缪尔·普特南·埃弗利（Samuel Putnam Avery, 1822—1904）：美国藏书家。

47 《贺拉斯作品集》（*Horace Opera*）两卷：正式书名应为 *Quinti Horatii Flacci Opera*，为 Quintus Horatius Flaccus（习称 Horace）文集。一七三三年至一七三七年伦敦约翰尼斯·派恩（Johannes Pine）出版。

48 "宝血活泉"（There is a fountain filled with blood）：威廉·考珀（参见第一卷 XIII 译注 13）的赞美诗。有兴趣知道中译词曲内容的读者请参见 http://www.hkmbc.org.hk/worship/hymn/Index-t.htm。

49 艾萨克·沃茨（Isaac Watts, 1674—1748）：英国传教士、诗人。年轻时即获"英国赞美诗之父"称号。

50 此处引录沃茨作的赞美诗"妙音"（Melody）的前两段。全部诗文如下："Blest is the man whose bowels move, / And melt with pity to the poor; / Whose soul, by sympathizing love, / Feels what his fellow saints endure. // His heart contrives for their relief / More good than his own hands can do; He, in the time of gen'ral grief, / Shall find the Lord has bowels too. // His soul shall live secure on earth, / With secret blessings on his head, / When drought, and pestilence, and dearth / Around him multiply their dead. // Or if he languish on his couch, / God will pronounce his sins forgiv'n; / Will save him with a healing touch, / Or take his willing soul to heav'n"

51 爱德华六世、玛丽一世、伊丽莎白一世，这三位兄妹是都铎（Tudor）王朝最后三任英国君王，各由不同母后所生（父亲皆为亨利八世），在位期间依序为一五四七年至一五五三年、一五五三年至一五五八年、一五五八年至一六〇三年；伊丽莎白一世去世后，由苏格兰的詹姆斯六世继位（在位期间一六〇三年至一六二五年），改号詹姆斯一世，开启斯图亚特（Stuart）王朝。

52 《旧约·创世记》（Genesis）第三章第七节的内文是："他们二人的眼睛就明亮了，才知道自己是赤身露体，便拿无花果树的叶子为自己编作裙子。"詹姆斯王钦定版"原文为："And the eyes of them both were opened, and they knew that they were naked; and they sewed fig leaves together, and made themselves aprons."一五六〇年在日内瓦出版的《日内瓦圣经》（即《短裤圣经》）的最后一句则为："making themselves breeches out of fig leaves"。

53 "今交易所之圣巴多罗买（教堂）"（〔Church of〕St. Bartholomew-by-the-Exchange）：指称一个曾经有过今已不存的建筑物地点。位于旧伦敦城中心，现址为皇家证券交易所（Royal Exchange）。圣巴多罗买教堂最早见诸史料可远溯一一五〇年，一四三八年一度修建；一六六六年毁于伦敦大火，一六七四年至一六七九年重建；一八四〇年至一八四一年，为了在兴建交易所，教堂地上建筑被拆除，除了少数物品出售之外，大部分硬件材料于一八四八年稍往北移至摩尔道（Moor Lane）重新组建，教堂名从此改为"瘸子门摩尔道之圣巴多罗买教堂"（〔Church of〕St. Bartholomew Moor Lane, Cripplegate）。科弗达尔于一五六八年葬于此地。

54 "伦敦桥之圣马格纳斯（教堂）"（〔Church of〕St. Magnus, London Bridge）：位于旧伦敦桥头（距"圣巴多罗买教堂"原址不远处），设立时间早于一〇六七年。

55 罗伯特·达德利（Robert Dudley, 1532?—1588）：伊丽莎白女王的宠臣。两人相识于伦敦塔的牢狱中，伊丽莎白即位后将他延揽到身边服侍，一度封他为莱斯特伯爵。后世偶有关于两人韵事的传闻。

56 一五八二年在法国兰斯（Rheims）出版的《新约全书》是史上首部以英文印行的罗马天主教圣经。参与译写的学者皆是在伊丽莎白一世治下流亡欧陆的优异天主教徒。

57 此文至此，似乎有必要对英国独树一帜的"英国国教"的来龙去脉稍作解释：约在一五三二年至一五三四年间，英王亨利八世因一己的王位与纳妃问题与罗马教廷频生龃龉，他索性顺势切断与罗马天主教廷长达数百年的从属关系，并径自宣告英格兰教会自此不再奉罗马教廷为最高权力机构，再透过由他一手操控的议会声称自己为"英格兰圣公会在人间最高的首脑"，英国国教于焉诞生。但此阶段的英格兰圣公会除了与罗马教廷不相往来之外，于体制仪式乃至内涵仍与原本的天主教并无二致，直到爱德华六世时期改革教义，另行编制《公祷书》，英国国教自此更具备主体色彩。玛丽女王即位后，因她与西班牙的血缘关系（玛丽的母后为西班牙裔），英格兰重回与罗马天主教的怀抱，对内则极力迫害新教徒（包括自己的妹妹，即后来继任王位的伊丽莎白一世）。英国宗教于是在天主教、国教与基督新教之间来回更迭，血腥的宗教弹压绵延甚久。

58 《旧约·耶利米书》(Jeremiah) 第八章第22节的经文是："在基列岂没有乳香呢？在那里岂没有医生呢？我百姓为何不得痊愈呢？"；"詹姆斯王钦定版"原文为："Is there no balm in Gilead; is there no physician there? why then is not the health of the daughter of my people recovered?"；《糖蜜圣经》的第一句则为："Is there no treacle…?"（"……岂没有糖蜜呢？……？"）

59 "葡萄园工人的譬喻"见《新约·马太福音》第二十章。原文为："vineyard"（葡萄园）；《葡萄醋圣经》以一字之差误印为："vinegar"（醋）。

60 约翰·巴斯克特（John Baskett）：英国印刷工。一七一七年担任御前印刷工。

61 原文为"差错一箩筐"（Basketfull of Errors）。盖"箩筐"（basket）与"巴斯克特"异字同音。中译难以传达谐音字，姑以"百响磕头"与"巴斯克特"勉强对仗。

62 安东尼·帕尼泽（Anthony Panizzi, 1797—1879）爵士：英国图书馆学者。原籍意大利，一八二三年定居英国（一八三二年归化入籍）。一八三一年至一八三七年在大英博物馆担任馆员；一八三七年至一八五六年任印本书部门主管；一八五六年至一八六七年升任馆长。他于一八三九年制定的"九十一条"(91 rules) 成为往后馆编目录的基础。他的贡献还包括：设计出圆形的大阅览室、（一八四六年）推动法案确定英国境内出版物均须提供一部供馆方典藏（后来成为各国家图书馆的惯例）。

63 约翰·赖兰茨（John Rylands, 1801—1888）：十九世纪英国曼彻斯特纺织富商。殁后由遗孀 Augustina Rylands 成立约翰·赖兰茨图书馆（一八九九年落成启用）。

64 亨利·格皮（Henry Guppy, ?—1948）：英国学者。一八九九年至一九四八年担任赖兰兹图书馆长。

65 约翰·雷诺兹（John Rainolds, 1549—1607）：十六世纪英国教士、圣经学者。他隶属"低教会派"(Low Church，英国国教中一支，一六〇四年他以清教徒代表身份出席的汉普顿宫会议，会中建议英王制编新译本圣经（即后来的"詹姆斯王钦定版"），并参与其中《先知书》(Prophets) 的翻译工作。

66 《道威斯报告》("Dawes Report")：美国针对战（第一次世界大战）后向德国索赔问题的计划案，由查尔斯·道威斯（Charles Gates Dawes, 1865—1951，身兼工程师、律师、政治家、

◎安东尼·帕尼泽，出自《浮华世界》杂志（*Vanity Fair*, 1874）

公用事业专家、银行家、慈善家、军人、政府财政预算家、音乐家等多重身份）于一九二四年主持研拟。因此方案协助重整德国趋于破产的财政困局，致力于平衡预算与稳定通货膨胀，使道威斯因而于次年（一九二五年）与当时的英国外交大臣奥斯丁·张伯伦同获诺贝尔和平奖。

○道威斯

67 欧文·D. 扬（Owen D. Young, 1874—1962）：美国商界人士。年轻时曾执律师业，一九一二年起担任通用电器公司的律师。道威斯计划于一九二四年付诸执行，由于扬居中牵线，通用电器公司给予希特勒不少政治献金。

68 纽顿此段原文引号内的文句皆引自一六一一年"詹姆斯王版"的前言"译者群致读者"（The Translators to the Reader），除了最后一则（nothing is begun and perfected at the same time）语出其中第十二节"A Satisfaction to Our Brethren"，其余则摘自第十五节"The Purpose of the Translators, with Their Number, Furniture, Care, etc."。关于"詹姆斯王钦定版圣经"的形成原委以及版本说明，兹略加补充如下：一六〇三年詹姆斯王即位之初，清教徒教士屡屡上告陈情。国王便于一六〇四年一月十四日以"hearing and for determining of things pretended to be amiss in the church."为名义假汉普顿宫（Hampton Court）召开会议，"汉普顿宫会议"（Hampton Court Conference）共进行三天。约翰·雷诺兹于会中提议编修《圣经》新译本，虽然其他与会人士均加以反对，但国王仍接受该案并下诏进行。奉命执行任务的五十四位顶尖学者共分为六组，其中三组译写《旧约》，另三组则负责《新约》；工作则在牛津、剑桥、与"近畿"威斯敏斯特分头进行（《旧约》、《新约》各派驻一组到各地）。根据 H. Wheeler Robinson 在《开放圣经》（The Open Bible Expanded Edition, Thomas Nelson, Inc., 1985）中的考据（以下"双引号内文句"为 Robinson 的话）：牛津小组由钦点教授希伯来文学者 John Harding 博士与雷诺兹主持，"其博学强记近乎奇迹"，旗下有"希伯来文化手到拈来"的 Miles Smith（?—1624）博士、"精通、娴熟拉丁语、希腊语、迦勒底语、阿拉伯语、衣索匹亚语"的 Richard Brett（1567—1637）博士、曾为克里索斯托（John Chrysostom, 347?—407）编纂文集的 Henry Saville（1549—1621）勋爵，以及"最有名的拉丁学家、希腊学家、贤哲"的希腊文学者 John Harmer 博士；剑桥小组原由钦点教授 Edward Lively 主持，但他于一六〇五年病逝（正式工作甚至尚未展开），改由 Robert Spalding 博士顶替，成员包括通晓希腊语、希伯来语的 Lawrence Chaderton（1537—1640）博士、"希伯来语、希腊语皆能出口成章"的 Thomas Harrison、"浑身充满希腊细胞、极为勤勉卖力"的 Andrew Downes、与"国宝级的希伯来文、希腊文学者"John Bois；威斯敏斯特小组由威斯敏斯特教长（后来升任至主教）、"可为巴别（Babel）城内居民翻译互通话语"的 Lancelot Andrews（1565—1626）领军，成员囊括希伯来专家 Hadrian Saravia（1530—1612）、当时最伟大的阿拉伯学者 William Bedwell（1562?—1632）等首屈一指的人士。原始编制共有五十四人，但由于部分成员于过程中因故离去（譬如死亡），最后列名者仅四十八位。编制工作于一六〇七年开始，至一六一〇年结束，翌年印行初版，书中超过三百处错植、印误则在一六一三年版加以改正（后来再由 John Bois、Samuel Ward 校定，印行一六二九年版、一六三八年版）；由于当时英文拼字尚未完全确定、统一，此书历经多次改版，进行修订拼法、增补新字等手续（包括一七六二年 Thomas Paris 修订版、一七六九年 Benjamin Blayney 修订版等）。一七〇一年版的内容按时序排列、注于边栏，一七六〇年代，编栏加入约三万笔注释。原本世人皆以《圣经》（"the Holy Bible"）直呼本书，直到一八八一年，由于出现另一部以希腊文古抄本为底本的新版本，故该本从此被定名为"钦定版"（Authorized Version, AV）或"詹姆斯王版"（King James Version, KJV）。

69 纽顿此处引用一六一一年"詹姆斯王版"前言"译者群致读者"。

70　"In the beginning was the word，and the word was with God，and the word
　　 was God."：《新约·约翰福音》第一章第一节经文。

71　"童贞女王"（Virgin Queen）：即伊丽莎白一世。

72　斯特拉特福德（Stratford）：位于英格兰中部沃里克郡内。莎士比亚
　　 的出生地。

◎《学问进阶》（Oxford: Prin-
ted by Leonard Lichfield for
Robert Young & Edward
Forrest, 1640）

73　《学问进阶》（*Of the Advancement and Proficience of Learning,
　　 or, The Partitions of Sciences*）：培根著作。一六〇五年出版。

74　《新工具》（*Novum Organum*）：培根著作。一六二〇年出版。

75　两个字拼在一起赫然成了"莎士比亚"（Shakespeare）。

◎《新工具》书名页

76　托马斯·德克（Thomas Dekker, 1570—1641）、约翰·马斯顿（John Marston, 1576—1634）、
　　 约翰·韦伯斯特（John Webster, 1580—1625）、菲利普·马辛杰（Philip Massinger, 1583—
　　 1640）、弗朗西斯·博蒙特（Francis Beaumont, 1584—1616）、约翰·弗莱彻（John Fletcher,
　　 1579—1625）：皆为伊丽莎白（一世）时代剧作家。

77　罗伯特·索恩（Robert Thorne）：十六世纪布里斯托贸易商的商务代表。

78　"There is no land uninhabitable, no sea innavigable to an English man."：语出罗伯特·索
　　 恩于一五二七年印行的小册子《索恩方略》（*Thorne's Plan*），内容出自他稍早前上
　　 书亨利八世，建议拓展东方航路。

◎约翰·史密斯

79　约翰·史密斯（John Smith, 1580—1631）：英国航海家、殖民先驱。

80　本杰明·狄斯累里向来被史学家定位为帝国主义的先声，他于担任英国首相期间揭橥的治国
　　 方针皆以此为张本。

81　引自惠特曼长诗"印度之旅"（"Passage to India"，1900，收录于《草叶集》）第一一九至
　　 一二二句。

82　罗伯特·G. 英格索尔（Robert Green Ingersoll, 1833—1899）：十九世纪美国无
　　 神论演说家。

◎罗伯特·G. 英格索尔

83　托马斯·赫胥黎（Thomas Henry Huxley, 1825—1895）：十九世纪英国生物学家。

84　托尔夸托·塔索（Torquato Tasso, 1544—1595）：文艺复兴晚期意大利诗人。代
　　 表作是描写十字军东征的叙事长诗《解放耶路撒冷》（*Gerusalemme Liberata*,
　　 1581，Edward Fairfax 英译版 *Jerusalem Delivered*, 1600）。

◎托尔夸托·塔索

85　阿利戈利·但丁（Alighieri Dante, 1265—1321）：意大利中古时代作家。

86　引自赫胥黎的"英文圣经及其发展"（"The English Bible
　　 & Its Development"），收录在《增补版詹姆斯王开放圣经》
　　 （*The King James Open Bible, Expanded Edition*）之中。纽顿

◎但丁，出自《百位历史名人》
（*The Hundred Greatest Men*,
New York: D. Appleton &
Company, 1885）

　　 此处引文与原文略有出入，原文应为 "Consider the great historical fact that for three centuries
　　 this book has been woven into the life（纽顿引文缺 "the life"）of all that is best and noblest in
　　 English history; that it has become the national epic of Britain（纽顿作 "Great Britain"），and is
　　 as familiar to the noble and simple，from John-o-Groat's House to Land's End（纽顿作 "from
　　 Johno' Groat's to Land's End"），as Dante and Tasso（纽顿作 "Tasso and Dante"）once
　　 were to the Italians; that it is written in the noblest and purest English，and abounds in exquisite
　　 beauties of pure（纽顿缺 "pure"）literary form; and finally that it forbids the veriest hind who

never left his village to be ignorant of the existence of other countries and other civilizations，and of a great past stretching back to the furthest limits of the oldest civilizations（纽顿作"nation"）of the world."

87　"If there were no God we should have to invent one."：语出法国作家、名哲伏尔泰（Voltaire，本名 Francois Marie Arouet，1694—1778）。见 *Epître à l'Auteur du Livre de Trois Imposteures*。

88　托马斯·杰弗逊（Thomas Jefferson，1743—1826）：美国第三任总统（任期一八〇一年至一八〇九年）。坊间所谓"杰弗逊圣经"（Jefferson Bible）乃指杰弗逊约于一八一九年至一八二〇年间自行编撰的经文抄本，稿本每页皆以希腊文、拉丁文、法文、英文分四栏缮写，标题为《耶稣之德懿》（*Morals of Jesus*），此手稿于一八九五年由美国政府购藏，于一九〇四年以《拿撒勒耶稣之行谊与德懿》（*Life and Morals of Jesus of Nazareth*）为名刊行景印本（翻摄原稿本书页以珂罗版印制），当时仅印制九百部，目前典藏在华盛顿特区国立博物馆（the United States National Museum，即"史密森学会博物馆"）。

89　《四福音书》（Four Gospels）：指《新约》中的《马太福音》、《马可福音》（Mark）、《路加福音》（Luke）、《约翰福音》（John）等四部"正典福音书"（canonical Gaspels）。

90　引自托马斯·杰弗逊于一八一六年一月九日写给友人查尔斯·汤姆逊（Charles Thomson）的部分信文。原文应为"A more beautiful or precious morsel of ethics I have ⓒ杰弗逊写给汤姆逊的信 never seen; it is a document in proof that I am a real Christian（底线为杰弗逊所加），that is to say，a disciple of the doctrines（纽顿引文缺"of the doctrines"）of Jesus."

91　"山边宝训"（the Sermon on the Mount）：《新约·马太福音》（Gospel according to Matthew）第五章到第七章，记载耶稣复活后在山上向众人讲道。"山边宝训"开宗明义即大家耳熟能详的"八福"："虚心的人有福了！因为天国是他们的。"、"哀恸的人有福了！因为他们必得安慰。"、"温柔的人有福了！因为他们必承受地土。"、"饥渴慕义的人有福了！因为他们必得饱足。"、"怜恤人的人有福了！因为他们必蒙怜恤"、"清心的人有福了！因为他们必得见神。"、"使人和睦的人有福了！因为他们必称为神的儿子"、"为义受逼迫的人有福了！因为天国是他们的"（见《马太福音》第五章第三节至第十节。）

92　"字句令之死而圣灵欲其生。"（the letter killeth but the spirit giveth life.）：《新约·哥林多后书》（2 Corinthians）第三章第六节："他叫我们能承当这新约的执事，不是凭着字句，乃是凭着精意；因为那字句是叫人死，精意是叫人活。"（Who also hath made us able ministers of the new testament; not of the letter，but of the spirit: for the letter killeth，but the spirit giveth life.）

93　"The great fire"：应指发生于一六六六年的伦敦大火，但从纽顿的叙述看来，时序似乎不大吻合。

94　罗伯特·巴克（Robert Barker，?—1645）：英国印刷工。伊丽莎白女王御前印刷工克里斯托弗·巴可（Christopher Barker）的长子。

95　E. H. 德林（Edmund Hunt Dring，1864—1928）：英国藏书家。当时担任夸里奇书店的经理。

96　弗朗西斯·弗莱（Francis Fry，1803—1886）：十九世纪英国历史学家、圣经收藏家、版本研究家。

97 纽顿自夸里奇书店购得此部"钦定版"后，在封面里写下："书名页既经弗朗西斯·弗莱修缮，此本堪称尽善尽美之善本也，然其中仍由夸里奇氏配补内文一叶。一九二四年八月十七日 A. E. 纽顿识"。

98 "genealogies"乃版本学用语。在正式的古物（当然包括古书）目录上往往会列出此项记录，交代该品的收藏及转手经历。

99 约翰·斯皮德（John Speed，1552—1629）：英国地图测绘师。重要作品为《大英帝国舆地全图》（*Theatre of the Empire of Great Britaine*，London: Sudbury and Humble，1611—1612）、《*Prospect of the Most Famous Parts of the World*》（1627）。

100 《旧约·路得记》（Book of Ruth）第三章第十五节："又对路得说：打开你所披的外衣。他打开了，波阿斯就撮了六簸箕大麦，帮他扛在肩上，他便进城去了。"（和合本在第三人称不分男女、主 / 被动态的语法极易造成混淆。路得为女性，句中的"他"应全作"她"）；英文今版为："Also he said, Bring the vail that thou hast upon thee, and hold it. And when she held it, he measured six measures of barley, and laid it on her: and she went into the city."。其中所有的"he"皆指"波阿斯"（Boaz），"she"则指"路得"。纽顿提及两种略有差异的"钦定首版"分别作："HE measured five measures of barley ... and HE went into the citie."与"SHE went into the citie."，显然后一刷（"母"版）才正确。

101 克里斯托弗·索尔（Christopher Sauer，1693—1758）：德裔美国印刷匠。一七二四年移民至美国宾州。原本担任裁缝师，后来一度务农，并经营钟表制作与药草生意。一七三八年他在日耳曼镇（Germantown，即"德国城"）开设印刷坊，同年使用自德国输入的铅字、纸张印出美国境内第一部德文书，并创刊第一份德文期刊（原为季刊，后改成月刊）。他于一七四三年在当地出版德文路德圣经（首开在美国以欧洲文字印行圣经的先例）。他的印坊后来由他的同名儿子（1721—1784）继承，后者于一七六三年重印索尔圣经（一七七六年第三度印行），并创立美国第一所铸字坊（一七七二年）。他（克里斯托弗·索尔二世）与父亲皆为虔诚教徒，本人亦担任浸信会的教士，屡次在讲坛和自家发行的报纸上攻讦蓄奴制度，以致被控叛国罪入狱，更因独立革命期间鼓吹反战思想，导致全部家产遭充公（一七七八年）。

102 罗伯特·艾特肯（Robert Aitken，1734—1802）：美国建国初期费城书商。艾特肯于一七八二年在费城印行，是首度在美国本土以英文刊印的圣经，史称"艾特肯圣经"；由于出版时间适逢美国独立建国，又称为"开国圣经"（The Bible of the Revolution）。

103 华盛顿在信中把"艾特肯"（Aitken）写成"艾肯"（Aiken）。

104 前一句为《旧约·传道书》第十二章第一节："你趁着年幼、衰败的日子尚未来到，就是你所说，我毫无喜乐的那些年日未曾临近之先，当记念造你的主。"（Remember now thy Creator in the days of thy youth.）；后一句中的"……都是虚空，都是捕风。"（all is vanity and vexation of spirit.）是《传道书》各节使用频繁的结语，譬如第八章第十五节："我就称赞快乐，原来人在日光之下，莫强如吃喝快乐；因为他在日光之下，神赐他一生的年日，要从劳碌中，时常享受所得的。"（Then I commended mirth, because a man hath no better thing under the sun, than to eat, and to drink, and to be merry: for that shall abide with him of his labour the days of his life, which God giveth him under the sun.）

105 约翰·亨利·纳什（John Henry Nash，1871—1947）：美国印刷工匠、版本学家。原籍加拿大，一八九四年移居美国。曾在俄勒冈大学讲授字体设计。纳什自行出版数部精美的手工书，包括《神曲》(*The Divine Comedy*, 1929)、富兰克林的《自传》与《俗文圣经》(*Vulgate*, 1932) 等。

106　《旧约·约伯记》第二十一章第十七节："恶人的灯何尝熄灭？患难何尝临到他们呢？神何尝发怒，向他们分散灾祸呢？"(How oft is the candle of the wicked put out! and how oft cometh their destruction upon them! God distributeth sorrows in his anger.)《旧约·箴言》第二十四章第二十节："因为，恶人终不得善报；恶人的灯也必熄灭。"(For there shall be no reward to the evil man; the candle of the wicked shall be put out.)

107　圣经中有两处登载《主祷文》(Lord's Prayer)：《新约·马太福音》第六章第九节至第十三节与《新约·路加福音》第十一章第二节至第四节，但两段祷词并不一致。前者第十三节："不叫我们遇见试探；救我们脱离凶恶。因为国度、权柄、荣耀，全是你的，直到永远。阿们！"(And lead us not into temptation, but deliver us from evil: For thine is the kingdom, and the power, and the glory, for ever. Amen.) 其中"因为……阿们！"一句为古本所无；后者第2节："耶稣说：你们祷告的时候，要说：我们在天上的父：愿人都尊你的名为圣。愿你的国降临；愿你的旨意行在地上，如同行在天上。"(And he said unto them, When ye pray, say, Our Father which art in heaven, Hallowed be thy name. Thy kingdom come. Thy will be done, as in heaven, so in earth.) 其中"我们在天上的父"古本作"我们的父"、最后一句"愿你的旨意……天上"为古本所无、第四节："赦免我们的罪，因为我们也赦免凡亏欠我们的人。不叫我们遇见试探；救我们脱离凶恶。"(And forgive us our sins; for we also forgive every one that is indebted to us. And lead us not into temptation; but deliver us from evil.) 最后"不叫我们……脱离凶恶"一句为古本所无。以上多出来的句子皆为后人添加。

108　《旧约·创世记》第六章第十四节："你要用歌斐木造一只方舟，分一间一间地造，里外抹上松香。"(Make thee an ark of gopher wood; rooms shalt thou make in the ark, and shalt pitch it within and without with pitch.)

109　《新约·路加福音》第一章第四十六节至第五十三节："马利亚说：我心尊主为大；/ 我灵以神我的救主为乐；/ 因为他顾念他使女的卑微；从今以后，万代要称我有福。/ 那有权能的，为我成就了大事；他的名为圣。/ 他怜悯敬畏他的人，直到世世代代。/ 他用膀臂施展大能；那狂傲的人正心里妄想就被他赶散了。/ 他叫有权柄的失位，叫卑贱的升高；叫饥饿的得饱美食，叫富足的空手回去。"(And Mary said, My soul doth magnify the Lord, / And my spirit hath rejoiced in God my Saviour. / For he hath regarded the low estate of his handmaiden: for, behold, from henceforth all generations shall call me blessed. / For he that is mighty hath done to me great things; and holy is his name. / And his mercy is on them that fear him from generation to generation. / He hath shewed strength with his arm; he hath scattered the proud in the imagination of their hearts. / He hath put down the mighty from their seats, and exalted them of low degree. / He hath filled the hungry with good things; and the rich he hath sent empty away.)

110　以扫 (Esau) 为了区区"一碗燕麦粥"(和合本译为"红汤"、"红豆汤")自甘放弃其名分 (birthright) 的故事载于《旧约·创世记》第二十五章第二十九节至第三十四节。"一碗燕麦粥"(a mess of pottage) 可引申为"贪图眼前的微利小惠"、"令人见而忘义的诱因"、"因小失大"等。"拿伯的葡萄园"典出《旧约·列王纪上》(1 Kings) 第二十一章记述以色列王亚哈图谋拿伯的葡萄园，使尽一切手段，但拿伯始终不为所动，后来皇后耶洗别献计害死拿伯。"拿伯的葡萄园"(Nabot's vineyard) 因此可引申为"威武不能屈"、"抵死不从"的意思，寓意恰与"以扫的燕麦粥"形成对比。

111 詹姆斯·莫法特（James Moffatt, 1870—1944）：苏格兰裔英国神学史学家。生于格拉斯哥，及长赴剑桥求学，一九一一年在牛津曼斯菲尔德学院（Mansfield College）担任希腊文教授与《新约》解经人；一九一五年回到故乡，在格拉斯哥联合公共教会大学（United Free Church College）教授教会史至一九二七年；一九二七年至一九三九年担任纽约联合神学院（Union Theological Seminary）教授。莫法特毕生最大的功绩是译写出流传甚广的白话《圣经》译本；一九一三年，《白话新约全书》(*The New Testament: A New Translation in Modern Speech*, by James Moffatt, based upon the Greek text by von Soden. London: Hodder and Stoughton, 1913）先行问世，《白话旧约全书》则于一九二四年、一九二五年在美国分两次出版，完本《白话圣经》(*A New Translation of the Bible*, *Containing the Old and New Testaments*. New York: Doran, 1626）则于一九二六年出版。莫法特晚年在纽约度过。

112 《旧约·诗篇》第二十三篇的六节原文为："耶和华是我的牧者，我必不致缺乏。/ 他使我躺卧在青草地上，领我在可安歇的水边。/ 他使我的灵魂苏醒，为自己的名引导我走义路。/ 我虽然行过死荫的幽谷，也不怕遭害，因为你与我同在；你的杖，你的竿，都安慰我。/ 在我敌人面前，你为我摆设筵席；你用油膏了我的头，使我的福杯满溢。/ 我一生一世必有恩惠慈爱随着我；我且要住在耶和华的殿中，直到永远。"（The LORD is my shepherd; I shall not want. / He maketh me to lie down in green pastures: he leadeth me beside the still waters. / He restoreth my soul: he leadeth me in the paths of righteousness for his name's sake. / Yea, though I walk through the valley of the shadow of death, I will fear no evil: for thou art with me; thy rod and thy staff they comfort me. / Thou preparest a table before me in the presence of mine enemies: thou anointest my head with oil; my cup runneth over. / Surely goodness and mercy shall follow me all the days of my life: and I will dwell in the house of the LORD for ever.）

113 学问过大反令智昏（much learning hath made him mad.）：《新约·使徒行传》第二十六章第二十四节："保罗这样分诉，非斯都大声说：保罗，你癫狂了吧。你的学问太大，反叫你癫狂了！"（And as he thus spake for himself, Festus said with a loud voice, Paul, thou art beside thyself; much learning doth make thee mad.）

114 伊丽莎白·凯迪·斯坦顿（Elizabeth Cady Stanton, 1815—1902）：美国社会改革家。十九世纪末推动美国女权进步不遗余力，领导促成妇女投票权。

115 菲比·安·科芬·哈纳福德（Phœ Be〔Phoebe〕Ann Coffin Hanaford, 1829—1921）：美国宗教、社会改革者、作家。少女时代便已频频在报刊发表文章。

一八四九年与约瑟夫·H. 哈纳福德（Joseph H. Hanaford）结婚，她婚后仍致力写作，创作出许多诗歌、童话、传记（她所撰写的林肯传记当年销行了两万部）。一八六八年成为首位女性牧师。《乔治·皮博迪传》(*Life of George Peabody*)、《世纪女性》(*Women of the Century*)、讲述美国女性史的《美国之女》(*Daughters of America*, 1882）。

◎伊丽莎白·凯迪·斯坦顿，出自 Susan B. Anthony、Matilda Joslyn Gage《女性投票权史》(*History of Woman Suffrage*, New York: Fowler & Wells, 1881）第一卷

116 "破瓢烂盆"（"weaker vessel"）：《新约·彼得前书》(1 Peter）第三章第七节（教导为人夫者）："你们做丈夫的，也要按情理和妻子同住；因他比你软弱，（比你软弱：原文作是软弱的器皿）与你一同承受生命之恩的，所以要敬重他。这样，便叫你们的祷告没有阻碍。"（"Likewise, ye husbands, dwell with them according to knowledge, giving honour unto the wife,

as unto the weaker vessel, and as being heirs together of the grace of life; that your prayers be not hindered.") 莎士比亚于《亨利四世·下篇》(*Second Part of Henry IV*) 第二幕第四景中亦借福斯塔夫 (Falstaff) 之口以 "weaker vessel" 挖苦两名女子；此外，《皆大欢喜》(*As You Like It*) 第二幕第四景中罗瑟琳以 "weaker vessel" 自嘲则只作 "弱女子" 解。我必须承认：将 "weaker vessel" 译成 "破瓢烂盆" 的确比圣彼得和福斯塔夫更恶毒。

117 《旧约·诗篇》第九十一篇第五节："你必不怕黑夜的惊骇。"("Thou shalt not be afraid for the terror by night.")；一五五一年版 "马修圣经" 作 "汝必无须畏惧夜里的臭虫。"("So that thou shalt not need to be afrayed for any bugges by night.") 曾有一说，指译者原本是写 "夜里的'鬼魅'(bogies)"，却因笔误或植字疏忽而成了 "臭虫" (bugges)。

118 《新约·彼得前书》(1 Peter) 第三章第一、二节："你们做妻子的，要顺服自己的丈夫，这样，若有不信从道理的丈夫，他们虽然不听道，也可因妻子的品行被感化过来。这正是因看见你们有贞洁的品行和敬畏的心。"("Likewise, ye wives, be in subjection to your own husbands; that, if any obey not the word, they also may without the word be won by the conversation of the wives; / While they behold your chaste conversation coupled with fear.")。而一五四九年版的 "马修圣经" 却于此处多出一道批注："若女人对男人不顺服亦百无一用，便尽力将敬畏上帝的念头塞进她的脑袋里，如此方可令她知晓自身的义务并切实履行之。"("And yf she be not obedient and helpfull unto hym endevoureth to beate the feare of God into her heade, that therby she maye be compelled to learne her dutie and do it.") 其实原字义显然是 "灌输"("beat into")，大概当年有不少男人乐于曲解此段教义，故有人戏称该版本为 "揍老婆圣经"("Wife Beater's Bible")。

119 将累赘英文字词加以简化的呼吁，自十九世纪七○年代起，在英美两国始终存在（对此有兴趣的读者可参考 http://www.barnsdle.demon.co.uk/spell/histsp.html），这项主张由来已久，利害益弊则见仁见智。"简化拼字局"(Simplified Spelling Board，为了名副其实，不妨称它 "简拼局") 于一九○六年三月十一日成立（参见隔日《纽约时报》的新闻 http://www.twainquotes.com/19060312.html），初期三十名委员包括安德鲁·卡内基（该单位经费由他提供）、马克·吐温和许多专家、学者，该单位曾经印行许多倡导小册，例如《简化拼字局颁订之简化拼字规则》(*Rules for Simplified Spelling Adopted by the Simplified Spelling Board*, New York, 1919)、《简化拼字运动实施手册》(*English Spelling and the Movement to Improve It: Part 1 of Handbook of Simplified Spelling*, Simplified Spelling Board, New York, 1919)、《简化拼字运用办法》(*The Case for Simplified Spelling: Part 2 of Handbook of Simplified Spelling*, New York, 1920)、《简化规则字词表》(*Rules and Dictionary List: Part 3 of Handbook of Simplified Spelling*, n.d.) 等。（老）罗斯福之所以特别被反对人士揪出来批判，乃因他是首位以行政手段 "践踏"("assault"，引当时报纸用词) 国语的总统，他于一九○六年八月二十七日趁国会休会期间印行《政府机关简化拼字要则》(*Simplified Spelling for Government Departments*) 通令各行政单位依照 "简化拼字局" 颁布的三百多个新拼法字词进行行政革新；国会复会之后，旋即以一百四十二票对二十四票要求撤销该项行政命令，并决议罗斯福先前自作主张印制的《要则》不得以公帑支应。结果罗斯福的革新方案，只能在任内交待白宫关起门来自行实施（但也只革新了十二个字）。一九○八年英国亦跟进成立 "简化拼字学会"(The Simplified Spelling Society，简称 "SSS")，至今犹运作不辍，其宗旨为 "简化英文拼字以利各方人士便于学习、使用"("The reform of English spelling for the benefit of learners and users everywhere.")。有兴趣的读者可参考其网站 http://www.

spellingsociety.org/index.html。

120 该幅讽刺罗斯福简化英文政策的漫画，刊登在一九〇六年九月号的《喷趣》杂志上，标题是"闲来无事自找罪受"（"Twisting the Lion's Tongue"），底下的说明文字为：阎罗老子察看树干上的小切口："是谁那么费劲想把树砍倒来着？""泰迪"罗斯福摆出当年乔治·华盛顿的架势："阎罗老子！不满你说，是俺用俺的小斧头砍的。"阎罗老子闻言叹道："嘻！真系朽木不可雕也！"（Father Time [closely examining small incision in tree-trunk].　"WHO'S BEEN TRYING TO CUT THIS TREE DOWN?"　"Teddy"　Rossevelt [in manner of young George Washington].　"FATHER! I KANNOT TELL A LI. I DID IT WITH MY LITL AX."　Father Time.　"AH WELL! BOYS WILL BE BOYS!"）。纽顿的说法有个小地方值得挑剔，图中罗斯福拿的斧头一点也不"硕大无朋"（enormous）。

121 《新约·马太福音》第七章第二十五节："雨淋，水冲，风吹，撞着那房子，房子总不倒塌，因为根基立在盘石上。"（"And the rain descended, and the floods came, and the winds blew, and beat upon that house; and it fell not: for it was founded upon a rock."）

122 《新约·哥林多前书》第十五章第五十四节："这必朽坏的既变成不朽坏的，这必死的既变成不死的，那时经上所记死被得胜吞灭的话就应验了。"（"So when this corruptible shall have put on incorruption, and this mortal shall have put on immortality, then shall be brought to pass the saying that is written, Death is swallowed up in victory."）第五十五节："死啊！你得胜的权势在哪里？死啊！你的毒钩在哪里？"（"O death, where is thy sting? O grave, where is thy victory?"）

123 《旧约·创世记》第一章第二十八节："神就赐福给他们，又对他们说：要生养众多，遍满地面，治理这地，也要管理海里的鱼、空中的鸟，和地上各样行动的活物。"（"And God blessed them, and God said unto them, Be fruitful, and multiply, and replenish the earth, and subdue it: and have dominion over the fish of the sea, and over the fowl of the air, and over every living thing that moveth upon the earth."）

124 《旧约·传道书》第十二章第十三节："这些事都已听见了，总意就是：敬畏神，谨守他的诫命，这是人所当尽的本分。"（"Let us hear the conclusion of the whole matter: Fear God, and keep his commandments: for this is the whole duty of man."）

125 "If the King James Bible was good enough for St Paul, it was good enough for me."：当时美国教徒使用的圣经版本驳杂不一，其中包括多种美国人自行编写的本子。此言出自拥护"詹姆斯王版"的人士。

II 藏书硕果仅此一人

不久之前，有一位绅士、学者兼藏书家撒手西归，要找出另一个人足以填补此君在此道中的地位势必相当困难（或许根本就找不到）。他不是别人，乃贝弗利·丘是也。不管过去抑或现在，比他杰出的收藏家大有人在，但是我心中很笃定：国内绝对没有其他任何业余玩家，能够像他生前一般造成如此深远的影响，亦无法具备与他等量齐观的版本知识

一八五〇年三月五日，丘先生诞生于纽约州一座风光明媚、文风鼎盛的小城日内瓦，一幢坐落崖畔、可眺望湖面的华丽古宅便是他的降生地点，而他辞世的场所则是距出生地不远的另一幢古宅。丘先生毕业于霍巴特学院[1]，那是日内瓦城内的一所袖珍学院，他终其一生都与母校保持极为密切的关系。大学毕业后他迁居纽约，短短几年光景就成为一名银行家。他曾经担任大都会信托公司（Metropolitan Trust Company）的副总裁长达数年，直到前几年，他才自职场光荣退休。他去世时已然是全日内瓦成最杰出的居民，但是丘先生天性谦逊内向、不喜炫耀出风头，以致连他的左邻右居或许至今都还不晓得家乡出了这么一位名人。他毕生的热情全数投注在书籍上头，而他对于书籍的知识不仅浩瀚无边，更是分厘不差。

直到现在，我都还清清楚楚地记得当年我与丘先生初识的情景：时间大约距今三十五年（我刚结束光棍生涯不久）之前，在纽约格罗里埃俱乐部的一场招待会的场合中。由于他是最早一批加入俱乐部的成员之一，所以在俱乐部中的地位十分崇高，从藏书室主任到会长等一大堆职务都等着他点头。我当年的懵懂无知和他的学

■贝弗利·丘审读他最钟爱的一部书——赫里克的《金苹果守护者》
　此照片由纽约的阿诺德·根特所摄

富五车摆在一起相比简直有如云泥。总之，当时我们聊着聊着，他突然话锋一转，询问我都搜集哪些书来着，我自信满满地回答："古代诗人的集子。"我所指的倒不是朗费罗[2]、丁尼生或布朗宁，而是济慈、雪莱之流。我永远忘不了他当时板起脸孔对我说："你可别把济慈、雪莱归为'古代诗人'。"后来，当我更进一步了解他之后，我才明白：原来丘先生定义下的"古代诗人"，指的是那些早在一六四〇年之前就作古的诗人——而那几位诗人的大名，我（当时）甚至连听都没听过哩。过了几年之后，等到我和他成了极亲密的朋友，才渐渐了解（所有熟识他的人一定也都会同意我的看法）：其实他是一位极其和蔼可亲、慷慨大方且礼貌周到的人。

丘先生出身自一个显赫的家族，和费城日耳曼镇（Germantown）大名鼎鼎的丘姓氏族有远亲关系。他的祖父生前是新奥尔良港史料收藏家，并曾于拉法耶特[3]最后一次访美时被指派担任官方接待随员。当那位国宾到访的时候，正巧碰上丘先生的父亲（当时还在襁褓之中）准备受洗，那位伟人于是从旁人手中接过婴儿，赐名亚历山大·拉法耶特（Alexander La Fayette），打那会儿起，这个与日月同光的名字在丘家一直留传至今。

他跨出大学校门不久即迎娶克拉丽莎·皮尔逊（Clarissa Pierson）进门，两人婚后生活始终幸福美满，直到一八八九年五月丘夫人过世为止。曾经有人听他说过：他期盼自己也能于五月告别人世，而这个令人鼻酸的悲愿后来果真如愿以偿：经过长期的昏迷之后，丘先生于一九二四年五月二十一日驾鹤西归。他生前也是一名极为虔诚的教徒，在纽约工作时期，他十分有规律且虔诚地上圣母堂（Church of St. Mary the Virgin）作礼拜。平日探视悲苦的失怙孩童、贫病寡妇是他力行宗教信仰的一部分；至今无人知晓他在慈善事业上所付出的金额之巨与规模之大，因为即使面对最亲密的友人，他也一概绝口不提那些义举。他的丧礼在（自他童年起便深深喜爱的）日内瓦三一教堂内举行。几名大学生（同属他和他父亲以及三位兄长都曾先后加入过的"ΣΦ 兄弟会"成员）将他的灵柩从侧廊抬入。当天虽然天色有点灰暗，但是当光线透过金黄色的玻璃窗——他始终对一世纪前在日内瓦当地制造、现已失传的那些镶嵌玻璃感到无比自豪——洒进室内，泛起金光，伴随英格兰圣公会祈祷文的诵祷声，形成恰如其分的庄严、典雅气氛，令人毕生难忘。在教堂内的瞻仰仪式开始之前，他暂时停灵于他的书斋，让生前最亲密也是所知最多、所爱最深的朋友——他的藏书们——再次环绕、簇拥于他的周身。

◎费索恩版刻的 Abraham Cowley 肖像扉画，出自《拉丁诗集》（*Poemata latina*, 1668）

　　除了书籍，丘先生最喜爱的东西就是画片；他一向视肖像画为传纪具体而微的形式；尤其是出自著名雕版师的作品最能得到他的青睐，譬如：曾制作一六四〇年版《莎士比亚君诗集》扉画、一六四六年版《吉光片羽集》中美丽的萨克林（原书拼法[4]）肖像、以及一六四八年版《金苹果守护者》中赫里克的雕版肖像的马歇尔[5]；或曾为一六六四年版的《喜剧与悲剧集》[6] 制作基利格鲁[7] 绝佳肖像（丘先生曾经对我说：他个人认为此图乃有史以来最佳的书前扉画肖像）的费索恩[8] 等名家手笔。我也不宜漏掉另一部极受他珍爱的藏书——洛夫莱斯的《路卡斯塔》——里头的美妙图版[9]。洛夫莱斯！诗人有此姓氏真是令人拍案叫绝！[10] 伟哉费索恩！他的朋友托马斯·弗拉特曼[11] 先生曾如是形容他的画功："此君刀法精妙如神，向无呆滞、无奇、萎顿之作也。"至于丘先生手中收藏的弥尔顿肖像，我个人则认为那是有史以来搜罗最齐、品相最精的一批收藏品。我何必在此一一点名呢？反正不管是钢笔画、或铅笔素描、还是肉笔画，只要是画得极好的作品，皆能得到贝弗利·丘的慧眼赏识。

　　我尚未提及丘先生最值得大书特书的长处呢——他那教人不可思议的好记性。大抵每位伟人都会具备常人所没有的奇赋异秉：我听说已故的皮尔庞特·摩根就有一项绝顶工夫，当一大堆同事还摇着铅笔杆算账算得天昏地暗时，他只消在心眼里稍微那么兜转一下，管它多大数目的加、减、乘、除，皆能运算自如；丘先生的超凡记忆力也同样教人咋舌。只要是和书本沾上一点边的事儿，他好像连一件也忘不了。各位想想看，那有多少该记该背的玩意哪！光想想有多少书本就够呛的了，何况，每一部重要非凡的书，必然都会有某些和其他本子互有出入的特征，只要有哪部书打算登上丘先生的书架，都得先经过彻头彻尾地验明正身：举凡各版印行年代、各字误植（甚至其中只有一个字母错置）均难逃他的法眼。许多年以前，我在拍卖场上购得一部霍桑的首版《红字》[12]。当我将书带回家中悉心翻读，我赫然发现里头夹着一封丘先生写给前任书主的长信，信中说："我一返家便逐页比对《红字》首版与第二版之间的异同处，果然验证了我过去一贯的说法，即……"接下来是一大段极其详尽的说明，结尾写着："……书中第二十一页上原该有的'reduplicate（倍增）'一字，误植为'repudiate（摒弃）'。"

　　在我个人的众多好友之中，足以和贝弗利·丘相提并论的人，我惟独只想得到伦敦的托马斯·詹姆斯·怀斯[13]先生一人而已，只不过，怀斯先生的机运比丘先生好太多了，因为他就坐镇在书籍进出的门户，然而，丘先生却（很教人纳闷地）从未踏出国门一步。除此之外，我压根无法想像咱们这一辈的藏书家里头有谁能够稍稍赶上丘先生的丰功伟业。或许充其量，我们只能亦步亦趋地尾随这些（具备咱们所没有的优点的）前辈之脚步；而每当我思及几位故人，譬如：罗伯特·霍与塞缪尔·P. 艾弗利[14]、查尔斯·B. 富特与弗雷德里克·R. 哈尔西[15]、爱德华·霍尔·比尔施塔特[16]，还有威廉·洛林·安德鲁斯等诸位先进，我便不由得大加兴叹这一代藏书家的质量似乎有江河日下的趋势。

　　我先前曾提及当我嘴里轻率蹦出"古代诗人"（丘先生个人的最爱）的时候，他马上不假辞色对我耳提面命一番，我后来才逐渐明白：在他的心目之中，"古代诗人"指的是存活于十七世纪的诗人；我认为他对于那个时代的知识简直无人能及。只要在书籍圈子（不管国内抑或英国）走一遭，便能听到许多人频频提及格罗里埃俱乐部印行的版本书目，而那些出版品正与丘先生有着密不可分的关系。任劳任怨、为众多藏书家提供服务的俱乐部图书室主任格兰尼斯小姐（继 H. W. 肯特[17]先生之后接任该职）曾经告诉我她为俱乐部藏书编制《从威瑟到普赖尔：英文藏书书目》[18]的始末。俱乐部里的那批藏书泰半都由比尔施塔特先生搜集得来，当他过世后则另行筹组编委会接手编纂工作。显然，审订、校雠的重责大任（无比繁琐、艰巨的差事）舍丘先生不做其第二人想，那亦是他对俱乐部不记其数的重大贡献之一。可想而知，五花八门的棘手问题接踵而至；于是那段期间格兰尼斯小姐养成一个固定习惯，她先将一整个星期下来发现的各种疑难杂症全部汇总起来，到了星期六，丘先生照例准时上俱乐部报到，一等他在椅子坐定，点上香烟，说："尽管问吧！"她便连珠炮似的提出一连串疑问；我以下引用她某封来信当中的陈述：

　　我不记得有哪个问题他无法马上"跃然脑中"并随口解答，虽然我不时提醒自己要准备一张白纸，随时将他的话登记下来，事后再一一查对参考书、验证他告诉我各种版本的拼字差异是否正确，但我十分确定事后从未发现他犯下丝毫差错。他耗费毕生精力得来的那些知识，恰可符合这项任务所需且令所有人受惠无穷。

　　战后不久，我去了一趟伦敦，照例在大英博物馆里消磨不少时间，某天我不期然遇见那位杰出的绅士，阿尔弗雷德·W. 波拉德[19]先生（当时他担任印本书部门的主任），当我和他闲聊之际，由于我不经意提到耶鲁大学出版社最近总算出版了由纽约的亨丽埃塔·C. 巴特利特 [20] 女士与波拉德先生联手主持的《莎士比亚四开本剧本版本现况普查》[21]（该书乃钻研此一极度艰深的版本难题的一项辉煌成果），波拉德先生于是向我透露一件事：大战期间该书校稿于两地之间跨海来回寄送，因一再发生邮件延误等情事，屡屡令他急得光火跳脚。他说："当时我眼看再这样子搞下去铁定永远没法子交差了，于是我最后提笔写了一封信给亨丽埃塔，告诉她：只要她能够说动丘先生愿意在当地就近审读校稿，我便可以放一百个心了。只要能通过他的认可，随便哪部书要挂上我的名字，我都非常乐意。"平日俗务缠身的商界忙人居然能获得一位德高望重学者如此称颂！真是应了那句古谚："能者多劳，劳者必多能也。"

丘先生亦是许许多多学会、社团和机构（且不在此一一细数）的成员，而那些组织也全都和我所属的格罗里埃俱乐部全体会员一样，对于失去这位成员感到哀恸不已。我们都失去了一位老朋友。尽管一个人终其一生可以结交到许多朋友，但是老朋友——就像古书一样——必须花费许多时间方能成就。

丘先生到底算不算诗人？我并不知道，不过他至少写过一首"万事莫如古书好" [22]，还曾被某选集收录其中。

距今一年多前，我和好友、也是藏书同好的 R. B. 亚当先生一块儿在水牛城盘桓数日之后，我临时决定：既然要上纽约，岂有不顺道拜访住在日内瓦的丘先生之理？我很高兴当时去见了他。丘先生亲自到火车站接我并一路陪伴我到他的府上（实在是盛情难却，毕竟他是那种老派的绅士），途中还颇得意地指给我看他出生的屋宅（坐落于优美的大学小城的大街上）。当晚用罢晚餐，我们双双在他的书房坐着抽烟、聊天，恣意畅谈两人的共同嗜好，话既投机不嫌多；直至夜深当我们准备告退各自回房的时候，他转身对我说：我的造访令他感到十分开心，而我则回答：能获他如此亲切的邀约，才真教我备感荣幸哩。我两于是"就此安歇"。隔天清晨，由于我一向习惯早起，看见他的房门仍然掩着，便踮着脚尖、蹑手蹑脚地下楼走到书房，没想到老绅士已经在里头等我了。他当时坐在一张靠窗的安乐椅上，手边摆着好几份报纸（全都还没翻开）。他的手上则捧着一本书，当我走进去的时候，他正戴着老花眼镜读得起劲；一看到我进来，他立刻把书往旁边一搁，兴高采烈地起身招呼我，我当时察觉他似乎因为被我发现他的视力欠佳而感到有点儿尴尬。我见状赶紧转移话题，谈刚刚他手里头的那本书；那是一部赫里克的《金苹果守护者》（一六四八年首版），我告诉他：我收藏的本子比他那本更好。他一听这话马上不甘示弱：他原有那部真正堪称善本的本子（我记得那是一部罗杰·佩恩[23]装帧本）早就被亨利·E.亨廷顿先生买走了。

众所周知，大约十几二十年前，丘先生曾将他的部分藏书（其中比较精善的大部分）脱手卖给亨廷顿先生。那段易手的过程颇为曲折；话说亨廷顿先生长久以来一直处心积虑想收购丘先生的藏书，而丘先生——虽然出人头地多年，却始终与大富大贵无缘——

■贝弗利·丘位于日内
瓦寓所的书房

则担心对方要是开出大方的价码，他势必难以招架。由于丘先生对于割舍藏书百般不舍，那桩交易就那么蹉跎了好一阵子之后，他终究还是勉为其难接受亨廷顿先生的求购；但是等到真正要和那批书告别的那一刻，丘先生两眼噙着泪水（用"锥心泣血"来形容亦不为过）走到亨廷顿先生面前，告诉亨廷顿先生：他实在割舍不了那批书，但是他说："如果我哪天真能狠下心卖掉这些书，我一定头一个就卖给你。"亨廷顿先生当时虽然大失所望，但也颇能体谅丘先生的心情，于是他十分有君子风度地放过丘先生一马。过了好几年之后，那批书的价值越来越高，亨廷顿先生又重提旧案——这一回丘先生总算接受了。当亨廷顿先生把一张面额奇高的支票交到丘先生的手中时，他说："丘先生阁下，我非常乐意再多付一倍价钱，将您的高瞻远瞩也一并买下。"此般赞美不啻加倍祝福，有道是："上天赐福予施者亦赐予受者。"[24] 我还想到奥玛尔·海亚姆《鲁拜集》中的睿言智语，并不时揣想：当一个人一口气卖掉那么多好书，手里拿到一大笔钱的时候，他会怎么办呢？我当然晓得丘先生会怎么办：马上再度动手收集；直到去世的时候，他已经又聚了一批为数不丰但件件精善的藏书（虽然他非常客气，始终自谦不成气候）——说穿了，只因丘先生须臾不能没有书本相伴为伍。

我来讲一则关于丘先生殷爱古书的动人轶事：当他一听说亨廷顿先生刚刚购入两部出自不同印工的莎士比亚首版《十四行诗》[25]，便马上亲自登门拜访，恳求亨廷顿先生将那两部书（或许是英文书籍中最珍贵的两部书）让他以双手捧之——想必是左右手各捧一部。我真希望当时能有人拿照相机把那个有趣的历史画面拍摄下来，不过我倒是有一帧把他拍得非常好的照片，画面中他正凝神捧读《金苹果守护者》（他最钟爱的一部书籍，就是我最后一次在他日内瓦家中目睹他晨读的那部）。

再说另一则：丘先生客居纽约的最后几年，每逢星期六他绝不

◎《莎士比亚十四行诗集》

出门上街，整个上午都乖乖地待在他的"皇顿"（Royalton）公寓里埋头看书；由于我很清楚他这个习惯，如果我人刚好也在纽约，我总是挑星期六去找他。有一回，我们一块儿在他的公寓里消磨了好几个钟头之后，我猛然想起来稍早前和德雷克约好要去他第四十街的书店，看他刚从伦敦购进的几部好书。于是我只好匆匆起身告辞，很出乎意料地，丘先生居然也正好要赶赴另一个约会，于是两人依依不舍挥手道别，我一离开他那儿便火速直奔德雷克书店。我才刚进书店不到十分钟光景，丘先生也跟着晃进来了；原来他和我的约会竟是为了同一桩事儿。我们面面相觑相互调侃一番之后，才一块儿回头检点那批刚从伦敦运来的书。丘先生先抽出一部旧式装帧的《乡巴佬皮尔斯》对我说："你真该把这部书买回去，如果你手上还没有的话。"他还要我特别留意上头经过更正的印行日期———五五〇年[26]。我回答他："可是这个和我的收藏路数不合啊。"他说："正因为不合，你才更应该收。"接着我眼睛一亮，瞥见一部布莱克的《诗草》，前乔治·坎伯兰[27]藏本，还附着他半调子的藏书票，里头收录布莱克生前最后几幅版刻。我对丘先生说："这一部你才该收哩。"（我晓得他原有那一部已经进了亨廷顿先生的书房）。德雷克先生瞧我们俩在那儿一搭一唱，喜滋滋地说："继续继续，两位客官；像你们这么能干的推销员，我花多少银子也请不起哩。"过了一会儿，我们走出书店相偕去吃午餐，我怀里揣着那部《乡巴佬皮尔斯》，而丘先生的口袋里则放着一部布莱克的《诗草》。

回顾过往，大家不难想起一九一八年是令所有购书人特别开心（对于书商亦然）的一年。当时正是大战即将落幕、热钱四处横流的时节，许多批佳善藏书纷纷倾巢而出，尽付米歇尔·肯纳利的安德森艺廊进行拍卖。其中令我印象最深刻的，应属五月开拍的哈根藏书拍卖会，和十二月举行的赫歇尔·V. 琼斯[28]藏书拍卖会。那时海内外皆已呈现一片升平景象，而每场拍卖会结束后，我们一大伙人总习惯到"广场"[29]续摊，大家团团围坐一张大圆桌，七嘴八舌再鏖战数十回合。每场聚会总会邀请丘先生来参加，丘先生也是哈根先生的老朋友，还为他的拍卖目录撰写序文。他在那篇文章中写道："若有人问我此次拍卖之中哪件拍卖品最为珍贵稀罕，我必毫不迟疑地告以：那部收录亨利七世的桂冠诗人约翰·斯克尔顿四首诗作的迷人小书概当之无愧也。此书还有两部在霍氏手中，然而此部原属洛可[30]旧藏的本子或许是其中最特别的一部。"丘先生并不常像这样子透露某部书的"玄机"，但是他所言在在俱为事实，他

■詹姆斯·F. 德雷克。沃尔（Wall）版刻（原载《洋相百出话藏书》"四开本《哈姆雷特》沉吟录"）

对于那批书的高成交金额颇为开心但丝毫不感到意外。他说："这批书的价值必然还会不断上扬。"在那两场拍卖会上，我——为自己——买了一大堆书（只要在财力许可范围内，丘先生怎么说我就怎么做）。我一再将我的挥霍行为归纳为投资有方，但是我的荷包却每每不作如是想。

> 吾友已驾黄鹤去，尽管世间谁无死，
> 毕生尽瘁俱若此，意志何等远恢弘。[31]

当丘先生的遗嘱一经揭晓，大家才发现他果然追随伟大的法国藏书名家埃德蒙·德·龚古尔的脚步，德·龚古尔曾对自己的后事留下这样子的交代——

余所庋藏之名画、画片、古玩、书籍——即丰富我此生之艺品也者——等等物事，切莫移交博物馆冷藏，任由无心过客懵昧观览；务必托付卖场标售落槌，借此，余长年逐一搜罗各

物过程所得之种种乐趣滋味、品味雅兴，方可再度一一施与同好中人矣。

于是，丘先生的全部藏品被送到他的朋友米歇尔·肯纳利（安德森艺廊的总裁）那儿——进行拍卖，除了其中的四幅画：杰拉德·洪特霍斯特 [32] 画的本·琼生肖像、戈弗利·内勒爵士画的蒲伯和德莱顿，和一幅爱德华·卢特雷尔 [33] 画的德莱顿；加上精美的日耳曼、荷兰、佛兰德银面装帧本（他生前共收藏了大约五十本以上）；他特定指名遗赠给格罗里埃俱乐部。他的决定相当正确，那批精品无疑地将能在此受到悉心照料，一如置身在他原来的书房，同时亦可让他与俱乐部中其他所有善心捐献人士同列，盖格罗里埃俱乐部乃全世界地位最重要、运作最成功、也最具权威的书籍同好社团。愿它继续兴旺茁壮，绵延千秋万世！

当丘先生藏书要出售的消息一经发布，整个藏书界无不摩拳擦掌、屏息以待。他到底有哪些书？价钱会飙到什么程度？我想要其中哪几部自己心里有数，也下定决心要悉数照付。总有一天我一定要写篇文章来谈谈拍卖场上的心理学：那里头实在有太多好玩的事儿可谈。重要非凡的本子开高走低屡见不鲜，有时候又以高于实际价值的天价决标。其中奥妙谁能说得准？总算盼到开拍那一天终于来临，我单刀赴会去了。

先让我说明一下，在纽约举行的书籍拍卖会和在伦敦举行的雷同拍卖会其实非常不一样。伦敦的拍卖会上不管出现多少重要的书，也不太会引起雀跃激动的场面。就拿索斯比来说吧，拍卖官往那座大讲台上一站（或坐），他的正前方摆放一张长窄桌，前端抵靠讲台，重量级的“行内”（他们全都这么称呼书商）人士排坐在桌子两边。每逢善本登场，拍卖官便叫助手拿给右手边第一位书商审阅，等他看够了便交给邻座，待邻座这位也看够了再往下轮流传

阅。传到桌尾则递给桌子对面左手边的最后一位书商，等到在座几位"行内"都看过了，那本书辗转回到拍卖官的手上之后，他这才敲槌卖给其中出价最高的买家，其热烈程度就像卖甘蓝菜一样稀松平常。英国人始终认为热切并非美德。但是且容我们以小人之心假定整个拍卖过程全是事先套好招（那也不是全然不可能的事），而某位行外人（即藏书家）在现场眼见出价仅及该书价值的一半便率尔投标。当然，拍卖官理应接受他的投标，但是这时马上会不知从哪儿蹦出一笔更高额的出价——某位行内闭不吭气地投标，而且会一直如影随形、紧迫钉人，直到那名圈外人知难而退，或是价格已飙出该书价值三倍之谱，书商才会罢手。那家伙这会儿也得到教训了，要是真让他标得了那件宝贝，价格八成会教他顿足捶胸、懊恼不已；就算他没买成那部书，恐怕也从此和一票书商结下梁子；反正不管怎么说，他日后八成都不敢再投标了。"行内"是一个圈子——密密严严、毫无缺口的小圈子。

在纽约举行的拍卖会可就大不相同了：它颇像社交场合，任何人都可下场参与的比赛（只要你自认玩得起的话）；但是请先谨记在心：你届时可是和一群行家在一块儿玩。一个挥棍舞棒的业余打手或许够让武功高强的剑侠不堪其扰，但是赢面毕竟小之又小。我自己可不至于那么不长眼，由于我累积了多年的经验，要是看上哪件拍卖品，我会事先委托某位有把握得标（不管是为他自己进货或为某位顾客购买）的书商全权代我投标。举例来说，若是有一部像《鲁宾逊漂流记》这样的拍卖品出现，为了避免和罗森巴赫博士在场上正面交锋、争得头破血流，我干脆挑明了告诉他我的出价上限，全权委托他去下标。而他呢，只须专心对付拉斯洛普·哈珀、瓦尔特·希尔和加布里埃尔·韦尔斯 [34] 那些人就行了。换另一个情况，假使我想买一部《童年之歌》[35]（瓦尔特·拉马尔 [36] 头一部出版的诗集，这年头炙抢手）或是《什罗普郡一少年》[37]（一部薄薄的小书，不久前在安德森艺廊卖到两百元以上的价码，不到一年前我才在同样的场合以一百三十元买到一部）的话，我就会找詹姆斯·F. 德雷克，由他代我出面和小罗较量、比画。话说回来，要是出现比较稀松平常的玩意儿，加上事前取得"行内"的谅解默许，我也会当仁不让，挺身自行投标。但是一旦碰到要紧的品目，我就不会痴心妄想自己投标；我曾经看过不少人只因把重要的委托权交到错误的代理人手里，平白无故多花了好几千元。

　　我怎么搞的又岔了题，赶紧回头谈丘氏藏书拍卖会。头一场的开幕式当晚，真可说是群贤毕至、少长咸集；所有顶尖的书商和杰出的图书馆馆长、藏书家们全都到齐了。我还注意到现场出现许多女士，特别是代表皮尔庞特·摩根图书馆的格林 [38] 小姐和瑟斯顿 [39] 小姐、格罗里埃俱乐部的格兰尼斯小姐、还有亨丽埃塔·巴特利特小姐全都翩翩赴会。拍卖会正式开始前几个小时，米歇尔·肯纳利先生宣读一封由明尼阿波利斯年高望重的藏书家琼斯 [40] 先生发来的电报："我理应本人亲自到场，不为买书，而是为了向一位伟大的藏书家致敬。"我猜，其他藏书家也都是抱着相同的心情来参加这场拍卖会。弗兰克·B. 比米斯也自波士顿赶来，但是我从头到尾都没看见他举牌投标，一直等到拍卖会结束，我们才有空稍微闲聊一下子，经他私底下告诉我，我才恍然得知，原来许多部重要书籍都将以他位于北滨的优渥宅邸为归宿。

谁能决定一部书的价值究竟几何？我想，最好的衡量标准就是铁铮铮的成交价。全场的目光紧紧盯着那部原始装帧、有显赫流传履历的《失乐园》。其书前空白页上有其中一任书主 M. 迪格比·怀亚特爵士[41]于一八五七年九月六日以铅笔注记："此为首版并有第一书名页也；其价几近十镑，然必将持续上扬。"果不其然，它攀上了五千六百元的历史新高价。那个本子是丘先生若干年前花了一千五向夸里奇买的。我很高兴看到那部原始装帧的首版三卷本《鲁宾逊漂流记》（诚然善本无疑，但比起我手上的本子还是略逊一筹）的成交价飙到五千三百元，而丘先生当年花七百五十元购置的布莱克《纯真之歌》亦以五千五百元破了该书历来的成交纪录。坎伯兰旧藏的布莱克《诗草》（正是我在德雷克书店以四百五十元推销给他的那一部）卖了九千元；至于《乡巴佬皮尔斯》（版本和他当年在德雷克书店推销给我的那一部相同）则只以我当初买进价格的三分之二价码成交，这几项结果令我更加笃定地验证了我长久以来的论断：纽约的拍卖每每能让明星级的好书锦上添花，对于次级品则往往价难符值。才稍微那么一闪神，我就错失掉原先打定主意要买的那部小牛皮原装三卷本《休迪布拉斯》[42]，后来我发现那部抢手的书是被杰罗姆·科恩[43]买走，我只能衷心向他道贺。

不管怎么说，我的"战功"即便称不上彪炳辉煌，也还算差强人意；我当时特别在意的胡克[44]《阿曼达》[45]，最后好不容易如愿买到。那是一部极其稀罕、由"剑桥三一学院某绅士"于一六五三年出版的小巧诗集，其响亮名气或许应归功于安德鲁·朗[46]曾在"书人天堂之歌"[47]中记上一笔：

彼处庋藏朗皮埃尔委制装帧之美书

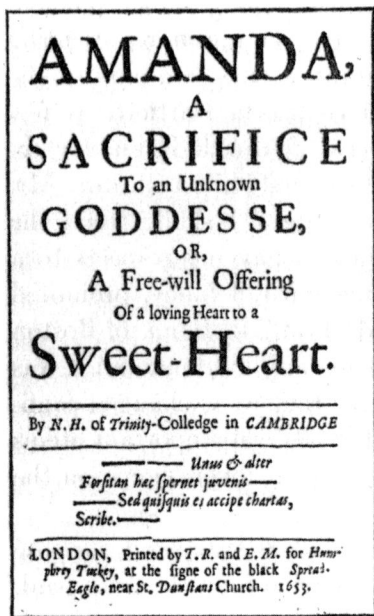

AMANDA,
A
SACRIFICE
To an Unknown
GODDESSE,
OR,
A Free-will Offering
Of a loving Heart to a
Sweet-Heart.

By N. H. of Trinity-Colledge in CAMBRIDGE

———— Unus & alter
Forsitan hæc spernet juvenis ————
———— Sed quisquis es accipe chartas,
Scribe.————

LONDON, Printed by T. R. and E. M. for Humphrey Tuckey, at the signe of the black Spread-Eagle, near St. Dunstans Church. 1653.

■胡克《阿曼达》（一六五三年版）书名页

蓝摩洛哥羊皮精装依然光彩夺目，

胡克《阿曼达》在那儿稀松颇寻常，

古早秘鲁珍本亦毋庸啧啧称稀奇！[48]

　　多年前我曾在霍氏藏书拍卖会上见过版本一模一样的本子，打那回起，这还是它头一遭重现江湖。此外，我还透过"小罗"标得一部佳善的查普曼译注《荷马》，书上有"献给无可匹敌的英雄，威尔士亲王亨利，以志一段永不磨灭的回忆"（"To the Immortal Memorie of the the Incomparable Heroe. Henrye Prince of Wales"）的落款，引发济慈写下那首脍炙人口的十四行诗[49]的正是这个版本；我还买到一部附极佳肖像画的大纸本《喜剧与悲剧集》，丘先生和我每每对该书的肖像画赞不绝口；加上小巧可爱的科里埃特《问候英格兰诸友》[50]（我苦苦寻觅此书良久）。这几部书，加上另外几部无足轻重的零星本子，便是我当天的成绩单。虽然，这些书都是我光明正大掏钱买来的，但是眼见它们置身在我的书房内，心中还是觉得百味杂陈，一部旧书往往得经过一段时间，才能够渐渐地融入新环境，这是我长期观察的心得。

　　当某位藏书家辞世，其藏书亦随之散佚，一切就此嘎然而止——惟有点滴回忆依稀尚存。我向来将丘先生形容为藏书一族的"末代族裔"；严格说来，此话现在已然失效。在卓越崇高的藏书族谱（tree）上，还有另一位高人（或者该说：最后一叶 [leave]）。此人便是我的朋友——布鲁克林的 W. A. 怀特先生：他此刻依然与我们同在。他在藏书志业上的表现比丘先生更为杰出，若要比学问，他或许也略胜一筹，但是他所造成的影响却不及丘先生那般深广。此君最为世人熟知的藏书成绩不只是他的布莱克藏品，更重要的是他的伊丽莎白时代藏品（他手上拥有几部极为出色的本子）。
一九一六年，纽约公共图书馆为了记念莎士比亚逝世三百年，隆重
推出以莎士比亚及其年代为主题的图书展览，那场展览非常精彩。
全部展示内容均由巴特利特小姐（该领域数一数二的权威）担任统
筹，但是事实上，当时并非人人都晓得其中有一两部珍本乃由怀特
先生提供[51]。他为人十分谦虚、与世无争，俨然一派学者风范，正
因为如此，大家根本不知道他手中其实掌管庞大的生意，但是他却
无时无刻准备将他自己、他的学识、他的藏书倾囊挹注在他真正有
兴趣的事物上。要是连他也离我们而去，那么，美国藏书史第二个
黄金时代——无疑地，以皮尔庞特·摩根名列榜首，由他儿子最近
以父亲的珍藏成立的大图书馆便足以证明——亦将随之告终。

　　亨廷顿先生目前也尚在人间，但是他并不能算是单一个人；他
现在已俨然成为一整个机构（而且还是个雄霸一方的机构）。他于
短短数年前才开始搜集书籍，但是到目前为止，他已经陆陆续续买
下总价约合两千万元的书籍，并且"二话不说"将它们捐出去——
给了加利福尼亚州。如果我们找不到这个世界上还有哪里能够像美
国这么富有，那必然是因为在别的地方，财富绝对无法像咱们这儿
这样快速、自在地供大众分享。

　　新一代藏书族群正在逐渐形成，我现在马上想得到名字的就
有：小威廉·安德鲁·克拉克[52]、R.B. 亚当、弗兰克·B. 比米斯、
杰罗姆·科恩、卡尔·福尔茨海默[53]、J.A. 斯普尔、J.L. 克劳森[54]
等人。我期盼，我诚挚地期盼，这些人与其他人能够志同道合，
继续将知识（版本学及其他学问）的火炬往下传衍，令它持续发
光发热——而这炷香火，就算不是由贝弗利·丘和格罗里埃俱乐部
的仁人志士点燃，也曾经在他们手中尽心尽力呵护多年。

【译注】

1   霍巴特学院（Hobart College）：位于纽约州日内瓦（Geneva）的小型学院。一八二二年由当地圣公会主教约翰·亨利·霍巴特（John Henry Hobart，1775—1830）创办。

◎霍巴特学院校徽

2   亨利·朗费罗（Henry Wadsworth Longfellow，1806—1882）：十九世纪美国诗人。一八二九年至一八五四年担任现代语言学教授；一八五四年起专事写作。作品有《夜声集》（*Voices of Night*，1839）、《歌谣与零诗集》（*Ballads and Other Poems*，1841）、《伊凡吉林》（*Evangeline*，1847）、《海畔炉边集》（*The Seaside and the Fireside*，1850）、《黄金传奇》（*The Golden Legend*，1851）、《海华沙塔之歌》（*The Song of Hiawatha*，1855）、《迈尔斯·斯坦迪什求爱记》（*The Courtship of Miles Standish*，1858）、《道畔旅店故事集》（*Tales of a Wayside Inn*，1863）、《但丁的神曲》三卷（*The Divine Comedy of Dante Alighieri*，1863）等。

3   拉法耶特侯爵（marquis de〔Marie-Joseph-Paul-Yves-Roch-Gilbert du Motier de〕La Fayette，1757—1834）：法国政治家、官员。贵族家庭出身，且曾担任路易十四的朝臣，但在法国大革命时与资产阶级革命派结合，成为当时法国最有权势的人。一七七七年七月抵达费城，官拜少将参与美国独立战争，成为美国人的英雄。一七八四年再度访美并成为好几个州的荣誉公民。此处应指他于一八二四年的赴美行程。

4   约翰·萨克林（参见第二卷Ⅱ译注17）姓氏应拼作"Suckling"，其若干著作上皆拼作"Sucklin"。

5   威廉·马歇尔（William Marshall，1630—1650）：十七世纪英国版刻师。

◎威廉·马歇尔为 Edward Littleton 爵士制作的藏书票（约1630）

6   《喜剧与悲剧集》（*Comedies and Tragedies*）：托马斯·基利格鲁的剧集。一六六四年，伦敦出版。书前的肖像扉画由威廉·费索恩根据谢泼德（Sheppard）的原画改绘雕版。

7   托马斯·基利格鲁（Thomas Killigrew，1612—1683）：十七世纪英国剧作家。

8   威廉·费索恩（William Faithorne，1616?—1691）：十七世纪英国版刻师、肖像画匠。师承老罗伯特·皮克（Robert Peake the Elder）与约翰·佩恩（John Payne）。一六五八年制作伦敦地图；一六六二年出版《雕版与刻版的技艺》（*The Art of Graving and Etching*）。其子威廉·费索恩（1656—1710）亦继承父业，并曾为安妮皇后、查理一世、查理二世和约翰·德莱顿制作肖像。

9   费索恩为一六五九年版《路卡斯塔、阿拉曼沙合编》制造全书雕版插画。其中第二部有一幅 Lucy Sacheverall（Lucy Sacheverell）肖像乃费索恩根据莱利爵士（Sir Peter Lely，1618—1680）的原画改绘雕版。费索恩还绘制全书插图。

10   洛夫莱斯（Lovelace）拆开便成了 love、lace，两字皆为细腻婉约的字眼。

11   托马斯·弗拉特曼（Thomas Flatman，1637—1688）：英国诗人、细密画（miniature）家。一六七四年出版的《诗与歌》（*Poems and Songs*），收录祈祷诗、颂德诗。

12   此部《红字》（*The Scarlet Letter*）为一八五〇年波士顿版；原属 Bayard Taylor 藏本（受友人 James T. Fields 所赠）。

13   托马斯·詹姆斯·怀斯（Thomas James Wise，1859—1937）：英国版本学家、藏书家。曾经

编纂许多英国作家的书目。他典藏大批珍贵手稿与书籍（以十七世纪英诗为其大宗）的"阿什利藏书楼"（Ashley Library，以其生前自宅所在街道命名）。其私人藏书于一九三七年由其遗孀售予大英博物馆。魏怀曾自行辑印将近三百部英国诗人作品集，其中部分绝版本学者约翰·卡特（John Carter，1905—1975）与格雷厄姆·波拉德（Graham Pollard，1903—1976）在《十九世纪小册子类型调查》（*An Enquiry into the Nature of Certain Nineteenth Century Pamphlets*，1934）一书中揭发为伪书，此藏书界丑闻于焉爆发。进一步详情请参考德拉瓦大学图书馆网页 http://www.lib.udel.edu/ud/spec/exhibits/forgery/wise.htm。

14 塞缪尔·P. 艾弗利（Samuel Putnam Avery，1822—1904）：美国书、画收藏名家。原本是版刻师，后来成为画商。艾弗利所藏画作现今藏于纽约公共图书馆。

15 弗雷德里克·R. 哈尔西（Frederick R. Halsey，1847—1918）：美国藏书家。一九一五年，荷尔西藏书悉数被亨利·亨廷顿收购，其中包括两部《帖木儿》（*Tamerlane and Other Poems*，Boston: Calvin F. S. Thomas，1827，埃德加·爱伦·坡以匿名 A Bostonian 发表的处女作），亨廷顿旋即将其中一部交由乔治·D. 史密斯脱手（售予某波士顿藏家），该书现藏德州奥斯汀。

16 爱德华·霍尔·比尔施塔特（Edward Hale Bierstadt，?—1896）：美国藏书家。专收英美文艺作品，曾提供私藏珍版书供格罗里埃俱乐部展览并编成《从朗格兰到威瑟：英国作家散文作品之早期暨原版藏书书目》（*Catalogue of Original and Early Editions of Some of the Prose Works of English Writers: from Langland to Wither*，1893）。

17 哈里·沃森·肯特（Harry Watson Kent，1866—1948）：美国图书馆学家、藏书家。出生于麻萨诸塞州波士顿。年轻时在波士顿公共图书馆工作，后来在哥伦比亚图书馆学校（Columbia Library School）修习 Melvil Dewey（"杜威图书分类法"创始人）的课程。一九〇〇年肯特移居纽约，旋即成为"格罗里埃俱乐部"图书馆助理馆长，一九〇三年升任馆长，后来参与会内多项（包括出版等）事务，一九二〇年被选为会长（至一九二四年）。一九三六年至一九三八年担任"美国平面艺术学院"校长。

18 《从威瑟到普赖尔：英文藏书书目》（*English Bibliography from Wither to Prior*）：原题应为 *Contributions to English Bibliography: Catalogue of Original and Early Editions of Some of the Poetical and Prose Works of English Writers from Wither to Prior*。三卷本，一九〇二年纽约格罗里埃俱乐部出版。

19 阿尔弗雷德·W. 波拉德（Alfred William Pollard，1859—1944）：英国版本学家。一八八三年至一九三四年担任大英图书馆馆长，一九一九年至一九三二年在伦敦国王学院教授版本学，一九〇三年至一九三四年担任《图书馆》期刊主编。著作有：《早期绘本书》（*Early Illustrated Books*，1893）、《莎士比亚对开本与四开本》（*Shakespeare Folios and Quartos*，1909）、《莎士比亚四开本普查》，与 G. R. Redgrave 等人合编的《一四七五年至一六四〇年于英格兰、苏格兰与爱尔兰印行的书籍简目》（*A Short Title Catalogue of Books Printed in England，Scotland，& Ireland 1475—1649，1626*）等。

20 亨丽埃塔·C. 巴特利特（Henrietta Collins Bartlett，1873—1963）：美国专研莎士比亚的版本学家（参见第一卷III译注19）。

21 《一五九四年至一七〇九年刊行之莎士比亚四开本剧本版本现况普查》（*The Census of Shakespeare's Plays in Quarto*，1594—1709）：阿尔弗雷德·W. 波拉德、亨丽埃塔·C. 巴特利特合编。一九一六年纽黑文、伦敦：耶鲁、牛津大学共同出版。

22 "万事莫如古书好"（"Old Books Are Best"）：贝弗利·丘的诗作。原刊登于一八八六年三月十三日《评论家》（*Critic*），后收录在《歌咏书籍》（参第一卷 III 译注 9）。

23 罗杰·佩恩（Roger Payne，1738—1797）：十八世纪英国装帧名家。幼时在伊顿（Eton）书商 Joseph Pote 的书店当学徒。约于一七六六年，他与弟弟托马斯迁居伦敦，初以贩书为业，后投身装帧业。

24 "上天赐福予施者亦同赐予受者。"（"It blesseth him that gives and him that takes."）：语出莎士比亚《威尼斯商人》（*The Mernt of Venice*）第四幕第一场中鲍西娅（Portia）的台词。

25 《十四行诗》（*Sonnets*）：莎士比亚作品。一六〇九年伦敦出版。

26 首版《乡巴佬皮尔斯》（参第二卷 II 译注 10）为伦敦 Robert Crowley 印行，出版年份应为一五五〇年，但书名页上误印成一五〇五年，经出版商以徒手改正。

27 乔治·坎伯兰（George Cumberland，1754—1847）：英国作家、水彩画家。布莱克生前友人。

28 赫歇尔·V. 琼斯（Herschel Vespasian Jones，1861—1928）：美国藏书家。琼斯藏书拍卖会（由安德森艺廊主办）自一九一八年年底开始，直至翌年年初。

29 应指纽约"广场大饭店"（Plaza Hotel）。

30 应指弗雷德里·洛可一兰普森（参第一卷 III 译注 101）。

31 "Our friend is gone, if any man can die, / Who lived so pure a life, whose purpose was so high."：出处不详。

32 杰拉德·范·洪特霍斯特（Gerard van Honthorst，1590—1656）：十七世纪荷兰画家。

33 爱德华·卢特雷尔（Edward Lutterel，1650?—1724?）：英国画家。

34 拉斯洛普·哈珀（参见第四卷 II 译注 76）、瓦尔特·希（参见第一卷 II 译注 31）、加布里埃尔·韦尔斯（参见第一卷 II 译注 59）：皆美国重要书商。

35 《童年之歌》（*Songs of Childhood*）：瓦尔特·拉马尔（瓦尔特·德拉·梅尔）的诗集。一九〇二年出版。

36 瓦尔特·拉马尔（Walter Ramal）：英国诗人、小说家瓦尔特·德拉马（Walter de la Mare，1873—1956）的笔名。作品有：《儿童之歌》（以笔名 Walter Ramal 发表），小说《亨利·布罗肯》（*Henry Brocken*, 1904）、《诗集》（*Poems*, 1906）、《倾听者》（*The Listeners and other Poems*, 1912）、《孔雀派》（*Peacock Pie*, 1913），剧本《越》（*Crossing*, 1921）、《侏儒回忆录》（*Memoirs of a Midget*, 1921）、《谜语故事集》（*Riddle, an other Stories*, 1923）、《巫婆的扫把》（*Broomsticks, and other Tales*, 1925）、《胡说八道集》（*Stuff and Nonsense*, 1927）、《童诗集》（*Poems for Children*, 1930）、《大风吹》（*The Wind Blows Over*, 1936）、《忆往诗》（*Memory, and other Poems*, 1938）、《睇这梦人》（*Behold, This Dreamer*, 1939）、《铃与草》（*Bells and Grass*, 1941）、《熊熊烈草》（*The Burning Grass*, 1945）、《旅人》（*The Traveller*, 1946）、《儿童故事选》（*Collected Stories for Children*, 1947）、《内在伴侣》（*Inward Companion*, 1950）、《情兮英格兰》（*O Lovely England*, 1953）。

◎《什罗普郡一少年》
（Berkeley Heights, N.J.: Oriole Press, 1959）

37 《什罗普郡一少年》（*A Shropshire Lad*）：阿尔弗雷德·E. 豪斯曼（参见第四卷 II 译注 81）诗集。一八九六年伦敦 K. Paul Trench，Truber & Co. 出版。

38　贝尔·达·科斯塔·格林（Belle da Costa Greene, 1883—1950）：美国图书馆学版本学家。她的父亲理查德·西奥多·格林纳（Richard Theodore Greener, 1844—1922）是美国史上首位得到哈佛学位的非裔美国人。一九〇五年，当她的年纪才只有二十出头的时候便获得约翰·皮尔庞特·摩根本人赏识，受邀出任其图书馆的馆长一职，摩根一九一三年殁后其子 Jack（J. P Morgan, Jr.）续聘她留任，总共在位长达四十三年，任内扩充馆藏不遗余力。

◎格林，Clarence White 摄（1911）

39　艾达·瑟斯顿（Ada Thurston, 1872—1948）：当时任皮尔邦特·摩根图书馆馆长。

40　即赫歇尔·V. 琼斯（参见本章译注 28）。

41　马修·迪格比·怀亚特爵士（Sir Matthew Digby Wyatt, 1820—1877）：十九世纪英国建筑师、艺术家。

42　《休迪布拉斯》（Hudibras）：十七世纪英国诗人塞缪尔·巴特勒（Samuel Butler, 1612—1680）的讽刺诗集。另有同名作家（参见第一卷 IV 译注 51），后世为了区分两者，以各自代表作将十七世纪的巴特勒称为"休迪布拉斯·巴特勒"（Hudibras Butler）、将十九世纪的巴特勒称为"埃瑞洪·巴特勒"（Erewhon Butler）。

43　杰罗姆·科恩（Jerome David Kern, 1885—1945）：美国作曲家、藏书家。原本的兴趣只是搜集作曲家的签名，不知不觉便累积了一堆书籍、乐谱、手稿（可见他并没有只将签名割下来）。科恩成为藏书家乃受世事的哈里·B. 史密斯（参第一卷 XIII 译注 8）的启迪，借由史密斯的穿针引线，科恩深入十八、十九世纪文学领域，加上夸里奇、罗森巴赫、韦尔斯等书商灌输给他不少版本、书价等知识，他很快地精通十八、十九世纪书籍各种版记和装帧形式的差异。至于他专注收藏狄更斯、萨克雷、兰姆、琼生、哥尔斯密等作家，则是依循纽顿《藏书之乐》书中所揭橥的原则。科恩结束其藏书事业一如他起步一般仓促，原因众说纷纭，一说耗费大量心力照料庞大藏书已让他不胜负荷、一说他有意转移投资项目。科恩出清藏书是二十世纪藏书史上的重大事件。一九二七年，科恩藏书委由安德森艺廊拍卖，当天拍卖会场万头攒动，媒体形容为"一如马戏团公演"，当天科恩藏书屡创新高成交价，总成交金额高达美金一百七十万元，是当时单场书籍拍卖会的最高纪录。科恩后来又于一九二九年举办另一场拍卖会。

◎杰罗姆·科恩的藏书票，当年许多人争相购藏贴有此藏书票的科恩旧藏本

44　尼古拉斯·胡克（Nicholas Hookes, 1628—1712）：十七世纪国作家。

45　《阿曼达》（Amanda, A Sacrifice to an Unknown Goddesse, or, A free-will Offering of a Loving Heart to a Sweet-Heart）：胡克的小说。一六五三年伦敦 T. R. and E. M. for Humphrey Tuckey 印行。

46　安德鲁·朗（Andrew Lang, 1844—1912）：苏格兰裔英国民俗学者、作家。研究中古历史与民间传说，论著包括：《风俗与神话》（Custom and Myth, 1884）、《神话、仪式与信仰》（Myth, Ritual and Religion, 1897）、《宗教之形成》（The Making of Religion, 1898）；诗作：

《古代法国歌谣》（Ballads and Lyrics of Old France, 1872）、《特洛伊的海伦》（Helen of Troy, 1882）、《帕尔纳索斯草地》（Grass of Parnassus, 1888）；史学论述：《罗马帝国占领下的苏格兰史》（A History of Scotland From the Roman Occupation, 1900—1907）；《史实探秘》（Historical Mysteries, 1904）、《法国婢女史》（The Maid of France, 1908）；小说：《堆石标》（The Mark of Cain, 1886）、《致函已故作家》（Letters to Dead Authors, 1886）、《书与书客》

（*Books and Bookmen*，1887）、《老友》（*Old Friends*，1890）、《解铃人》（*The Disentanglers*，1902）等。安德鲁·朗本人亦是爱书人，曾创作许多歌颂书籍的诗、文，其中部分作品集结成《歌咏书籍》（*Ballads of Books*）、《文学讲函》（*Letters on Literature*，1889）、《书海探涯》（*Adventures among Books*，1905）等。商周文化已陆续出版他编写的系列童话集中译本。

47 "书人天堂之歌"（"Ballade of the Bookman's Paradise"）：安德鲁·朗的诗作。原收录于《世间谣》（*Rhymes à la mode*，1885，伦敦 Kegan Paul 出版），后收录在《歌咏书籍》（参第一卷Ⅲ译注 9）。

48 此四段诗文为"书人天堂之歌"第二段。"朗皮埃尔"或指法国收藏家朗皮埃尔男爵（Baron Longpierre）；"秘鲁古本"（early tracts upon Peru）不详所指为何。

49 指济慈诗作"初读查普曼注荷马有感"（参见第一卷Ⅳ译注 46）。

50 《问候英格兰诸友》（*Greeting to his Friends in England*）：科里埃特（参见第一卷Ⅲ译注 90）著作。原题为《托马斯·科里埃特于一六一六年十月末自印东蒙兀儿帝国辖地首府亚格拉向其英格兰诸友致意问候》（*Mr Thomas Coriat to his friends in England sendth greeting: From Agra the Capitall City of the Dominion of the Great Mogoll in the Easterne India，the last of October，1616*）。一六一八年伦敦首版。

51 怀特拿出多部私人藏书供该次展览使用。根据当时配合展览的《莎士比亚大展目录》（*Catalogue of the Exhibition of Shakespearianan*，New York Public Library，1916），亨丽埃塔·巴特利特（参见本章译注 20）指出：此展览乃由怀特先生率先提议，并于策划期间给予诸多协助，促成此次展览大为成功。

52 小威廉·安德鲁·克拉克（William Andrew Clark, Jr.，1877—1934）：美国藏书家。出身蒙大拿州铜业世家，父亲（William Andrew Clark，人称"铜业大王"）与兄长（Charles）皆为收藏家。一九一七年起他发愤藏书，通过（George 与 Alice）Millard 夫妇、乔治·D. 史密斯等书商，陆续购入大量珍本。一九二〇史密斯建议他为藏书编制目录，于是他延请加州版本学家（亦是书商）Robert E. Cowan 担任编纂，加上纳什（参见本卷Ⅰ译注 105）的精美编排、印刷、装帧，克拉克藏书目录出版后便享有盛名。受 Millard 与史密斯的鼓舞，他继续藏书不辍，除了拥有若干莎士比亚剧作对开本、四开本之外，他的王尔德藏品亦堪称一流，该批收藏后来于克拉克担任加州参议员期间捐赠给加州大学，并以父亲为名出资兴建的"威廉·安德鲁·克拉克纪念图书馆"（The William Andrews Clark Memorial Library，地点并不在校园内，而是在距校区十英里克拉克故居旧址 Cimarron 街 2520 号），并允许校方日后可自行增添品项，由于原本克拉克藏品的质、量俱佳，加州大学于是成为王尔德相关研究的重镇。

53 卡尔·H. 福尔茨海默（Carl H. Pforzheimer，1879—1957）：美国财阀、藏书家。专攻雪莱及其相关作品与同时代作家，生前共庋藏了两万五千多件珍稀的书籍、作家手稿、书信等。一九八六年，其子嗣将该批藏品以父母亲的名义"卡尔·福尔茨海默与莉莉·福尔茨海默基金会"（The Carl and Lily Pforzheimer Foundation, Inc.）捐赠给纽约公共图书馆，现今馆内设有"卡尔·H. 福尔茨海默之雪莱及相关文物特藏室"（The Carl H. Pforzheimer Collection of Shelley and His Circle）。

54 约翰·L. 克劳森（John Lewis Clawson，1865—1933）：美国藏书家。原居纽约州中部，后来举家迁往水牛城，在当地与人合伙经营全美规模最大的南北干货运销公司。其藏书历程颇具戏剧性，一九一四年前从未有藏书资历的克劳森，至一九二三年已聚藏了一批内容颇精的伊丽莎白时期（特别是一五五一年至一六六一年间）文学作品。由于他自始便无意广泛搜罗庞杂的各类书籍，反而更能专注精良的品目。克劳森藏书主要来自一九一八年与一九一九年的哈根、琼斯（参见本章译注 28）两场拍卖会，以及亨廷顿出清复本等机缘，并借由罗森巴赫的若干协助。一九二四年，版本学家 Seymour De Ricci 为他编制藏书目录《水牛城约翰·L. 克劳森早期英文书籍目录》（*A catalogue of early English books in the library of John L. Clawson, Buffalo*, Philadelphia, New York: The Rosenbach company, 1924）。一九二六年，克劳森藏书委托安德森艺廊拍卖，罗森巴赫为其他客户如 Owen D. Young、福尔杰、福尔茨海默等人标下其中大部分藏书，其中福尔茨海默花了大约美金二十万元成为最大买家，而该次拍卖会的总成交金额为美金六十四万两千六百八十七元，不仅保持纪录多年，更一举洗刷外界原本对克劳森藏书品味欠佳的猜疑。